本書の特色と使い方

教科書の内容を各児童の学習進度にあわせて使用できます

教科書の内容に沿って作成していますので，各学年で学習する単元や内容を身につけることができます。
学年や学校の学習進度に関係なく，各児童の学習進度にあわせてご使用ください。

基本的な内容をゆっくりていねいに学べます

算数が苦手な児童でも，無理なく，最後までやりとげられるよう，問題数を少なくしています。
また，児童が自分で問題を解いていくときの支援になるよう，問題を解くヒントや見本をのせています。
うすい文字は，なぞって練習してください。
問題数が多い場合は，1シートの半分ずつを使用するなど，各児童にあわせてご使用ください。
※「たし算，ひき算の筆算」では，補助数字を書く◌や⬚を入れています。児童によって書く場所なども異なりますので，不要な場合は，◌や⬚などを消してご使用ください。

本書をコピー・印刷してくりかえし練習できます

学校の先生方は，学校でコピーや印刷をして使えます。
各児童にあわせて，必要な個所は，拡大コピーするなどしてご使用ください。

「解答例」を参考に指導することができます

本書p102～「解答例」を掲載しております。まず，指導される方が問題を解き，本書の解答例も参考に解答を作成してください。
児童の多様な解き方や考え方に沿って答え合わせをお願いいたします。

目　次

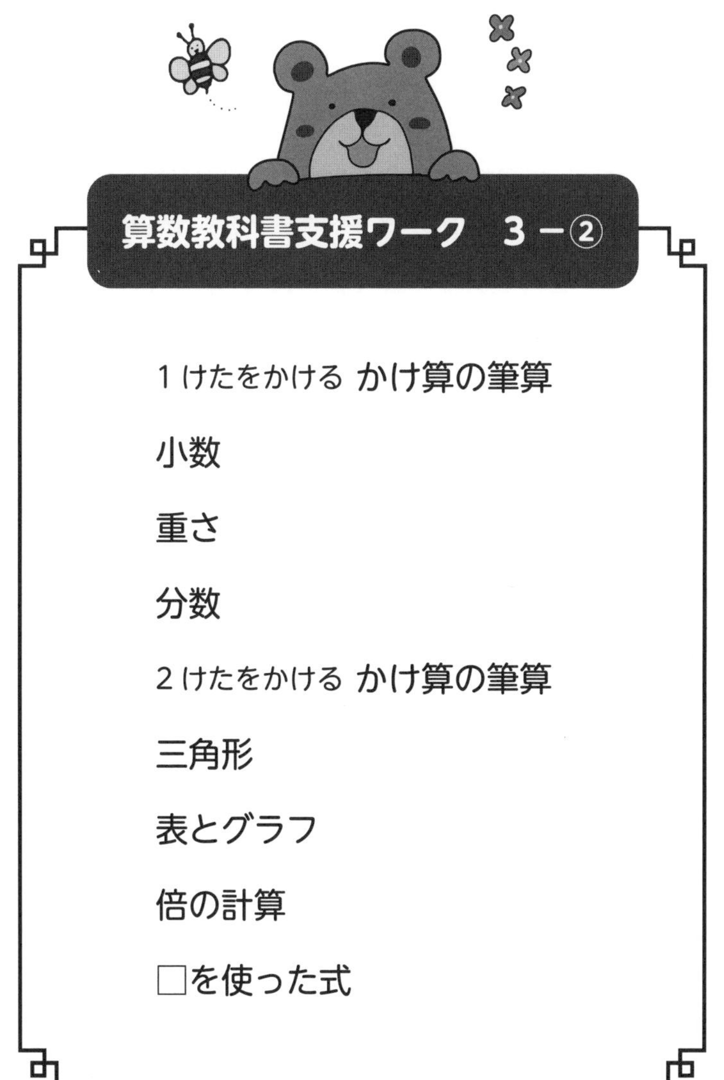
算数教科書支援ワーク　3 －②
1 けたをかける かけ算の筆算
小数
重さ
分数
2 けたをかける かけ算の筆算
三角形
表とグラフ
倍の計算
□を使った式

九九の表とかけ算（1）　かけ算のきまり

月	日	名前

● 九九の表を見て，□にあてはまる数を書きましょう。

かける数 / かけられる数

	1	2	3	4	5	6	7	8	9
1	1	2	3	4	5	6	7	8	9
2	2	4	6	8	10	12	14	16	18
3	3	6	9	12	15	18	21	24	27
4	4	8	12	16	20	24	28	32	36
5	5	10	15	20	25	30	35	40	45
6	6	12	18	24	30	36	42	48	54
7	7	14	21	28	35	42	49	56	63
8	8	16	24	32	40	48	56	64	72
9	9	18	27	36	45	54	63	72	81

① 4 × 7 の答えは，4 × 6 の答えより □ 大きい。

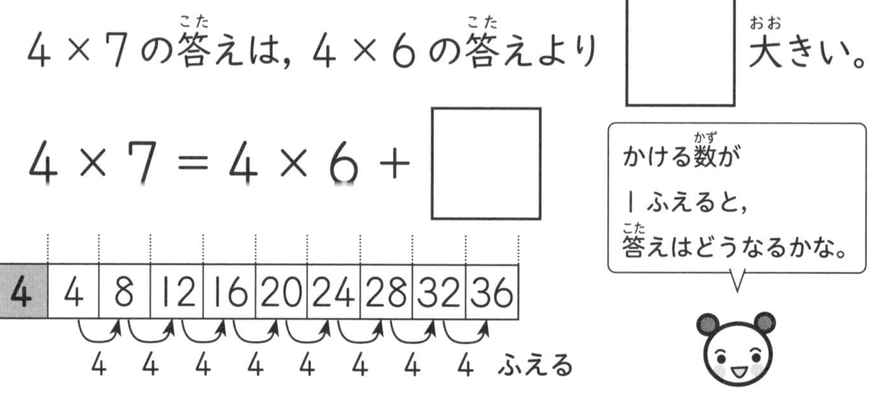

② 5 × 8 の答えは，5 × 9 の答えより □ 小さい。

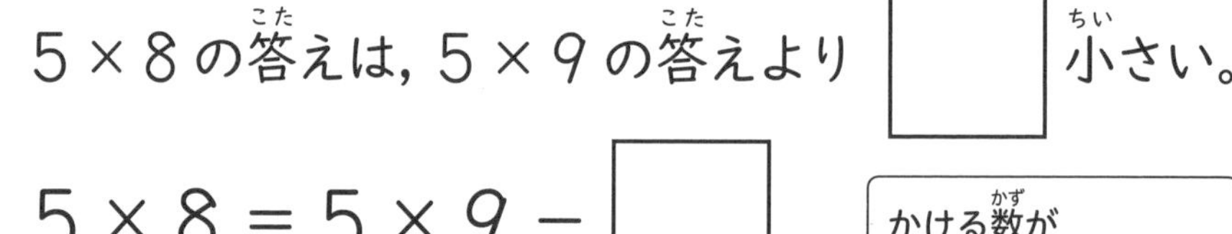

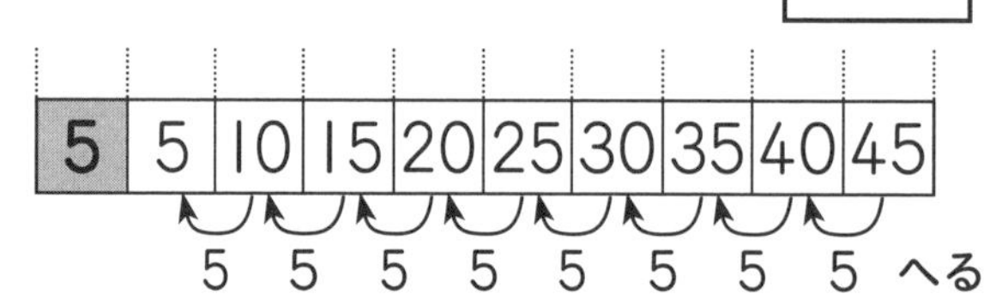

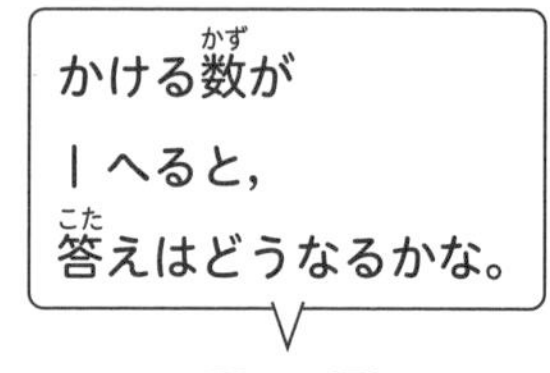

③ 9 × 3 = 9 × 2 + □

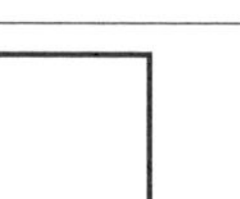

④ 6 × 4 = 6 × 5 − □

九九の表とかけ算（2）　かけ算のきまり

月	日	名　前

● □にあてはまる数を書きましょう。

① 3 × 5 ＝ 5 × □

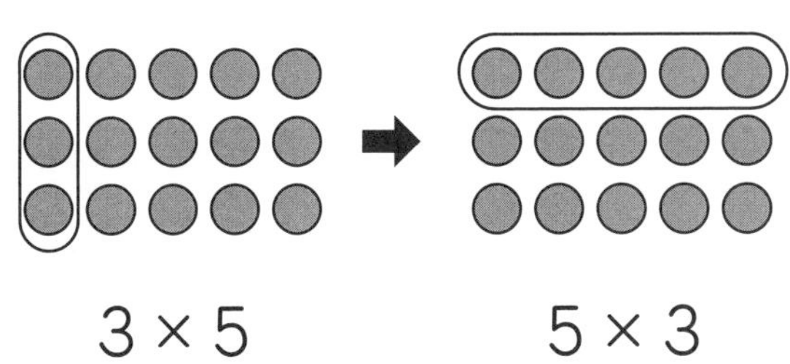

② 7 × 4 ＝ 4 × □

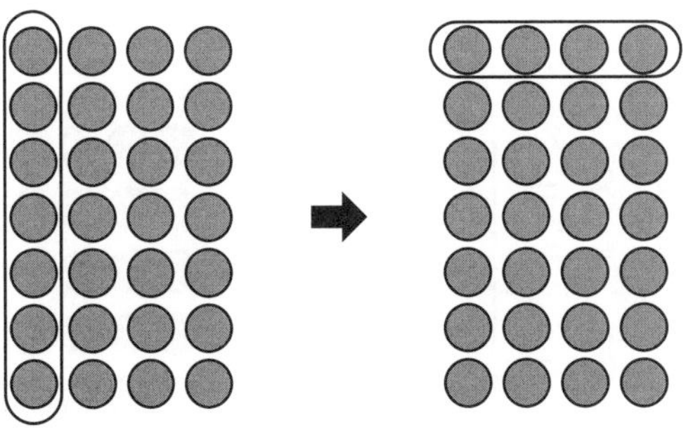

かけられる数と
かける数を
入れかえても
答えは同じだね。

● □にあてはまる数を書きましょう。

① 6 × 3 ＝ 3 × □

② 4 × 9 ＝ 9 × □

③ 5 × 8 ＝ 8 × □

④ 9 × 7 ＝ □ × 9

⑤ 3 × 5 ＝ □ × 3

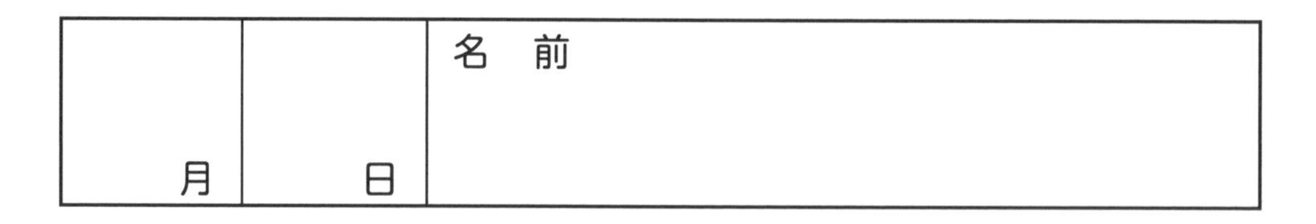

九九の表とかけ算 (3)　かけ算のきまり

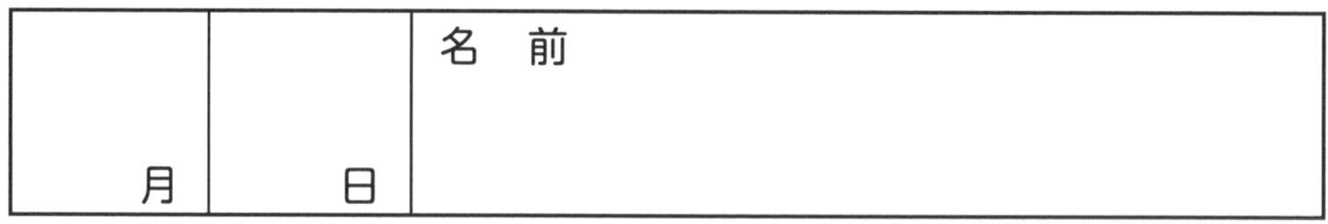

● 9 × 6 の答えを，下の図のように，かけられる数の 9 を 2 つに分けてもとめましょう。

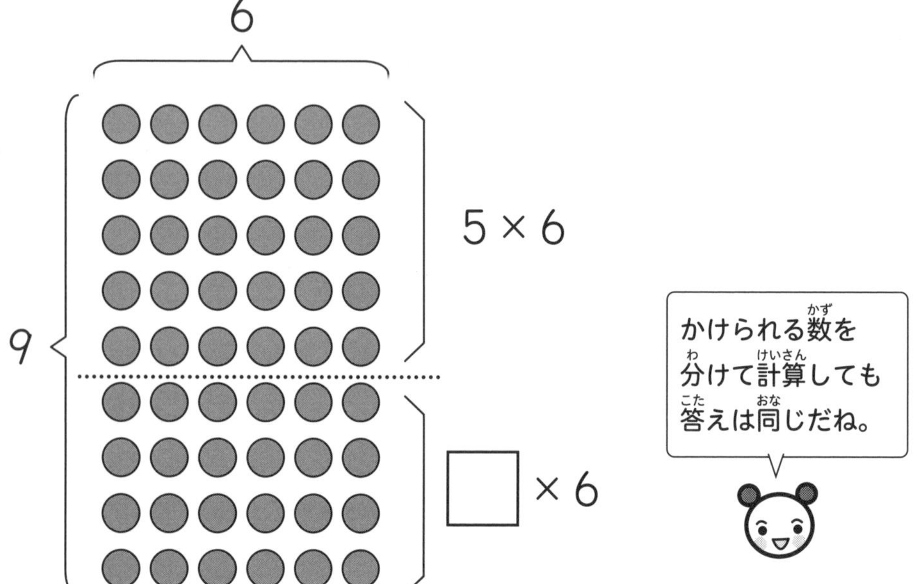

かけられる数を分けて計算しても答えは同じだね。

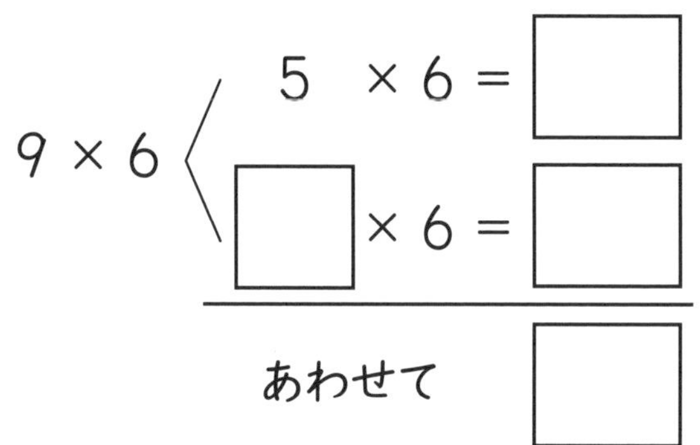

● かけられる数を 2 つに分けて計算しましょう。

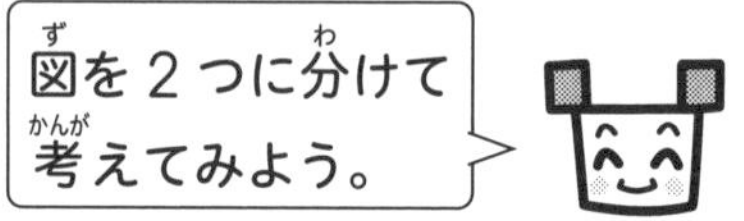

①

8 × 7
- 3 × 7 = □
- □ × 7 = □

あわせて □

②

6 × 8
- 4 × 8 = □
- □ × 8 = □

あわせて □

九九の表とかけ算（4）　かけ算のきまり

月	日	名前

● 7×8の答えを，下の図のように，かける数の8を2つに分けてもとめましょう。

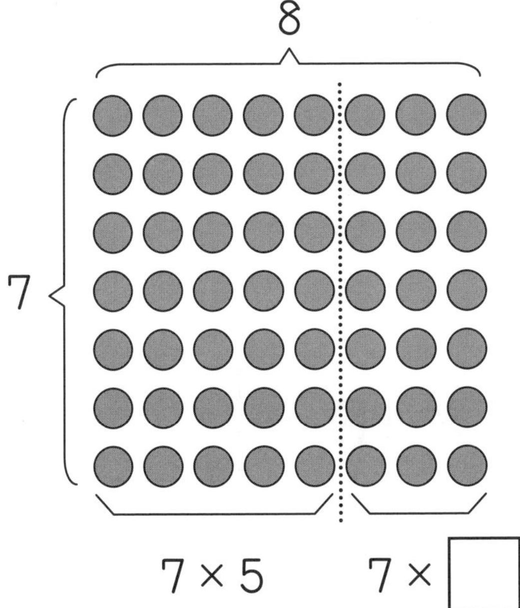

7×5　7×□

かける数を
分けて計算しても
答えは同じだね。

$$7\times8 \begin{cases} 7\times5=\square \\ 7\times\square=\square \end{cases}$$

あわせて　□

● かける数を2つに分けて計算しましょう。

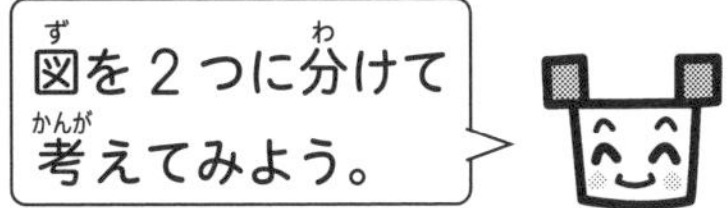

①

$$5\times9 \begin{cases} 5\times3=\square \\ 5\times\square=\square \end{cases}$$

あわせて　□

②

$$4\times7 \begin{cases} 4\times2=\square \\ 4\times\square=\square \end{cases}$$

あわせて　□

九九の表とかけ算（5）　10のかけ算

月	日	名前

● □にあてはまる数を書きましょう。

① 8 × 10 = 8 × 9 + □

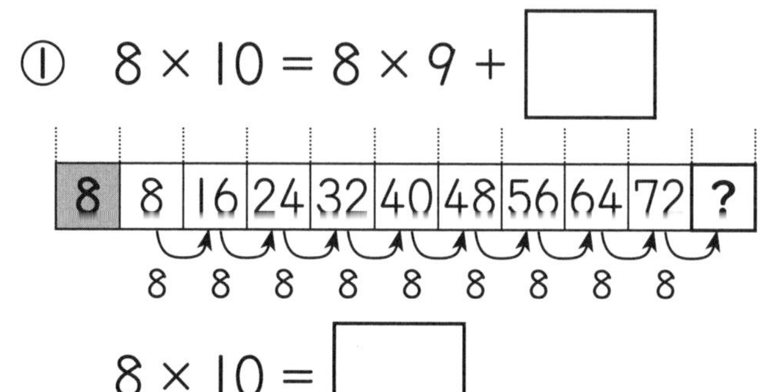

8 × 10 = □

8のだんは，
かける数が
1ふえると，
答えは
8大きくなるね。

②

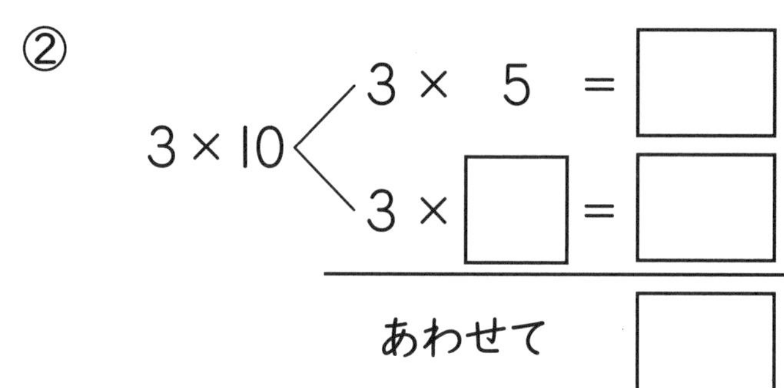

3 × 10 〈 3 × 5 = □
3 × □ = □

あわせて □

③

10 × 9 〈 8 × 9 = □
□ × 9 = □

あわせて □

● 計算をしましょう。

① 7 × 10 = □

② 2 × 10 = □

③ 5 × 10 = □

④ 10 × 6 = □

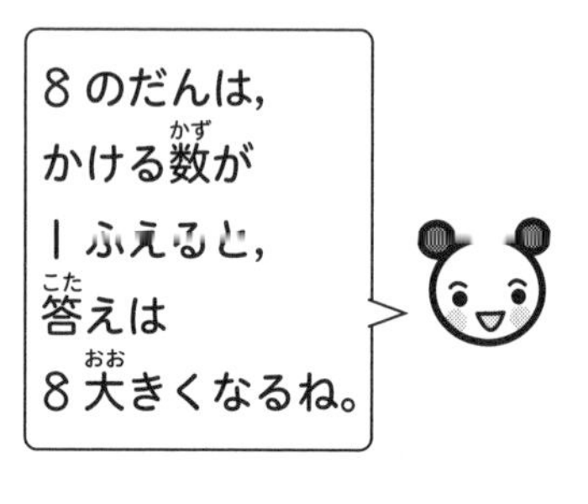

⑤ 10 × 4 = □

九九の表とかけ算（6）　0のかけ算

月	日	名　前

● みうさんとゆうたさんが，まとあてゲームをしました。
ゆうたさんのとく点を調べましょう。

みうさん

	あたった回数（回）	とく点（点）	
0点	3	0	0×3
3点	5	15	3×5
5点	2	10	5×2
合計	10	25	

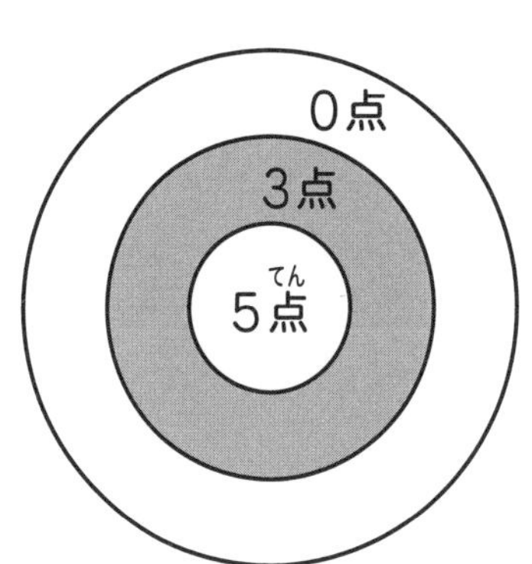

ゆうたさん

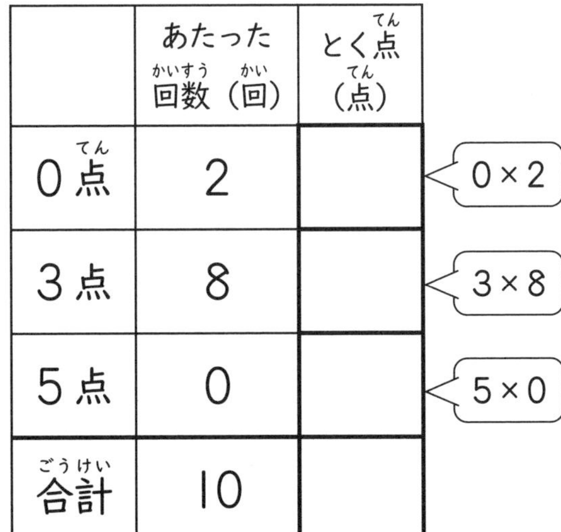

	あたった回数（回）	とく点（点）	
0点	2		0×2
3点	8		3×8
5点	0		5×0
合計	10		

どんな数に
0をかけても，
0にどんな数を
かけても，
答えは0だね。

● 計算をしましょう。

① 9 × 0 ＝ □

② 3 × 0 ＝ □

③ 0 × 0 ＝ □

④ 0 × 7 ＝ □

⑤ 0 × 10 ＝ □

九九の表とかけ算（7）

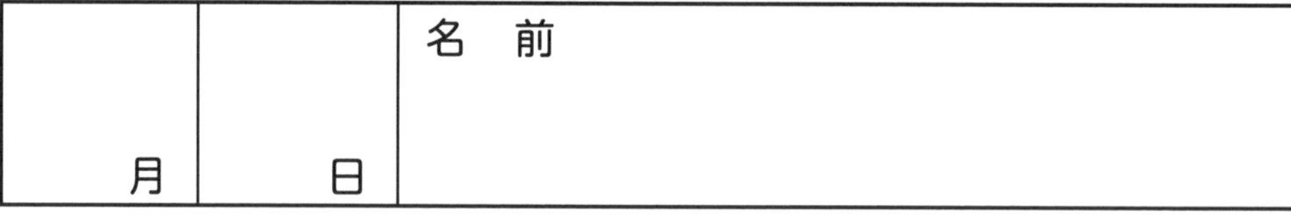

● □にあてはまる数を（　）に書きましょう。

① 4 × □ = 24　　□ =（　　）

② 6 × □ = 18　　□ =（　　）

③ 9 × □ = 63　　□ =（　　）

④ □ × 7 = 49　　□ =（　　）

⑤ □ × 8 = 24　　□ =（　　）

□×8 = 24 は，
8×□= 24 だね。

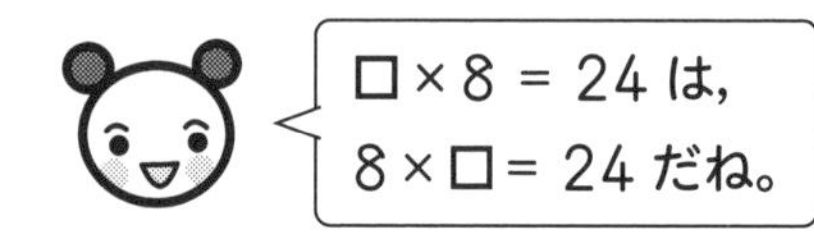

下の表は，九九の表の一部分です。

あいているところに数を書きましょう。

12	15	18	21
16	20		28
20		30	
24	30		42

横にならんでいる
数字は，いくつずつ
大きくなって
いるかな。

時こくと時間（1）

時こくをもとめる

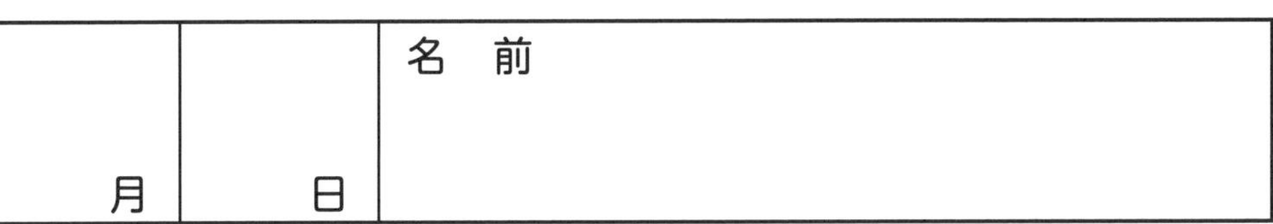

● 次の時こくをもとめましょう。

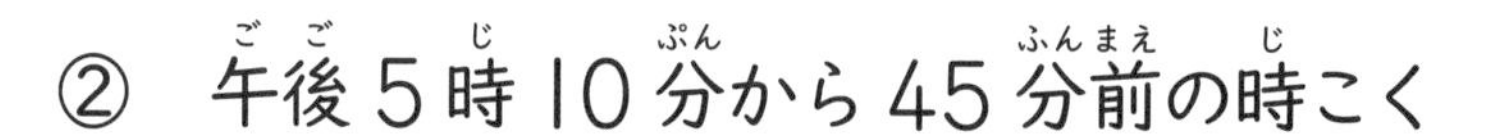

時計にはりをかきこんでみよう。

① 午前 8 時 50 分から 30 分後の時こく

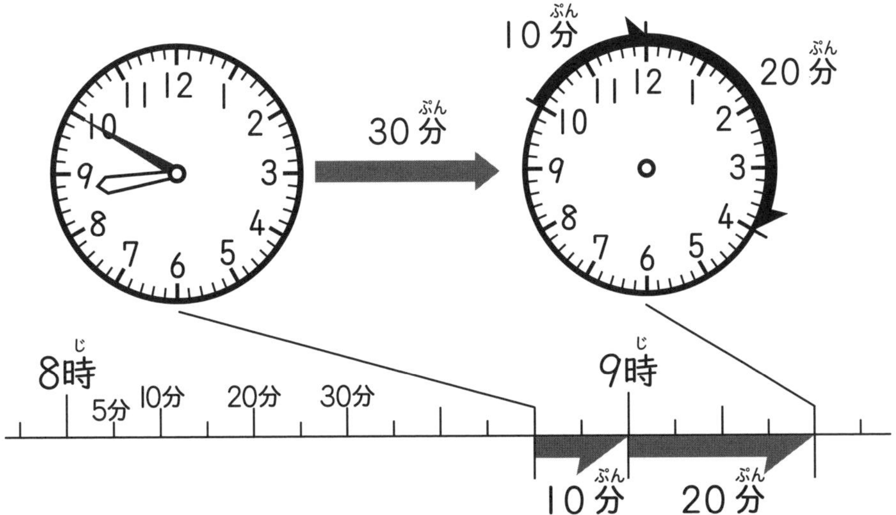

午前 □ 時 □ 分

② 午後 1 時 40 分から 35 分後の時こく

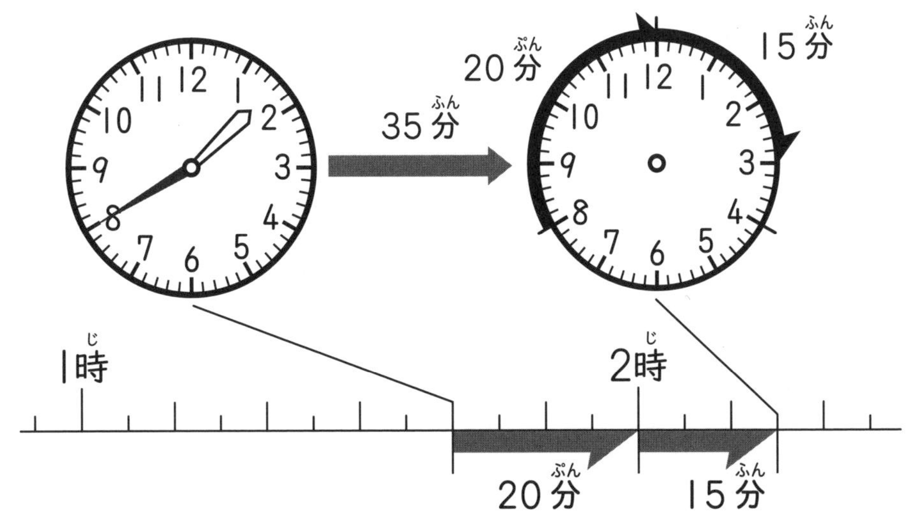

午後 □ 時 □ 分

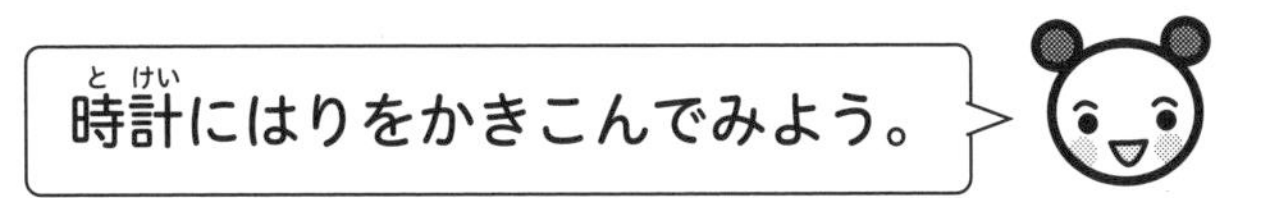

時こくと時間（2）

時こくをもとめる

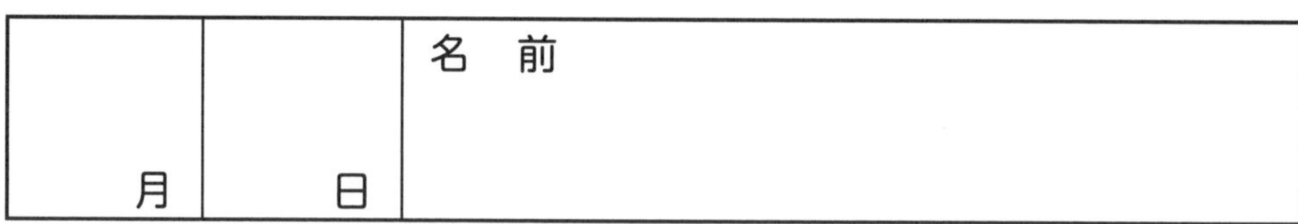

● 次の時こくをもとめましょう。

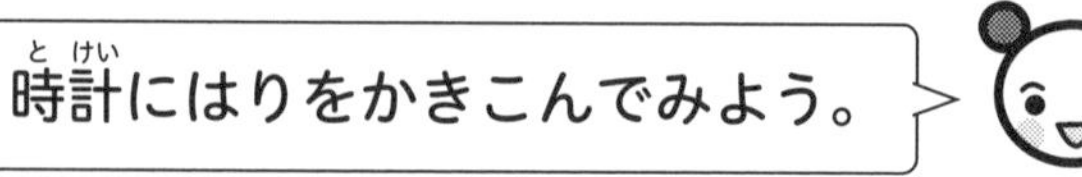

① 午前10時15分から30分前の時こく

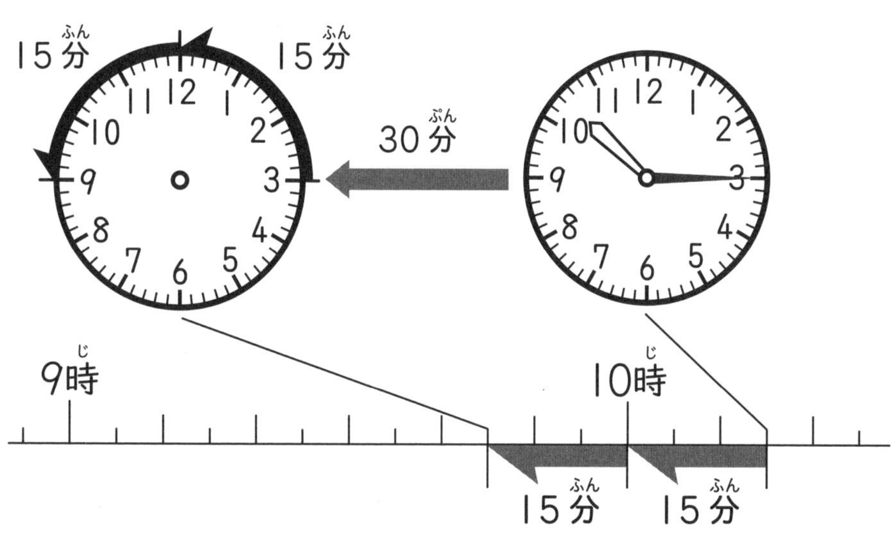

午前 [　　] 時 [　　] 分

② 午後5時10分から45分前の時こく

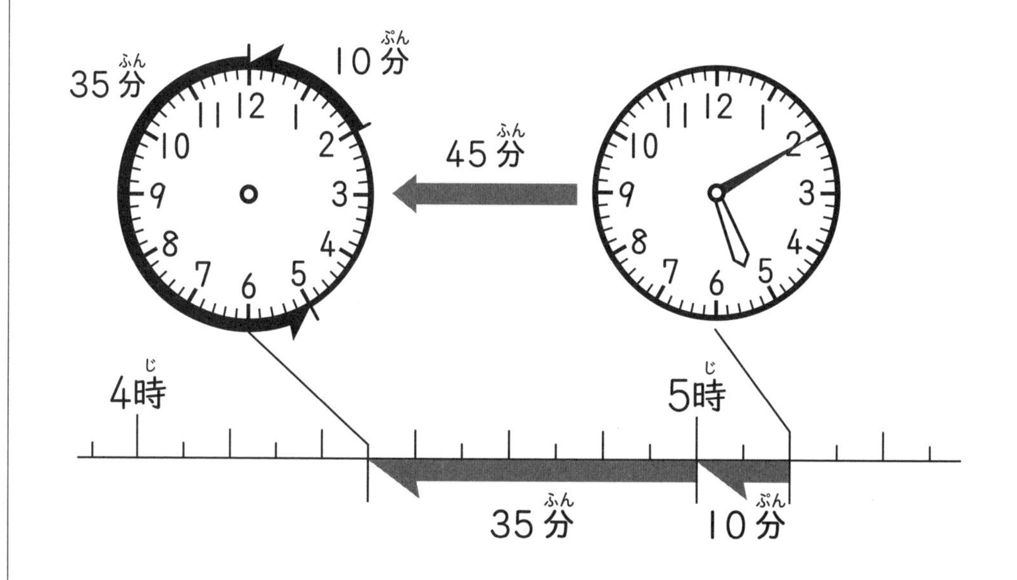

35分
10分
45分
4時
5時
35分
10分

午後 [　　] 時 [　　] 分

時こくと時間（3）

時こくをもとめる

● 次の時こくをもとめましょう。

① 午前 6 時 45 分から 25 分後の時こく

時計や数直線を使って考えてみよう。

午前  時 □ 分

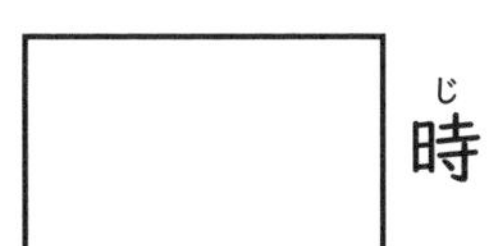

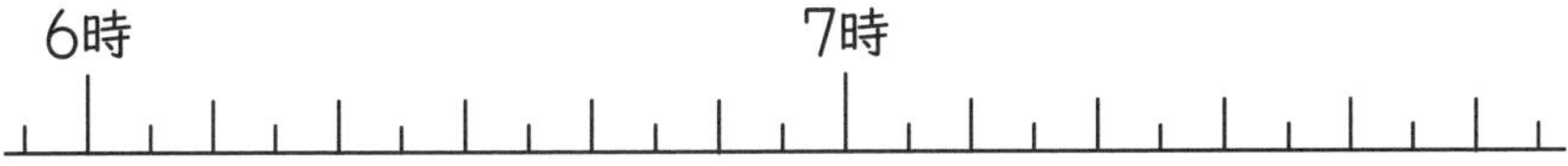

② 午後 4 時 35 分から 50 分後の時こく

午後  時 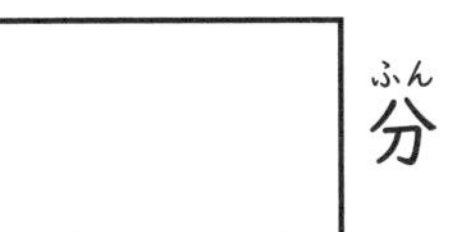 分

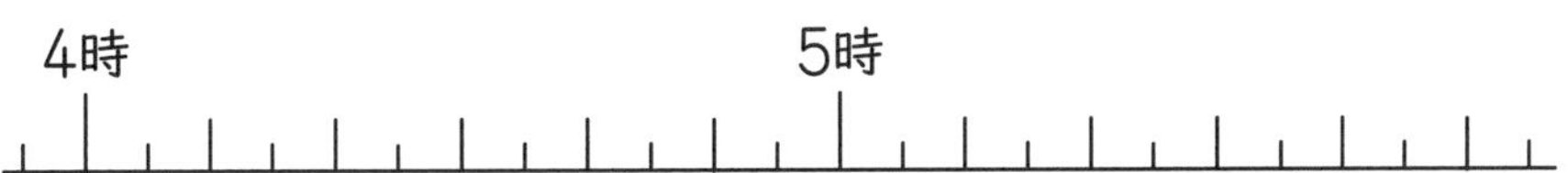

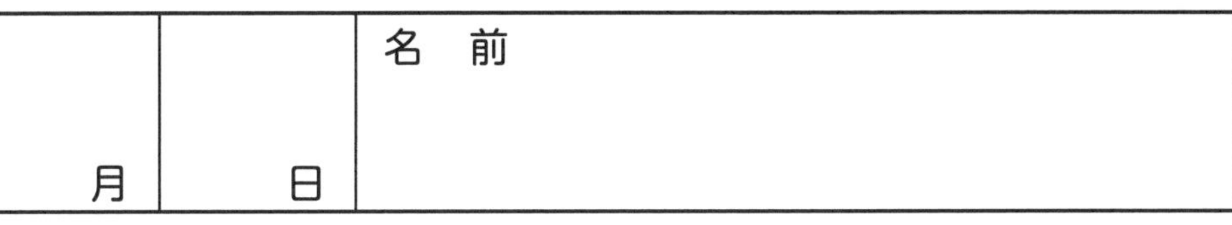

● 次の時こくをもとめましょう。

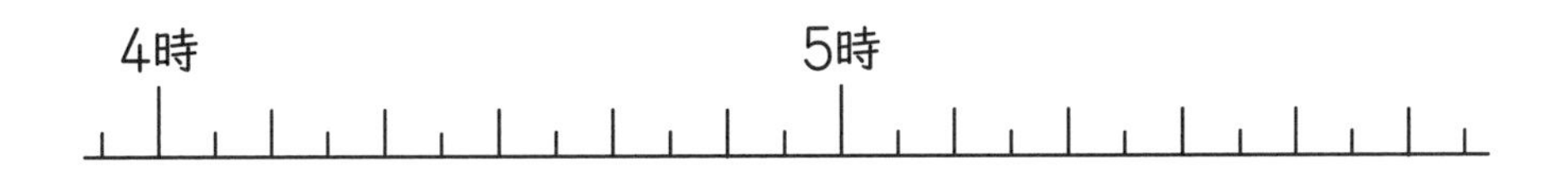

① 午前 9 時 20 分から 40 分前の時こく

午前 □ 時  分

8時　9時

② 午後 2 時 15 分から 25 分前の時こく

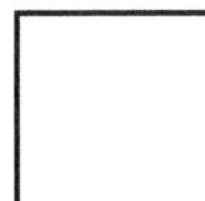

午後 □ 時 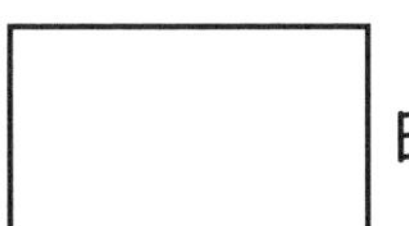 分

1時　2時

時こくと時間（4）

時間をもとめる

● 次の時間をもとめましょう。

① 午前 8 時 20 分から午前 9 時 10 分までの時間

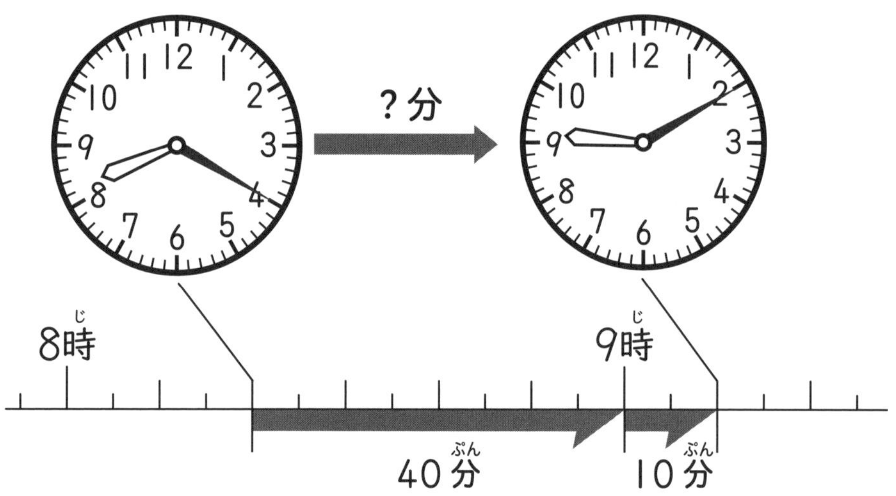

分間

② 午後 2 時 35 分から午後 3 時 10 分までの時間

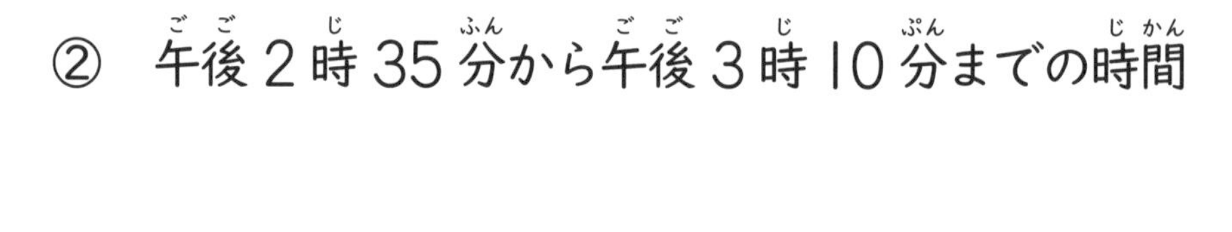

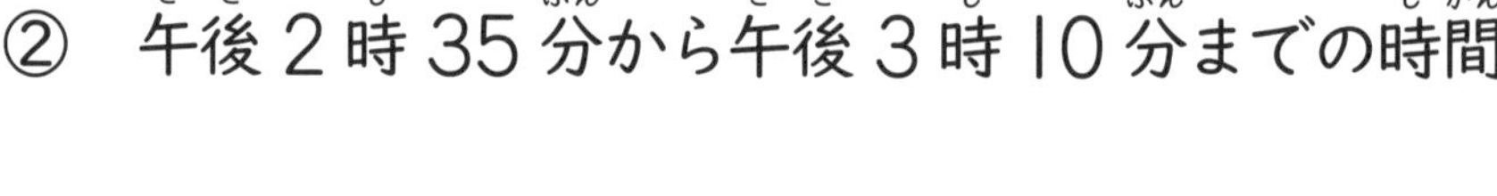

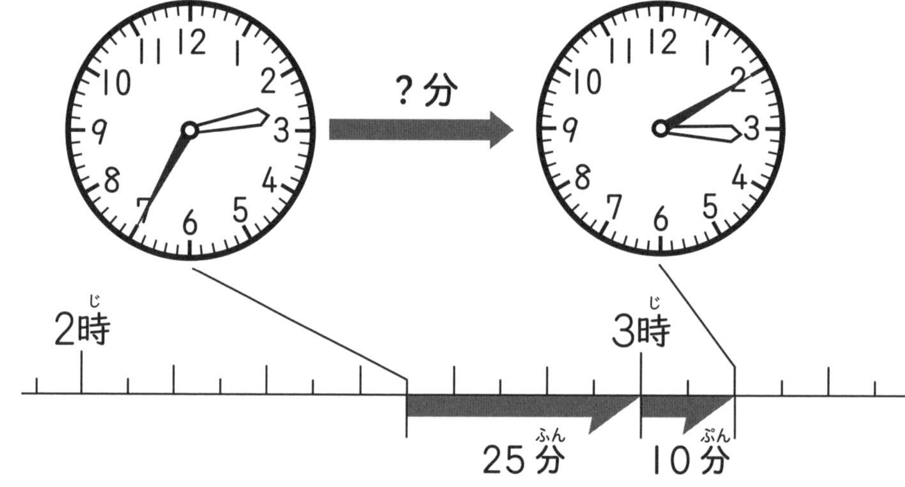

分間

時こくと時間（5）　時間をもとめる

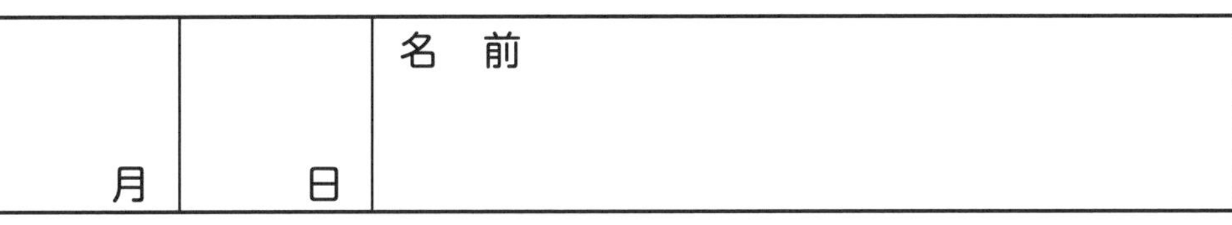

● 次の時間をもとめましょう。

① 午前 10 時 15 分から午前 11 時 5 分までの時間

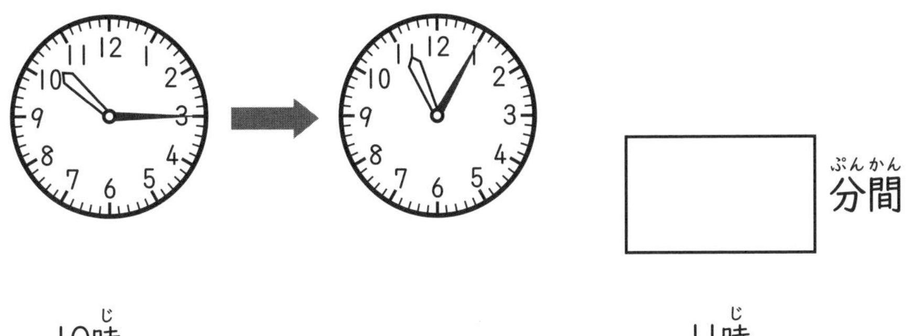

② 午後 3 時 40 分から午後 4 時 20 分までの時間

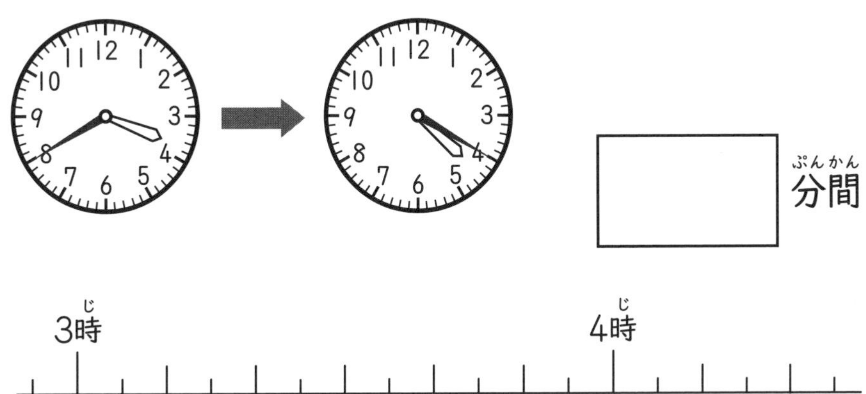

● 次の時間をもとめましょう。

① 午前 9 時から午後 4 時までの時間

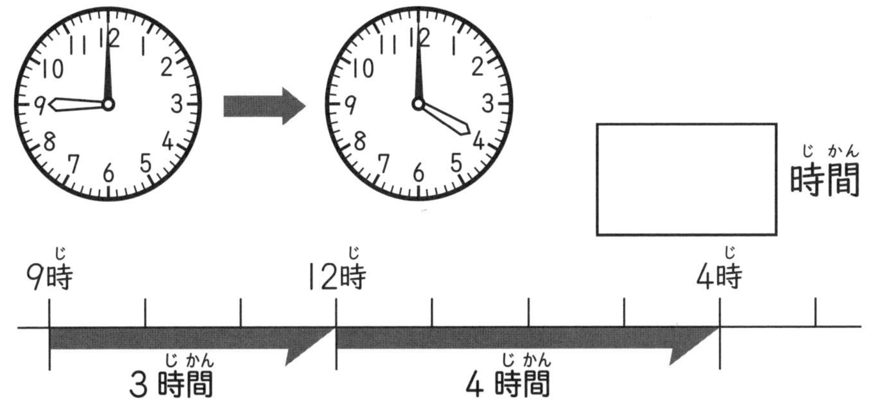

② 午前 6 時から午後 2 時 30 分までの時間

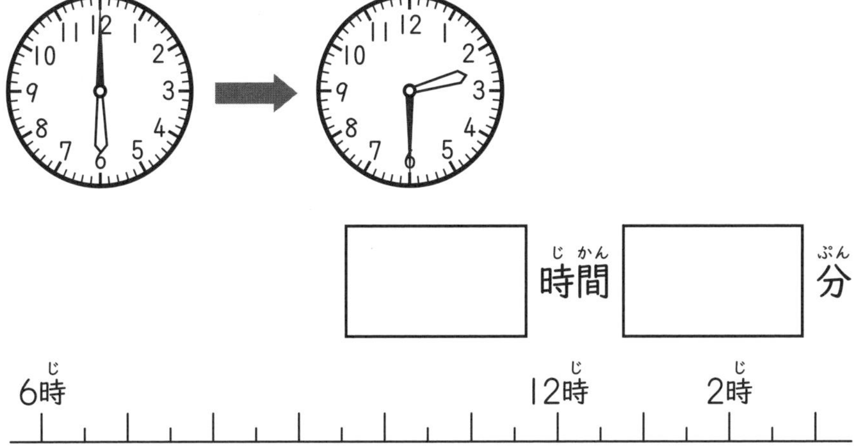

時こくと時間（6）

時間をもとめる

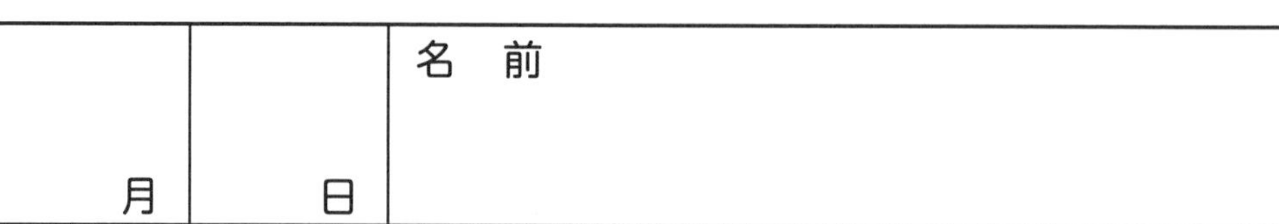

● 次の時間は，それぞれ何時間何分ですか。

① 50分と20分をあわせた時間

1時間＝60分だったね。

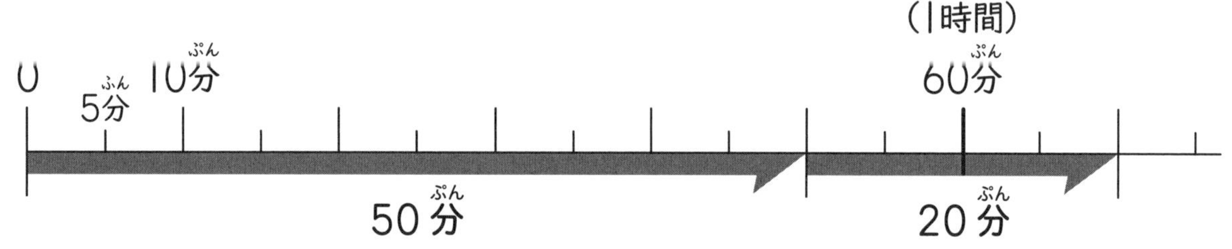

□分

＝□時間□分

② 1時間15分と25分をあわせた時間

15分＋25分は何分になるかな。

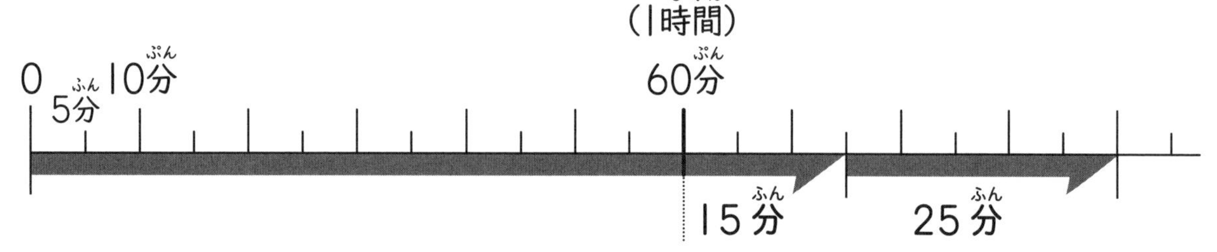

1時間□分

時こくと時間（7）

月	日	名前

● ゆうたさんは，家を午前 7 時 40 分に出て，50 分後にサッカー場に着きました。

サッカー場に着いた時こくは何時何分ですか。

答え　午前 ☐ 時 ☐ 分

7 時　　　8時

● さきさんの家から駅まで 25 分かかります。

午後 3 時 10 分までに駅に着くためには，

何時何分までに家を出なければいけませんか。

答え　午後 ☐ 時 ☐ 分

2時　　　3時

時こくと時間（8）

		名　前
月	日	

● ゆきさんは，午後 5 時 40 分から午後 6 時 30 分まで犬のさんぽに行きました。

犬のさんぽをしていた時間は何分ですか。

答え ☐ 分間

5時　6時

● はるとさんは，午前に 45 分，午後に 35 分読書をしました。

あわせて何時間何分読書をしましたか。

答え ☐ 時間 ☐ 分

（1時間）

0　10分　60分

時こくと時間（9）　短い時間

		名　前
月	日	

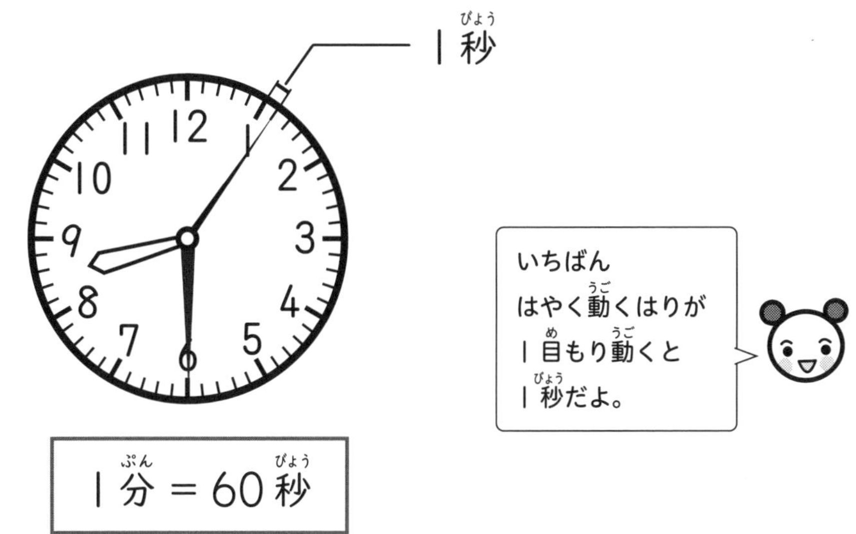

１分＝60秒

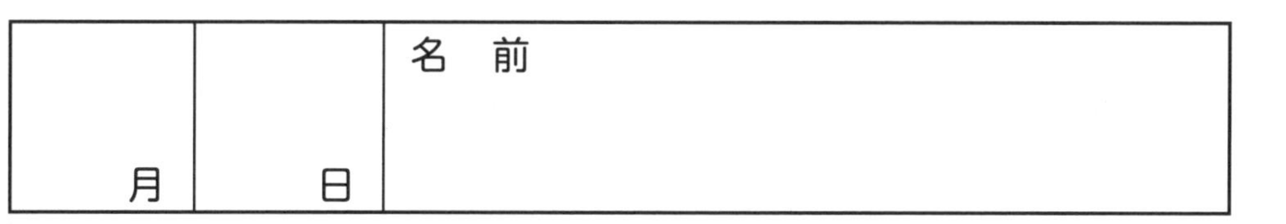

● □にあてはまる時間のたんい（時間，分，秒）を書きましょう。

① 25mを泳ぐのにかかった時間 … 30 □

② １日の学校にいる時間 …………… 7 □

③ きゅう食の時間 ………………… 40 □

● □にあてはまる数を書きましょう。

１時間＝60分
１分＝60秒

① １分20秒＝□秒

② ３分＝□秒

③ 90秒＝□分□秒

④ 120秒＝□分

⑤ １時間10分＝□分

わり算(ざん)(1)

1人分(ひとりぶん)はいくつ

月	日	名　前

● おにぎりが 8 こあります。
4 人(にん)で同(おな)じ数(かず)ずつ分(わ)けます。
|人分(ひとりぶん)は何(なん)こになるか，お皿(さら)に分(わ)けましょう。

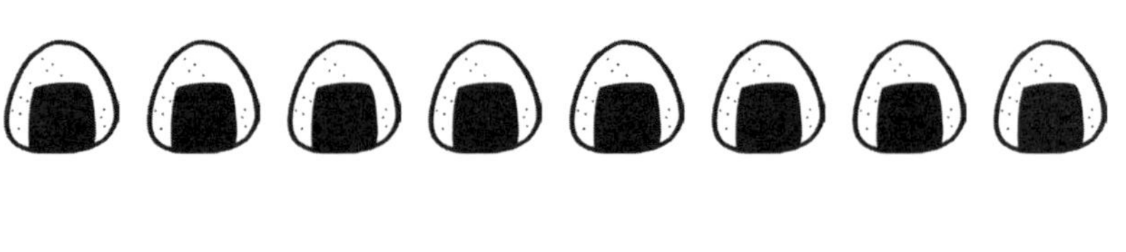

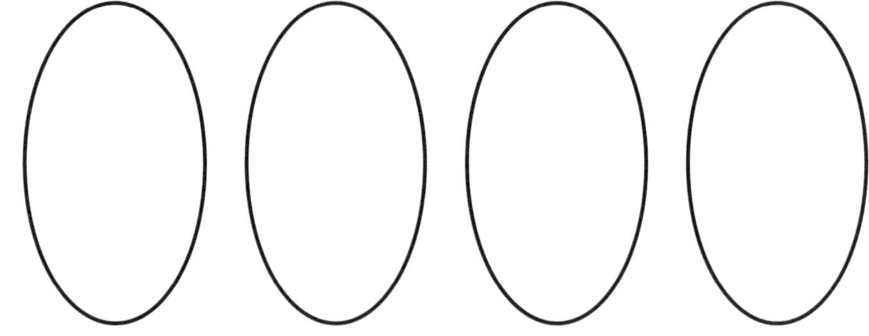

|人分(ひとりぶん)は □ こになります。

● クッキーが |2 まいあります。
3 人(にん)で同(おな)じ数(かず)ずつ分(わ)けます。
|人分(ひとりぶん)は何(なん)こになるか，お皿(さら)に分(わ)けましょう。

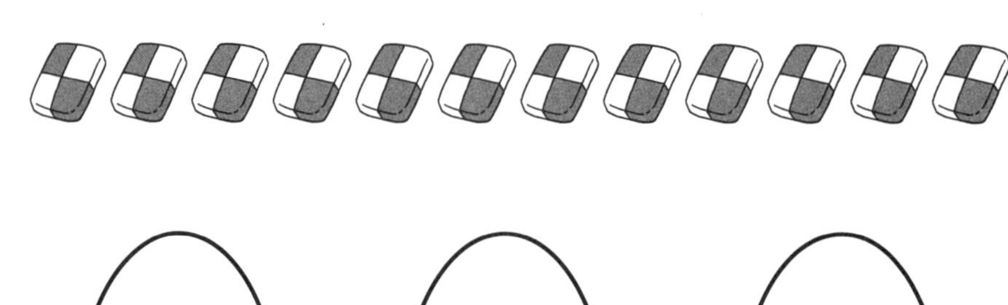

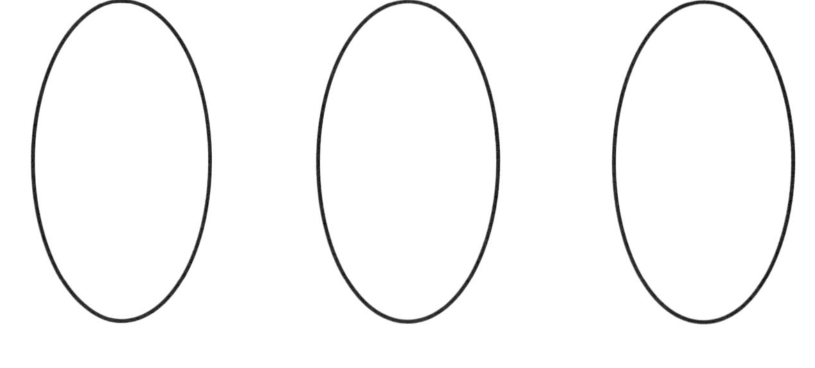

|人分(ひとりぶん)は □ まいになります。

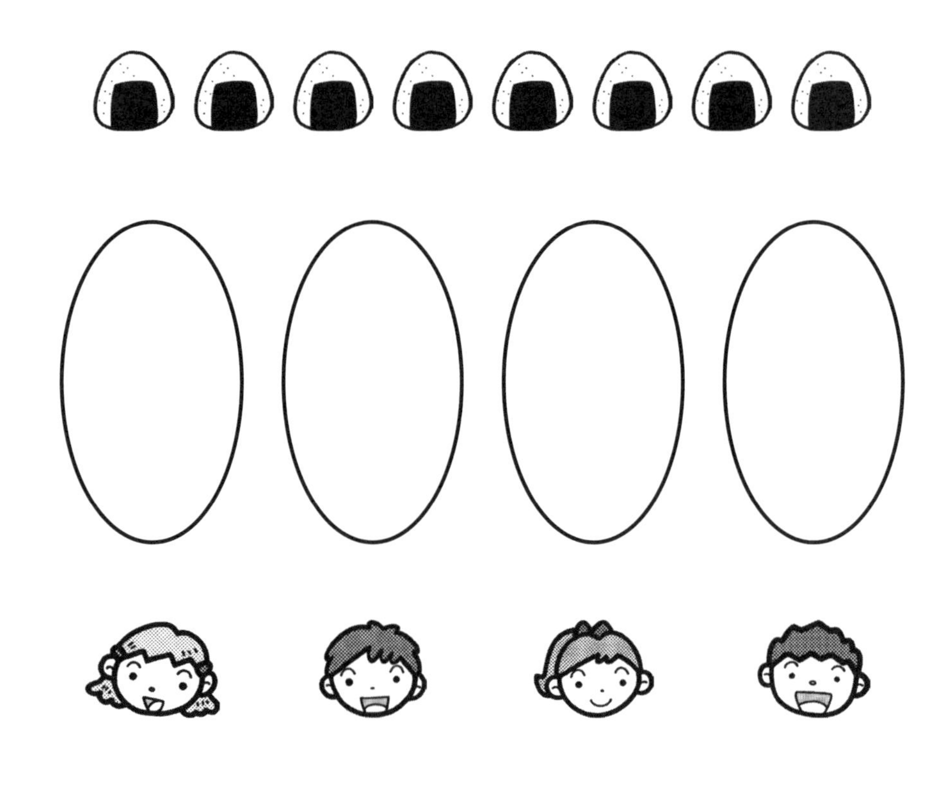

わり算 (2)

1人分はいくつ

月	日	名前

● りんごが6こあります。3人で同じ数ずつ分けます。|人分は何こになりますか。

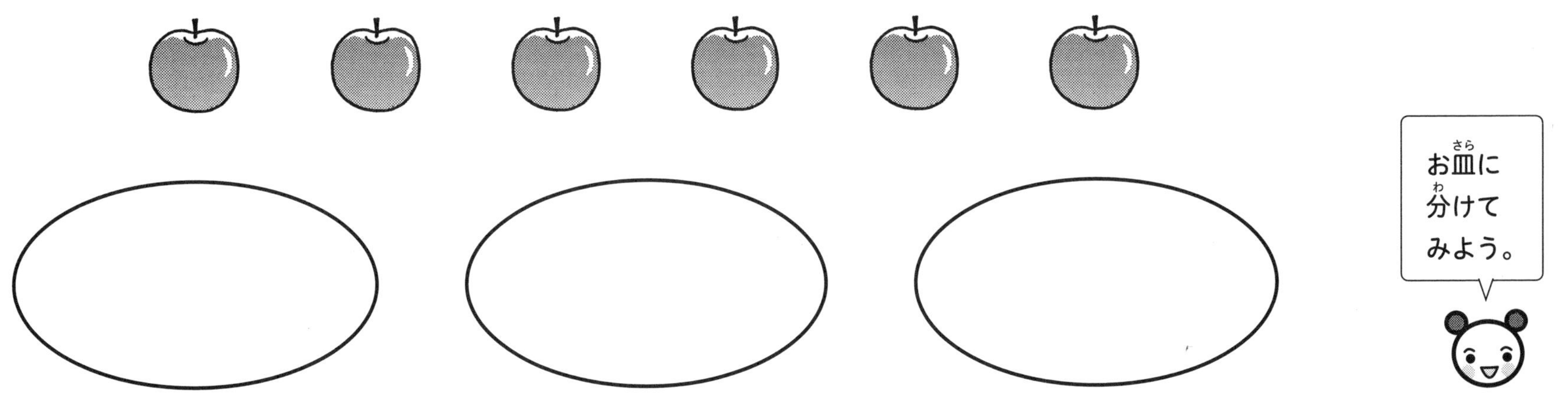

6このりんごを 3人で同じ数ずつ分けると，|人分は □ こになります。

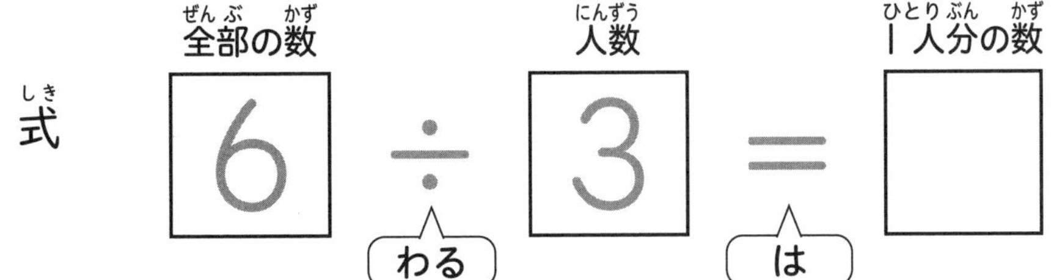

6 ÷ 3のような計算を
わり算といいます。

わり算（3）

1人分はいくつ

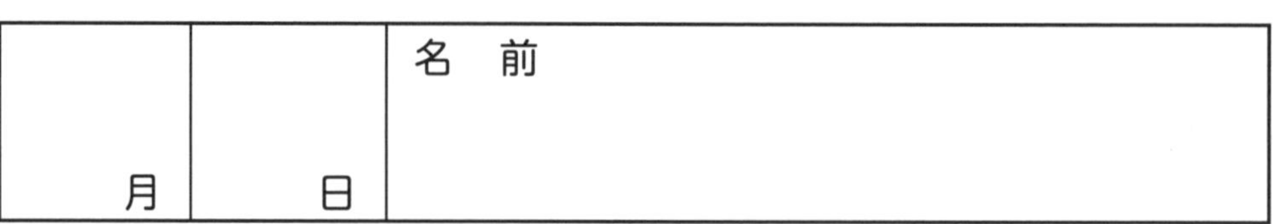

● 絵をかいて答えをもとめ，わり算の式に表しましょう。

① あめが 10 こあります。
5人で同じ数ずつ分けます。
1人分は何こになりますか。

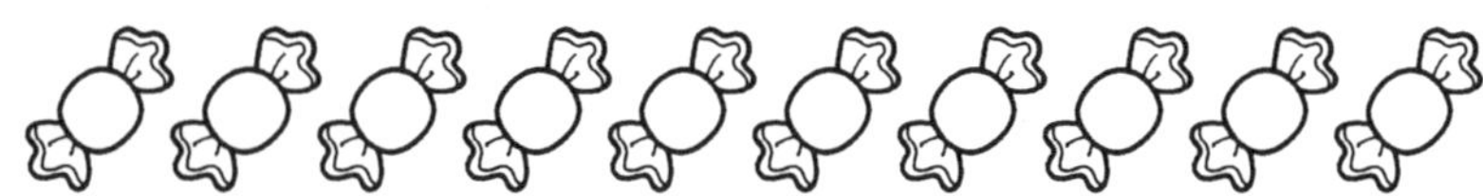

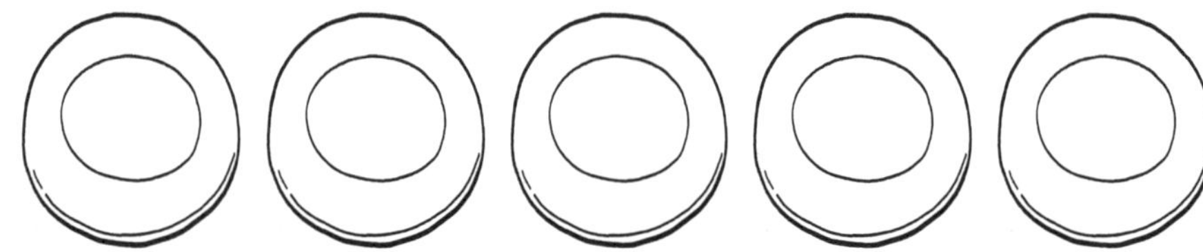

式

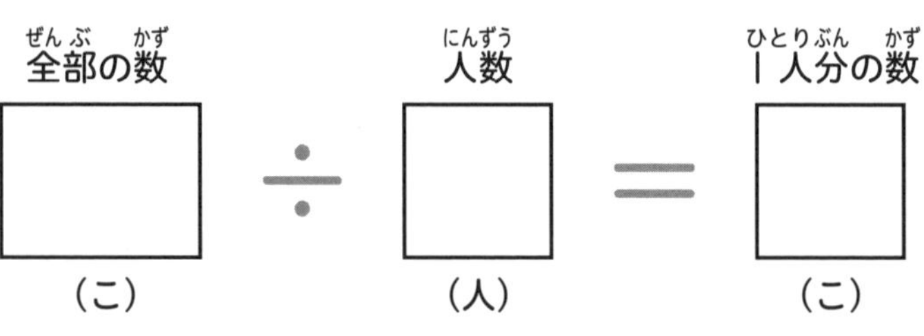

答え　　こ

② ドーナツが 8 こあります。
2人で同じ数ずつ分けます。
1人分は何こになりますか。

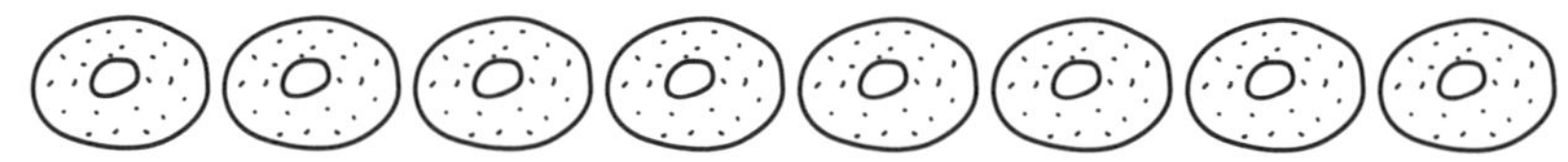

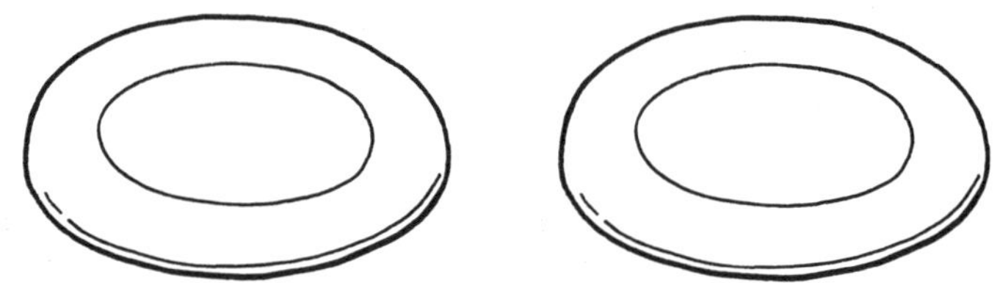

式

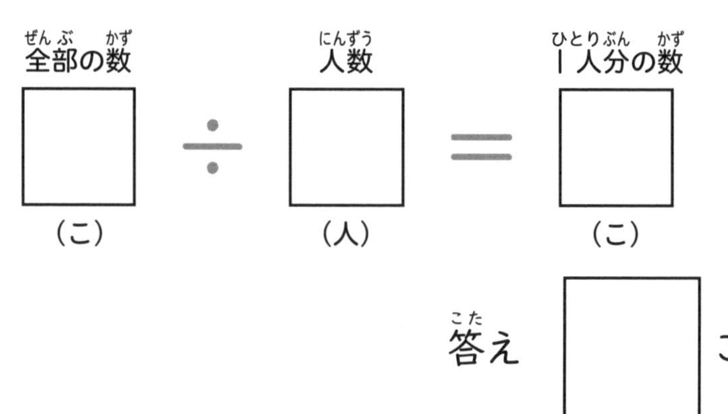

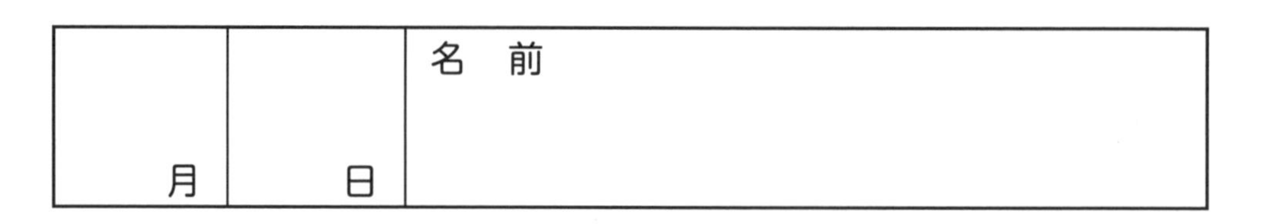

わり算（4）

1つ分はいくつ

		名　前
月	日	

● 絵をかいて答えをもとめ，わり算の式に表しましょう。

① みかんが 12 こあります。
4 つの箱に同じ数ずつ分けます。
1 箱分は何こになりますか。

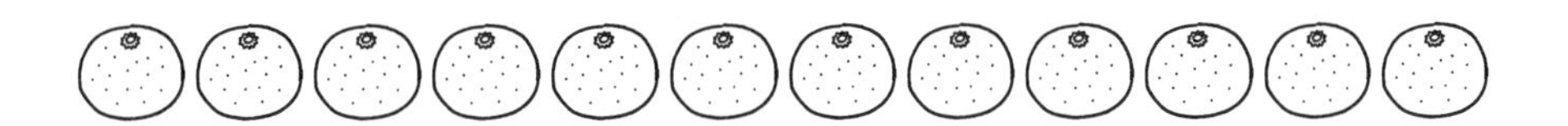

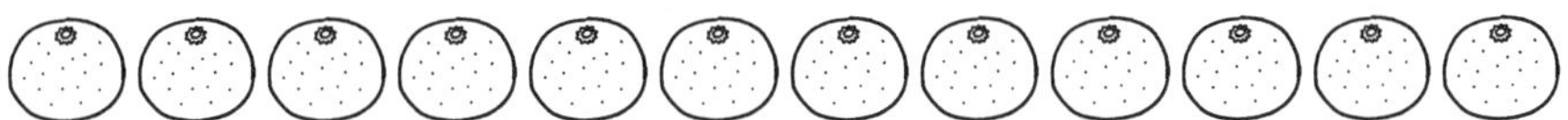

式

全部の数 □ ÷ 箱の数 □ ＝ 1 箱分の数 □

答え □ こ

② きゅうりが 15 本あります。
5 つのふくろに同じ数ずつ分けます。
1 ふくろ分は何本になりますか。

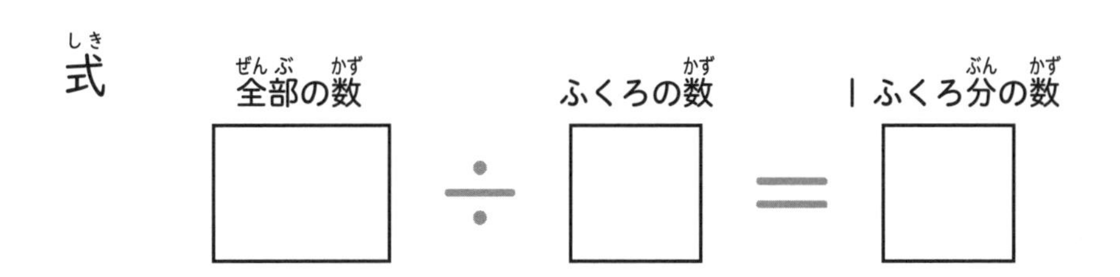

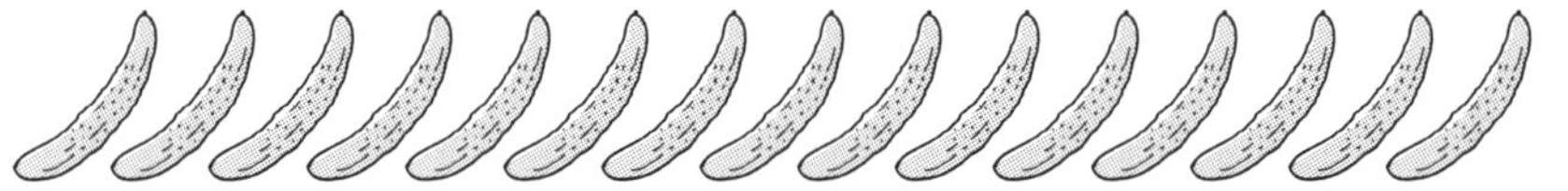

式

全部の数 □ ÷ ふくろの数 □ ＝ 1 ふくろ分の数 □

答え □ 本

わり算（5）

1人分の数をもとめる

月	日	名前

いちごが15こあります。
3人で同じ数ずつ分けます。
1人分は何こになりますか。

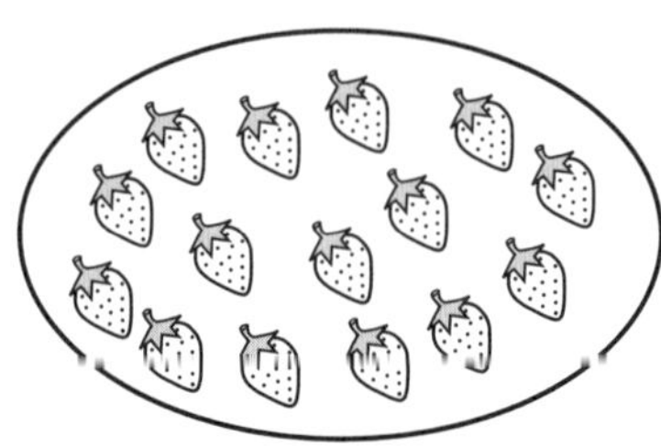

式

全部の数		人数		1人分の数
15	÷	3	＝	○

図を使わずに 1人分の数 を
見つける方ほうを考えよう。

1人分の数が

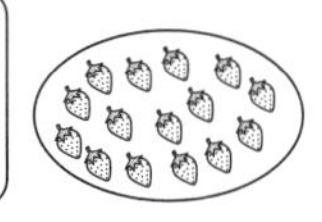

	1人分の数		人数		全部の数
1このとき	1	×	3	＝	3
2このとき	2	×	3	＝	6
3このとき	3	×	3	＝	9
4このとき	4	×	3	＝	12
5このとき	5	×	3	＝	15

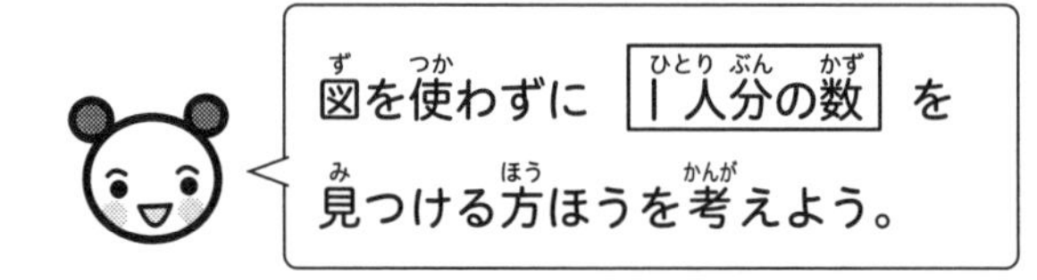

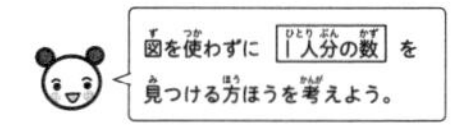

15÷3の答えは，
3のだんの九九を使って
もとめることができます。

答え □ こ

わり算（6）

1つ分の数をもとめる

月	日	名　前

● えんぴつが24本あります。
4つの箱に同じ数ずつ分けます。
｜箱分は何本になりますか。

式

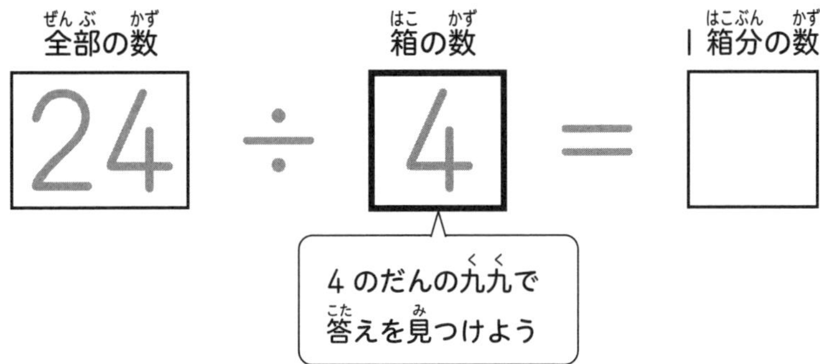

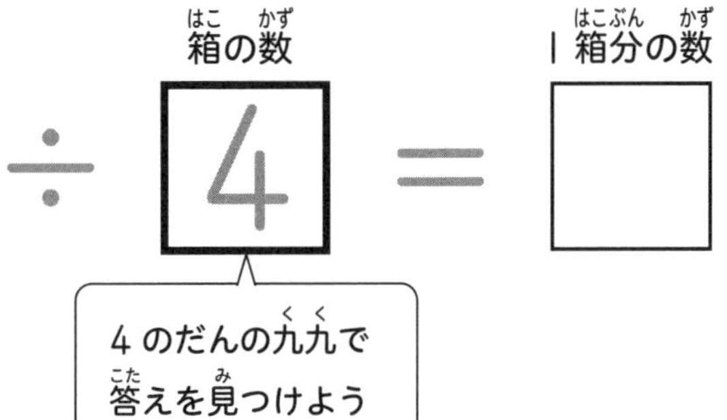

4のだんの九九で
答えを見つけよう

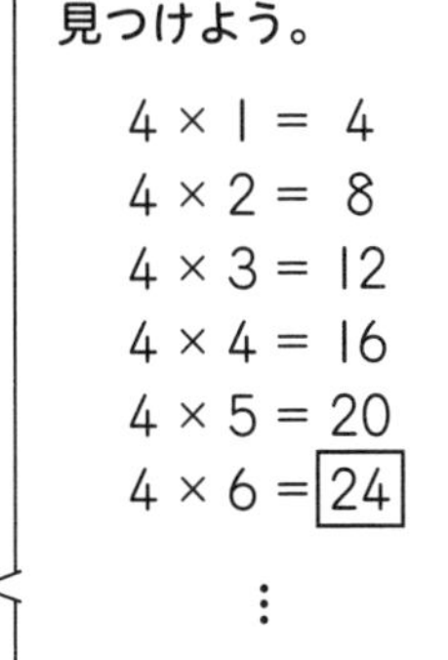

4のだんで答えが
24になる九九を
見つけよう。
4 × ｜ ＝ 4
4 × 2 ＝ 8
4 × 3 ＝ ｜2
4 × 4 ＝ ｜6
4 × 5 ＝ 20
4 × 6 ＝ 24
⋮

答え 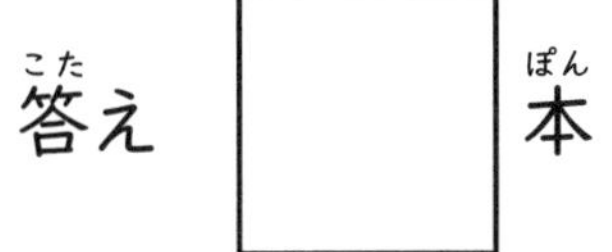 本

● ジュースが30dLあります。
6つのコップに同じかさ（りょう）ずつ分けます。｜つ分は何dLになりますか。

式

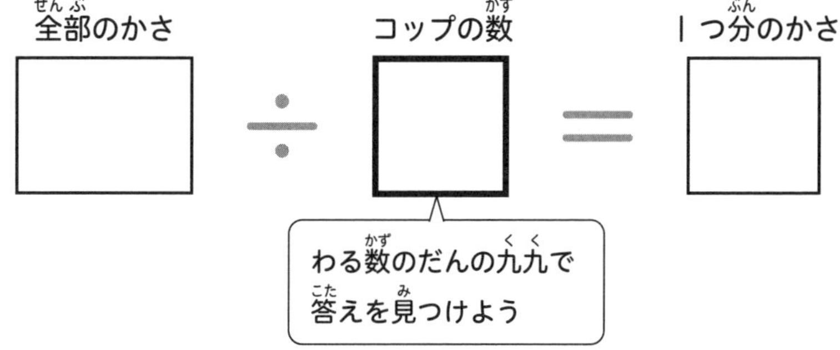

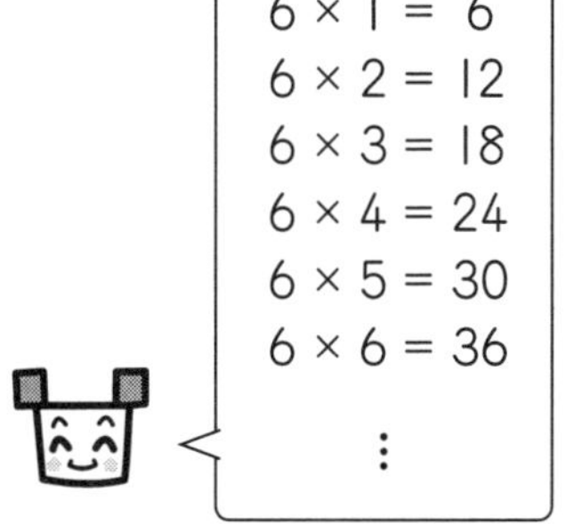

答え  dL

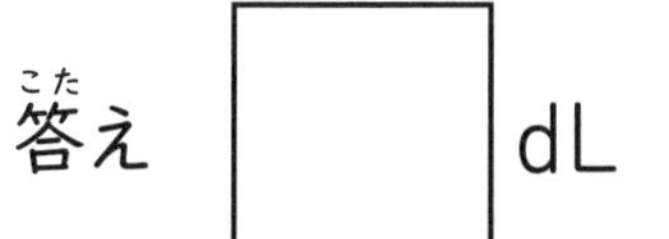

わり算（7）

分けられる数はいくつ

月	日	名前

● 絵を使って答えをもとめ，わり算の式に表しましょう。

① たいやきが 10 こあります。
1人に 2 こずつ分けます。
何人に分けられますか。

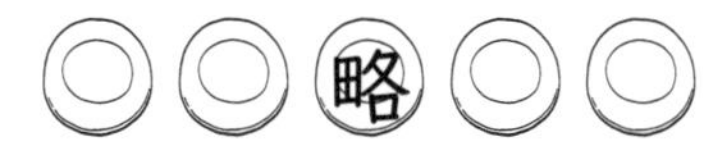

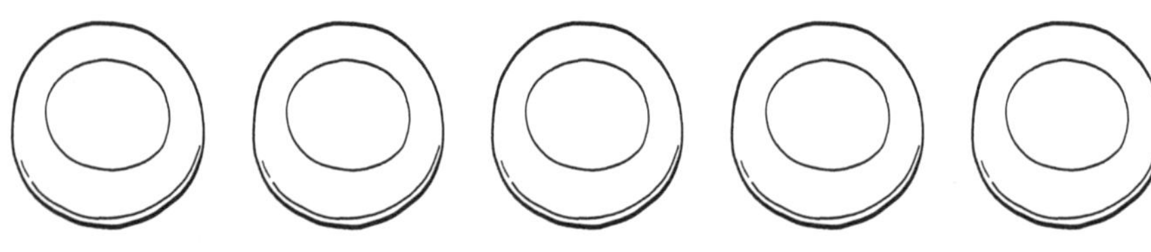

式

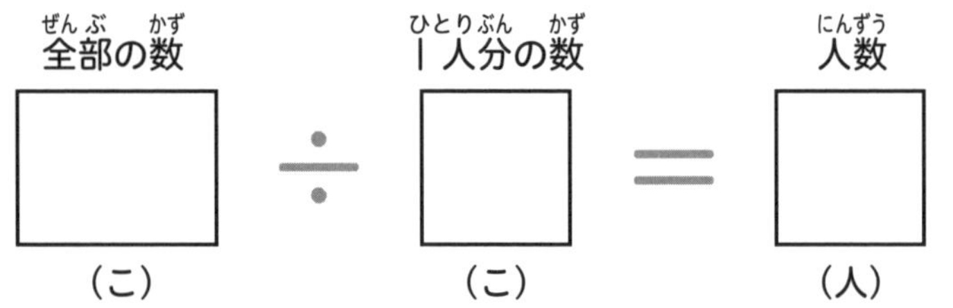

全部の数 ［　］（こ） ÷ 1人分の数 ［　］（こ） ＝ 人数 ［　］（人）

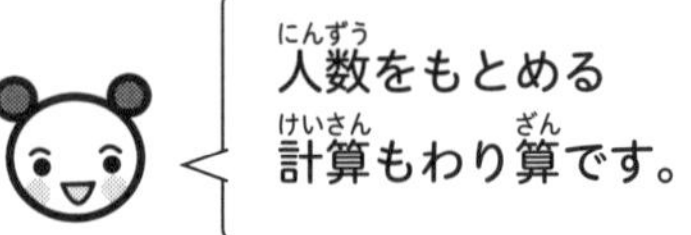

答え 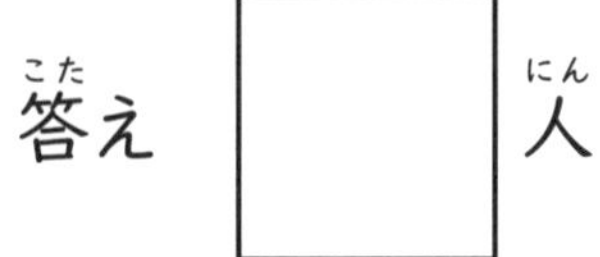 人

② ミニトマトが 9 こあります。
3 こずつお皿に分けます。
お皿は何まいいりますか。

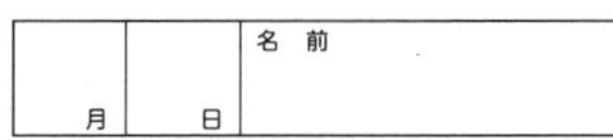

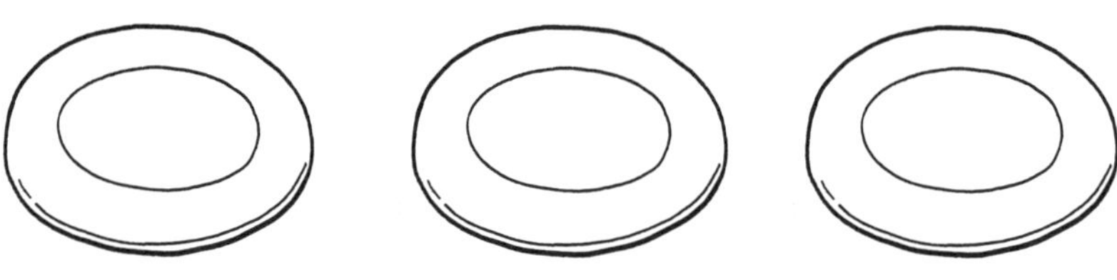

式

全部の数 ［　］（こ） ÷ 1皿分の数 ［　］（こ） ＝ お皿の数 ［　］（まい）

答え ［　］ まい

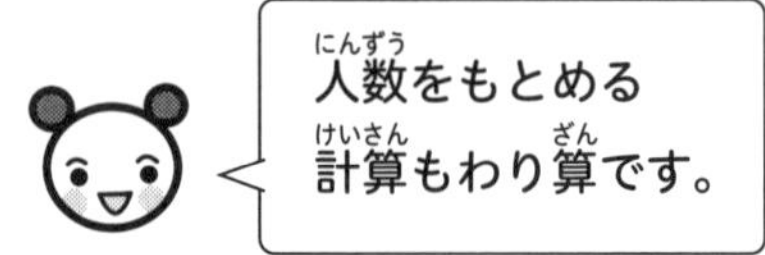

わり算（8）

分けられる数をもとめる

月	日	名　前

● 色紙が 28 まいあります。
1人に 7 まいずつ分けます。
何人に分けられますか。

式

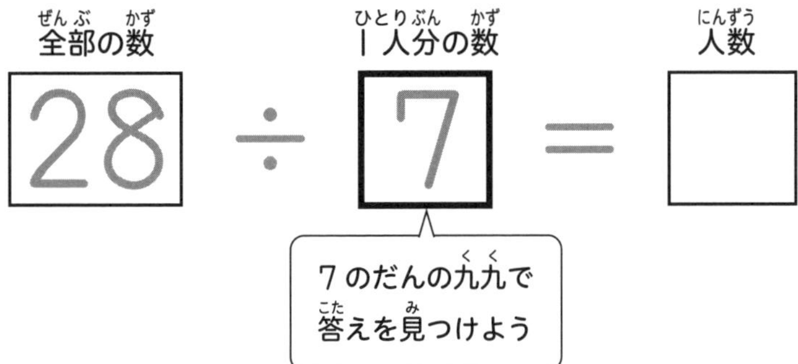

7のだんで答えが
28になる九九を
見つけよう。

7 × 1 = 7
7 × 2 = 14
7 × 3 = 21
7 × 4 = 28
⋮

答え　　　人

● 35cm のテープがあります。
5cm ずつ切ります。
5cm のテープは何本できますか。

式

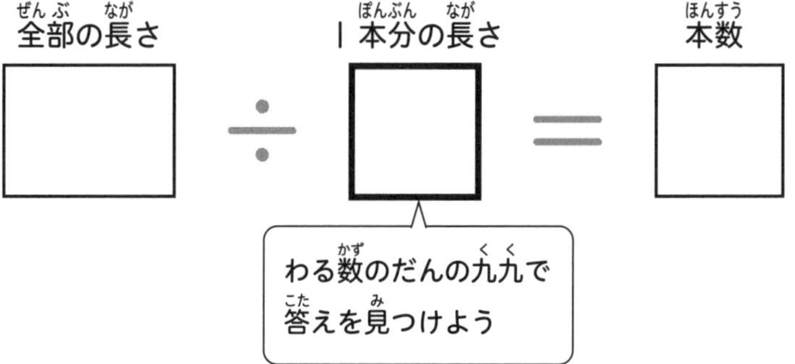

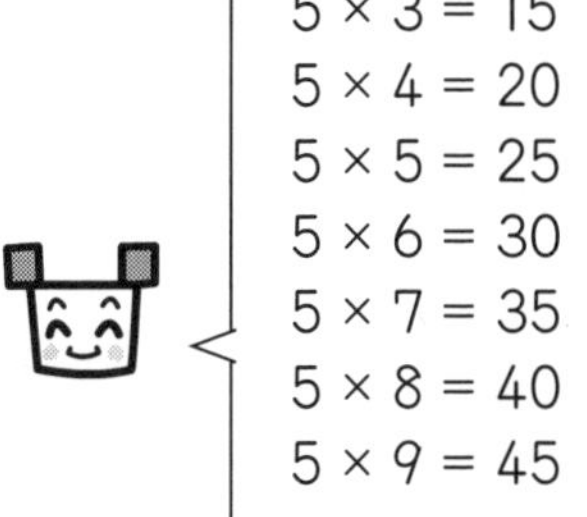

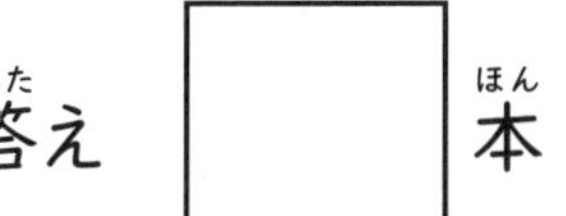

わり算 (9)

2つの分け方

		名　前
月	日	

● 下の㋐と㋑の2つの問題を図や式に表してくらべましょう。

㋐

みかんが8こあります。
2人で同じ数ずつ分けます。
1人分は何こになりますか。

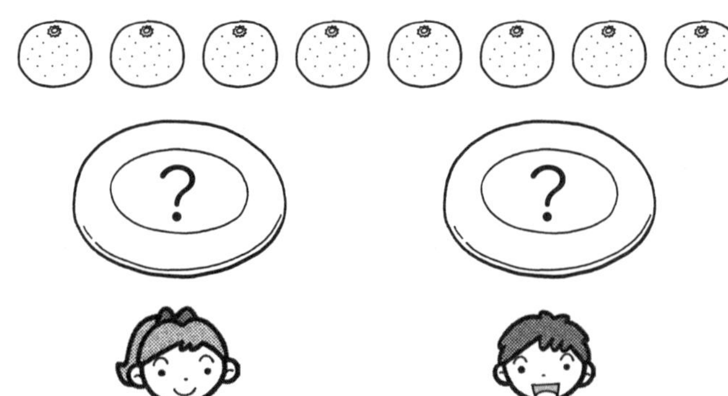

式

全部の数 □ ÷ 人数 □ ＝ 1人分の数 □

（こ）　（人）　（こ）

答え ＿＿＿＿＿＿

㋑

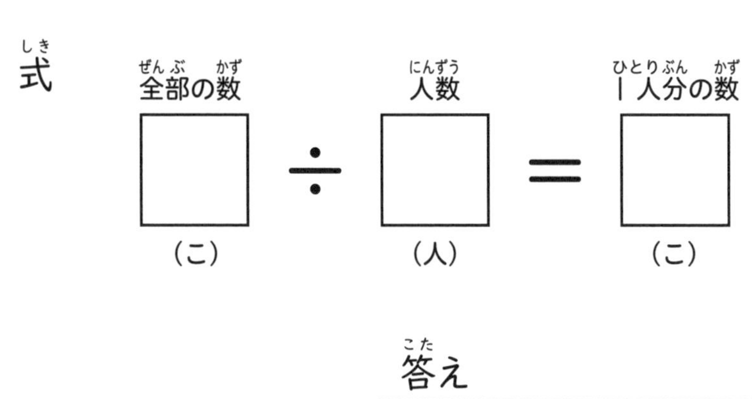

みかんが8こあります。
1人に2こずつ分けます。
何人に分けられますか。

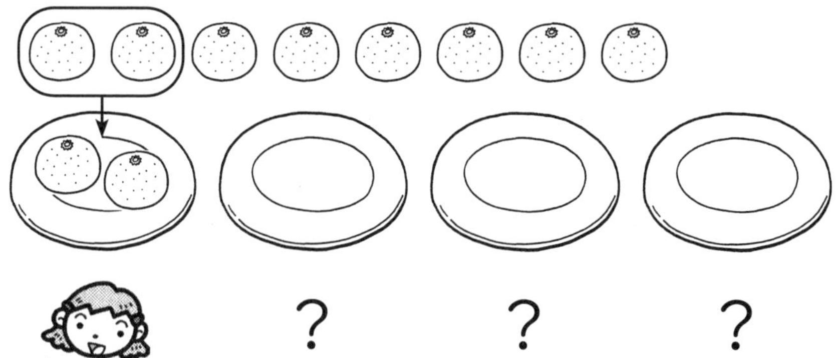

式

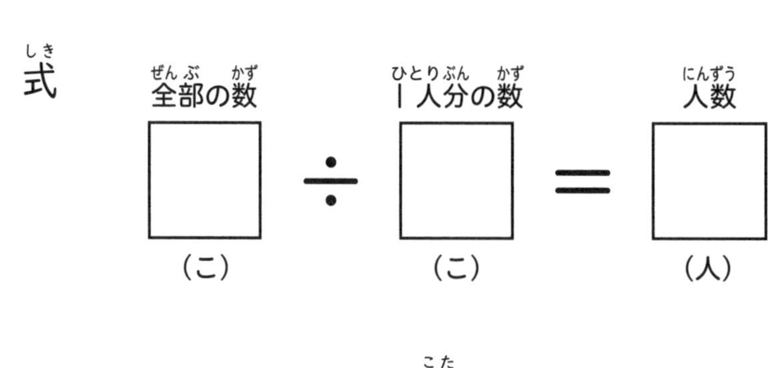

答え ＿＿＿＿＿＿

わり算（10）

2つの分け方

		名　前
月	日	

● 下の㋐と㋑の2つの問題の □ にあてはまることばを ⬚ からえらんで書きましょう。

㋐ はがきが24まいあります。
4人で同じ数ずつ分けます。
□ は何まいになりますか。

㋑ はがきが24まいあります。
1人に4まいずつ分けます。
□ に分けられますか。

何人　・　1人分

式に表して答えをもとめよう。

㋐

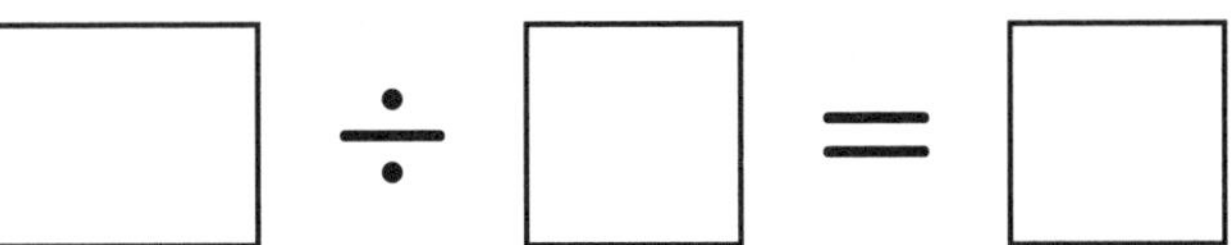

□ ÷ □ ＝ □

答え ＿＿＿＿

㋑

□ ÷ □ ＝ □

答え ＿＿＿＿

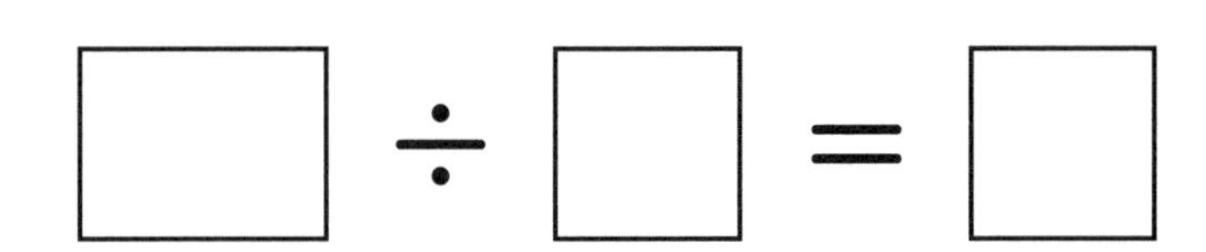

わり算（11）

0や1のわり算

月	日	名前

● 箱の中のチョコレートを4人で同じ数ずつ分けます。
｜人分は何こになりますか。

① 8こ入っているとき

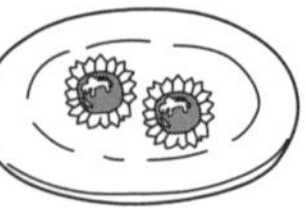
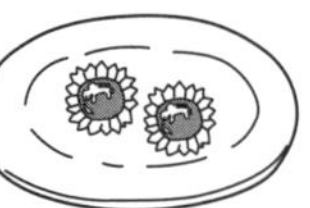

式  8 ÷  4 ＝ □　　答え ＿＿＿＿

② 4こ入っているとき

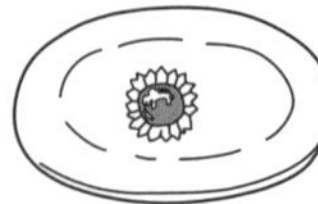
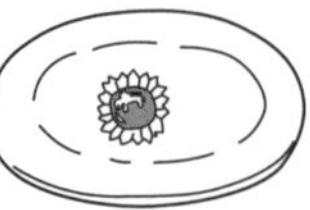
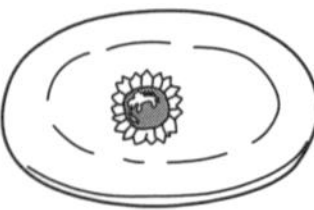
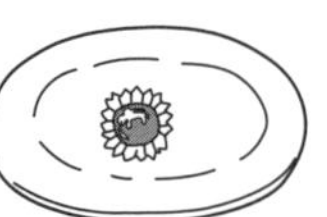

式  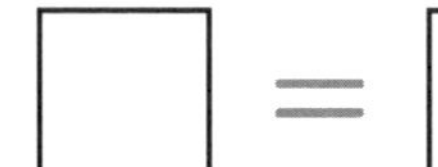 □ ÷ □ ＝ □　　答え ＿＿＿＿

③ 入っていないとき

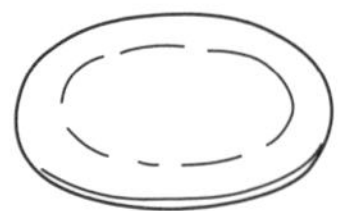
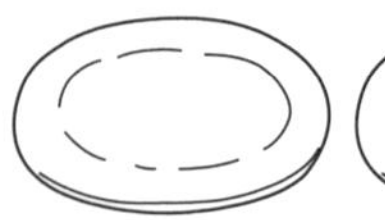

式  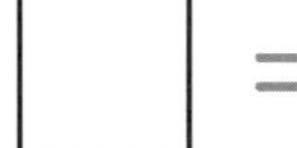   □ ÷ □ ＝ □　　答え ＿＿＿＿

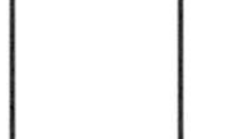

● 計算をしましょう。

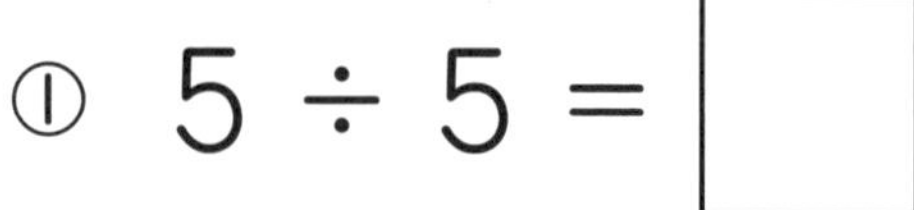

① 5 ÷ 5 ＝ □

② 0 ÷ 3 ＝ □

③ 9 ÷ 1 ＝ □

④ 0 ÷ 2 ＝ □

⑤ 10 ÷ 10 ＝ □

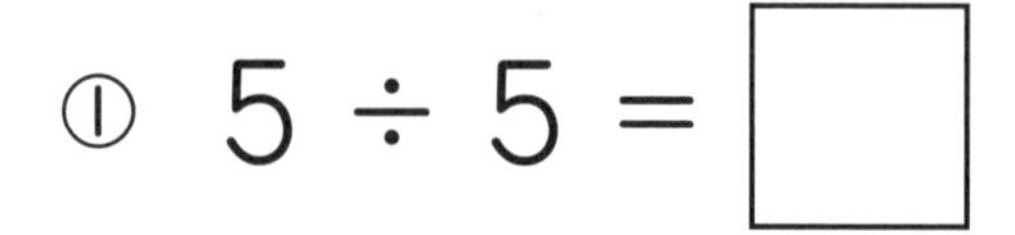

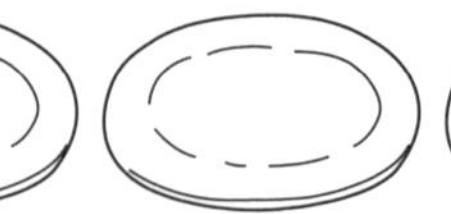

わり算（12）

○÷ 2, ○÷ 3

月	日	名　前

① 10 ÷ 2 ＝ □

② 6 ÷ 2 ＝ □

③ 14 ÷ 2 ＝ □

④ 2 ÷ 2 ＝ □

⑤ 18 ÷ 2 ＝ □

⑥ 16 ÷ 2 ＝ □

⑦ 4 ÷ 2 ＝ □

⑧ 12 ÷ 2 ＝ □

⑨ 8 ÷ 2 ＝ □

2 × 1 ＝ 2
2 × 2 ＝ 4
2 × 3 ＝ 6
2 × 4 ＝ 8
2 × 5 ＝ 10
2 × 6 ＝ 12
2 × 7 ＝ 14
2 × 8 ＝ 16
2 × 9 ＝ 18

① 6 ÷ 3 ＝ □

② 15 ÷ 3 ＝ □

③ 27 ÷ 3 ＝ □

④ 21 ÷ 3 ＝ □

⑤ 3 ÷ 3 ＝ □

⑥ 18 ÷ 3 ＝ □

⑦ 9 ÷ 3 ＝ □

⑧ 12 ÷ 3 ＝ □

⑨ 24 ÷ 3 ＝ □

3 × 1 ＝ 3
3 × 2 ＝ 6
3 × 3 ＝ 9
3 × 4 ＝ 12
3 × 5 ＝ 15
3 × 6 ＝ 18
3 × 7 ＝ 21
3 × 8 ＝ 24
3 × 9 ＝ 27

わり算(13)

○÷ 4, ○÷ 5

月	日	名前

① 36 ÷ 4 = □

② 28 ÷ 4 = □

③ 12 ÷ 4 = □

④ 20 ÷ 4 = □

⑤ 8 ÷ 4 = □

⑥ 24 ÷ 4 = □

⑦ 32 ÷ 4 = □

⑧ 4 ÷ 4 = □

⑨ 16 ÷ 4 = □

4 × 1 = 4
4 × 2 = 8
4 × 3 = 12
4 × 4 = 16
4 × 5 = 20
4 × 6 = 24
4 × 7 = 28
4 × 8 = 32
4 × 9 = 36

① 15 ÷ 5 = □

② 45 ÷ 5 = □

③ 30 ÷ 5 = □

④ 5 ÷ 5 = □

⑤ 35 ÷ 5 = □

⑥ 20 ÷ 5 = □

⑦ 10 ÷ 5 = □

⑧ 40 ÷ 5 = □

⑨ 25 ÷ 5 = □

3 × 1 = 3
3 × 2 = 6
3 × 3 = 9
3 × 4 = 12
3 × 5 = 15
3 × 6 = 18
3 × 7 = 21
3 × 8 = 24
3 × 9 = 27

わり算(ざん)(14)

○÷ 6, ○÷ 7

月	日	名 前

① 24 ÷ 6 = □

② 48 ÷ 6 = □

③ 6 ÷ 6 = □

④ 30 ÷ 6 = □

⑤ 42 ÷ 6 = □

⑥ 18 ÷ 6 = □

⑦ 54 ÷ 6 = □

⑧ 12 ÷ 6 = □

⑨ 36 ÷ 6 = □

6 × 1 = 6
6 × 2 = 12
6 × 3 = 18
6 × 4 = 24
6 × 5 = 30
6 × 6 = 36
6 × 7 = 42
6 × 8 = 48
6 × 9 = 54

① 56 ÷ 7 = □

② 21 ÷ 7 = □

③ 42 ÷ 7 = □

④ 63 ÷ 7 = □

⑤ 14 ÷ 7 = □

⑥ 28 ÷ 7 = □

⑦ 49 ÷ 7 = □

⑧ 7 ÷ 7 = □

⑨ 35 ÷ 7 = □

7 × 1 = 7
7 × 2 = 14
7 × 3 = 21
7 × 4 = 28
7 × 5 = 35
7 × 6 = 42
7 × 7 = 49
7 × 8 = 56
7 × 9 = 63

わり算（ざん）(15)

○÷ 8, ○÷ 9

月	日	名　前

① $64 \div 8 = \square$

② $24 \div 8 = \square$

③ $56 \div 8 = \square$

④ $40 \div 8 = \square$

⑤ $8 \div 8 = \square$

⑥ $32 \div 8 = \square$

⑦ $72 \div 8 = \square$

⑧ $16 \div 8 = \square$

⑨ $48 \div 8 = \square$

8 × 1 = 8
8 × 2 = 16
8 × 3 = 24
8 × 4 = 32
8 × 5 = 40
8 × 6 = 48
8 × 7 = 56
8 × 8 = 64
8 × 9 = 72

① $54 \div 9 = \square$

② $18 \div 9 = \square$

③ $81 \div 9 = \square$

④ $27 \div 9 = \square$

⑤ $63 \div 9 = \square$

⑥ $45 \div 9 = \square$

⑦ $9 \div 9 = \square$

⑧ $72 \div 9 = \square$

⑨ $36 \div 9 = \square$

9 × 1 = 9
9 × 2 = 18
9 × 3 = 27
9 × 4 = 36
9 × 5 = 45
9 × 6 = 54
9 × 7 = 63
9 × 8 = 72
9 × 9 = 81

わり算（16）

月	日	名前

● 計算をしましょう。

① 48 ÷ 8 = □　② 12 ÷ 6 = □

③ 27 ÷ 9 = □　④ 15 ÷ 3 = □

⑤ 16 ÷ 4 = □　⑥ 56 ÷ 7 = □

⑦ 14 ÷ 2 = □　⑧ 45 ÷ 5 = □

⑨ 36 ÷ 6 = □　⑩ 32 ÷ 8 = □

● 計算をしましょう。

① 54 ÷ 9 = □　② 21 ÷ 3 = □

③ 48 ÷ 6 = □　④ 8 ÷ 2 = □

⑤ 28 ÷ 7 = □　⑥ 36 ÷ 4 = □

⑦ 25 ÷ 5 = □　⑧ 56 ÷ 8 = □

⑨ 42 ÷ 6 = □　⑩ 18 ÷ 9 = □

わり算(17)

月	日	名前

● 計算をしましょう。

① $49 \div 7 =$ □　② $40 \div 5 =$ □

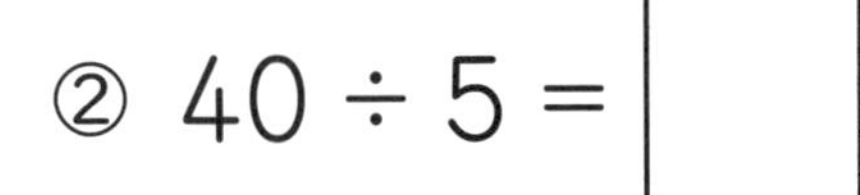

③ $27 \div 3 =$ □　④ $63 \div 9 =$ □

⑤ $24 \div 4 =$ □　⑥ $21 \div 7 =$ □

⑦ $16 \div 2 =$ □　⑧ $24 \div 8 =$ □

⑨ $24 \div 6 =$ □　⑩ $18 \div 3 =$ □

● 計算をしましょう。

① $28 \div 4 =$ □　② $45 \div 5 =$ □

③ $32 \div 4 =$ □　④ $64 \div 8 =$ □

⑤ $12 \div 3 =$ □　⑥ $42 \div 7 =$ □

⑦ $10 \div 2 =$ □　⑧ $18 \div 6 =$ □

⑨ $63 \div 7 =$ □　⑩ $72 \div 9 =$ □

わり算（18）

答えが2けたになるわり算

月	日	名前

● 4こで80円のあめがあります。
あめ1こ分は何円ですか。

式 $80 \div 4 = \square$

答え ＿＿＿＿＿＿

■ 計算をしましょう。

① $90 \div 3 = \square$

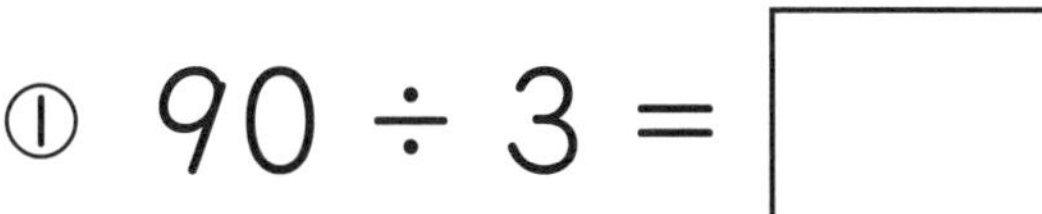

② $50 \div 5 = \square$

③ $40 \div 1 = \square$

● 3こで96円のあめがあります。
あめ1こ分は何円ですか。

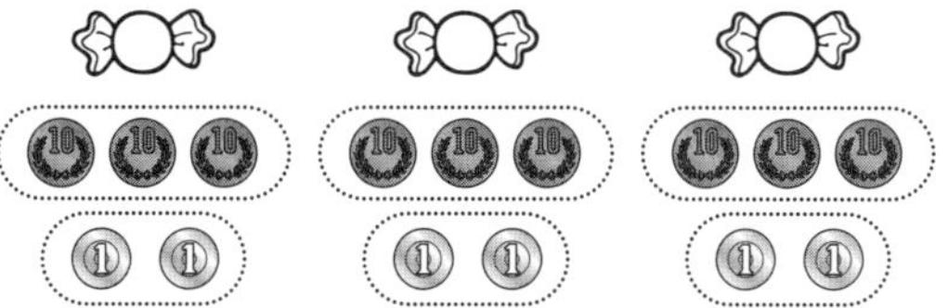

式 $96 \div 3 = \square$

答え ＿＿＿＿＿＿

■ 計算をしましょう。

① $48 \div 2 = \square$

② $55 \div 5 = \square$

③ $84 \div 4 = \square$

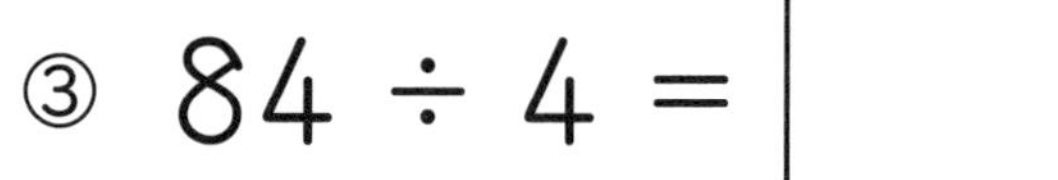

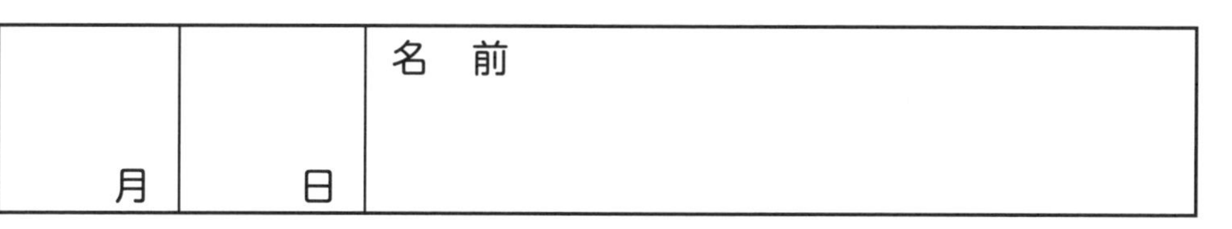

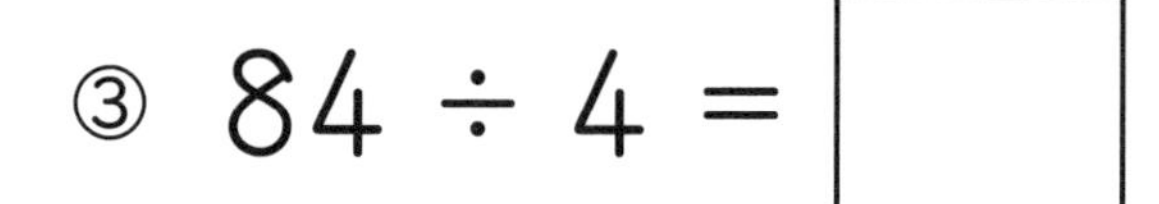

たし算とひき算の筆算（1）

くり上がりなし
くり上がり１回

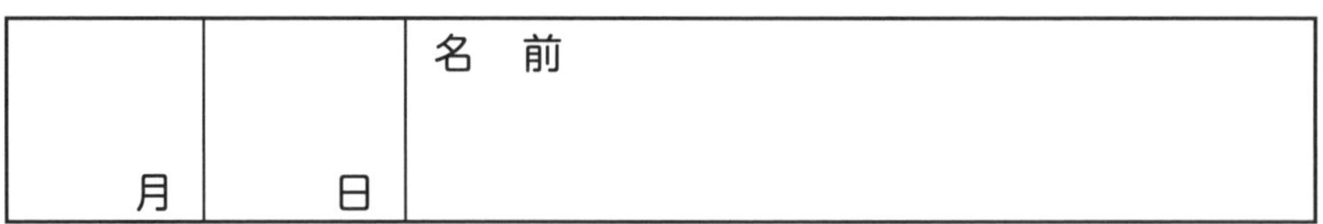

● 筆算でしましょう。

① 263 + 315　　② 437 + 258　　③ 542 + 176

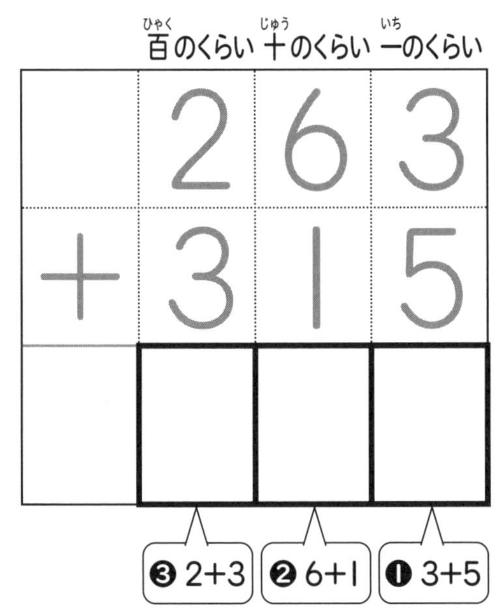

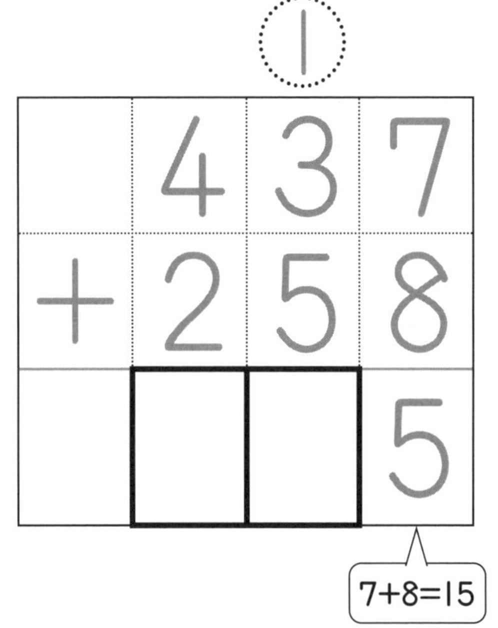

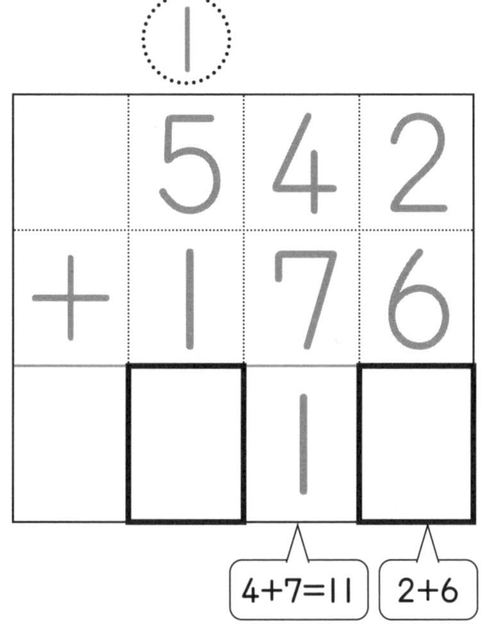

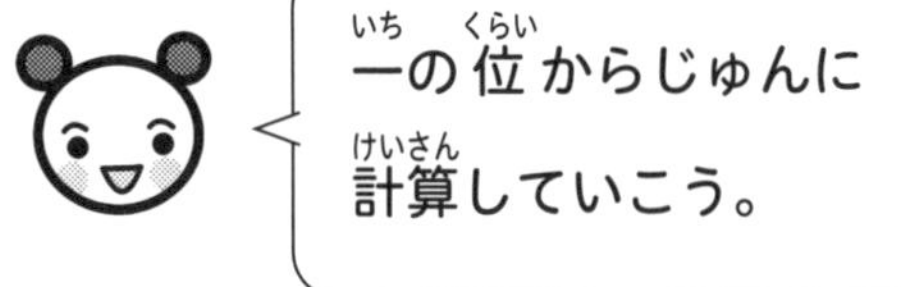

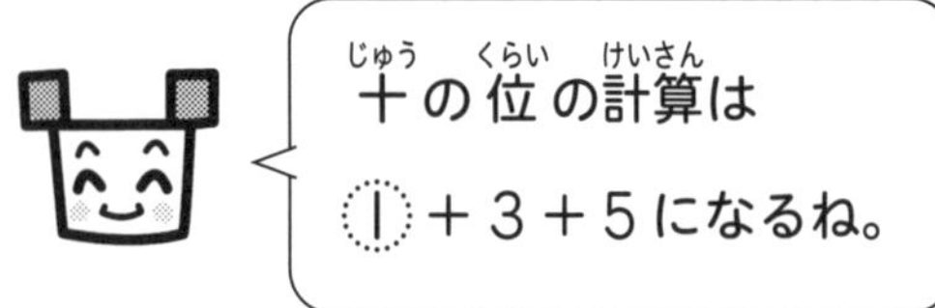

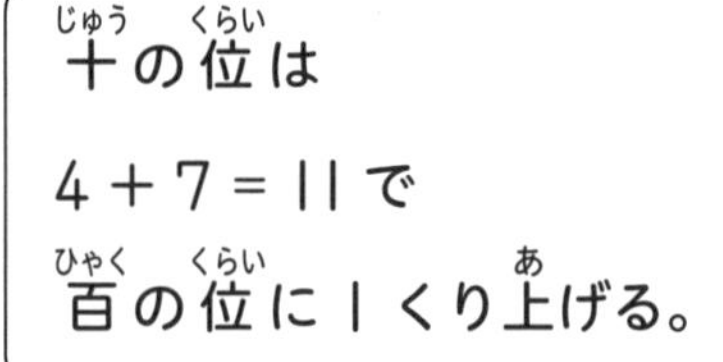

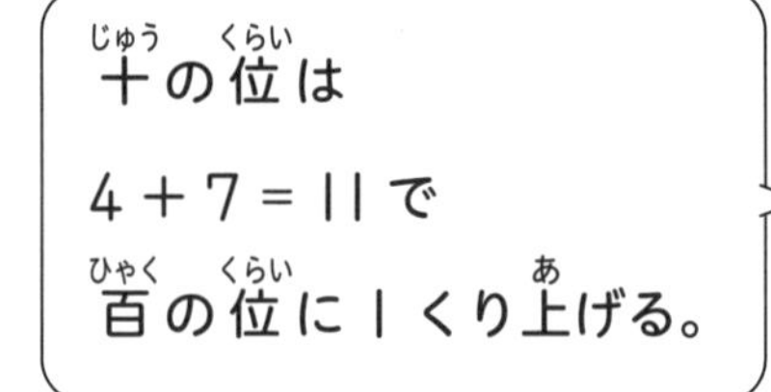

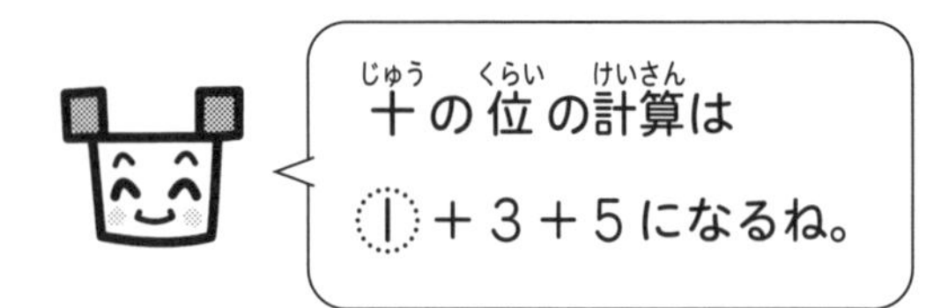

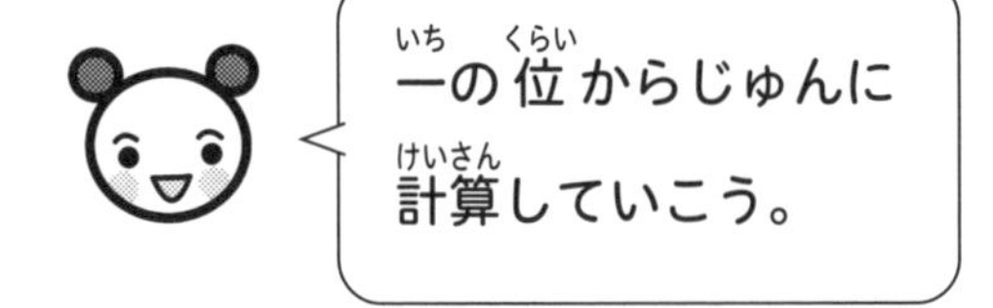

たし算とひき算の筆算（2）　くり上がり１回

月	日	名　前

● 筆算でしましょう。

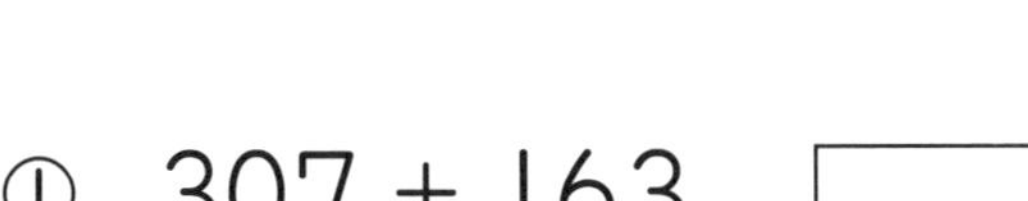

① 307 + 163

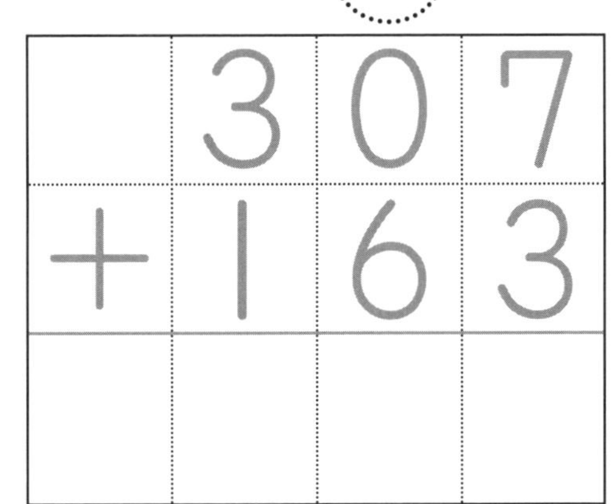

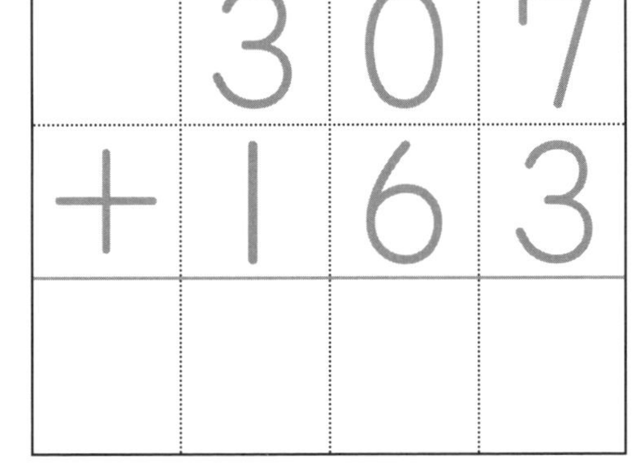

② 52 + 654

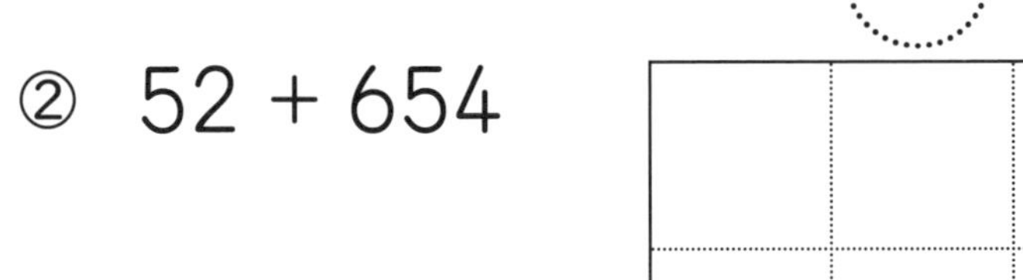

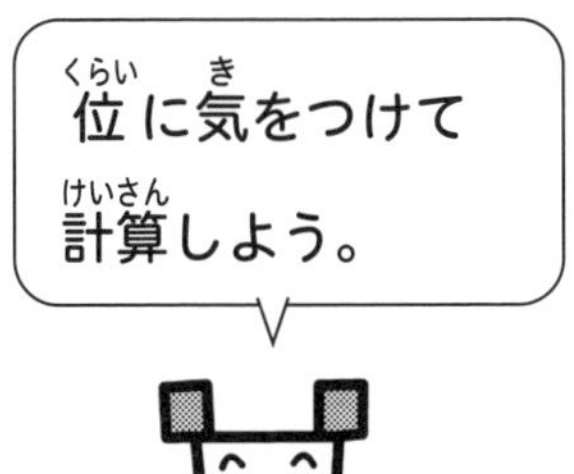

③ 740 + 95

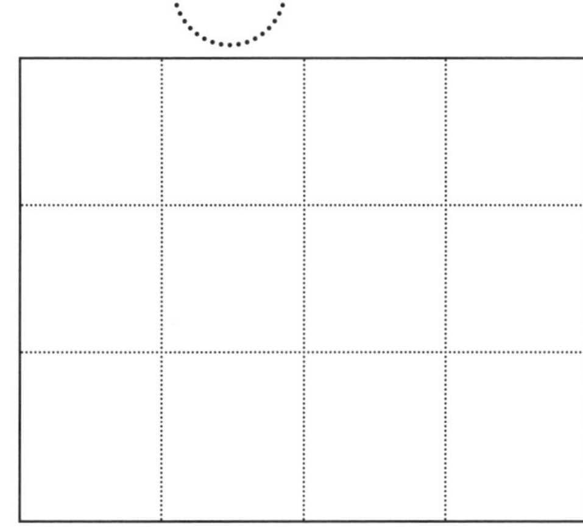

④ 506 + 208

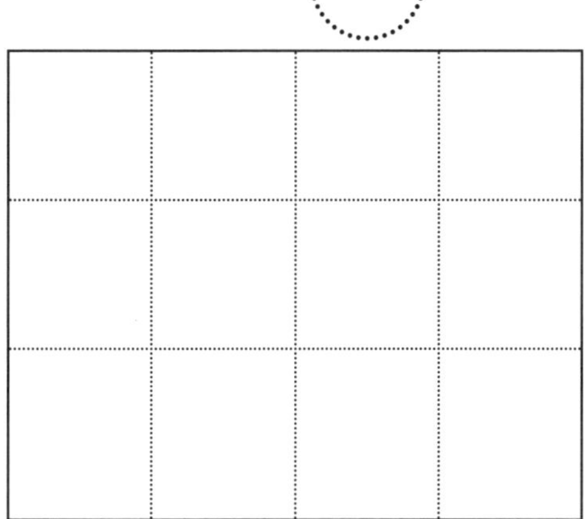

たし算とひき算の筆算（3）　くり上がり２回

月	日	名　前

● 筆算でしましょう。

① 564 + 279　　② 308 + 493　　③ 726 + 85

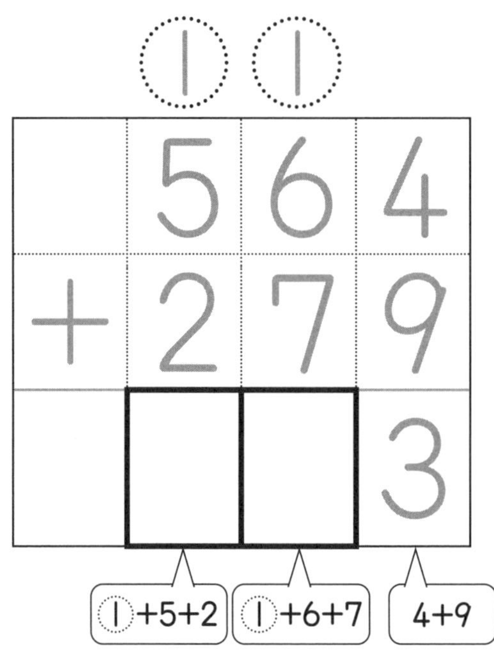

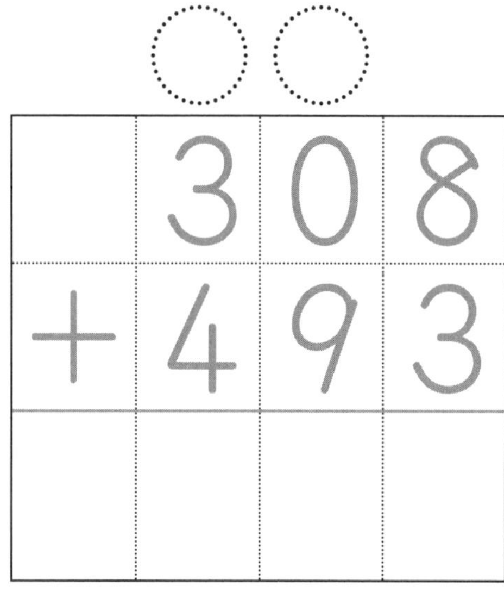

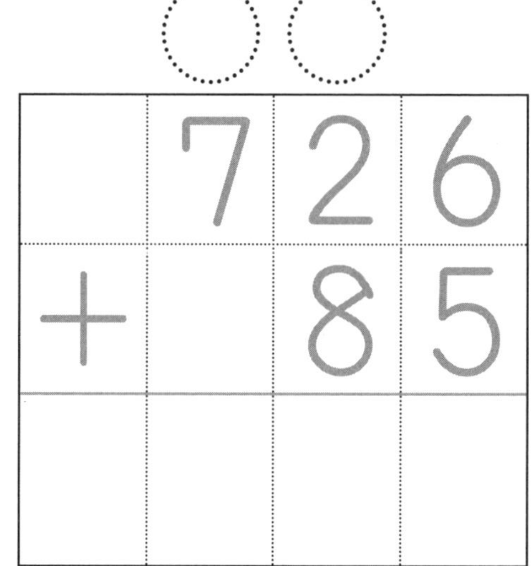

十の位にも百の位にもくり上がりがある計算だね。
くり上げた１をわすれずに計算しよう。

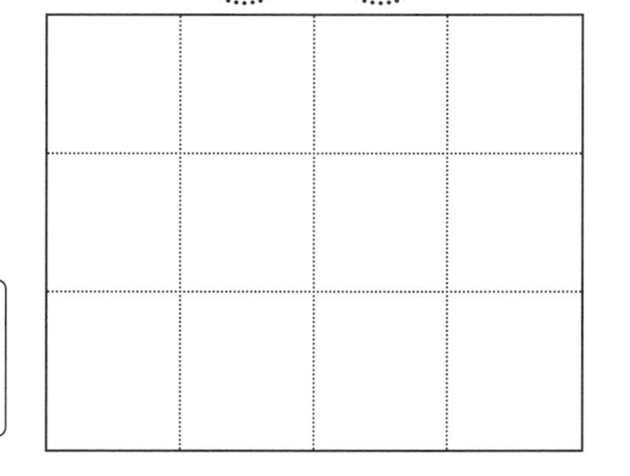

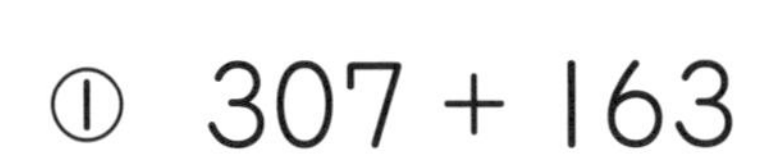

たし算とひき算の筆算（4）　くり上がり２回

月	日	名　前

● 筆算でしましょう。

① 642 + 258

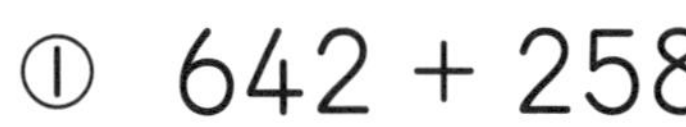

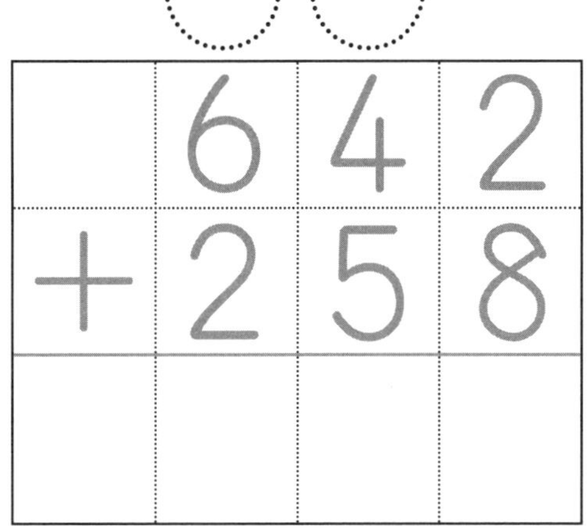

② 77 + 546

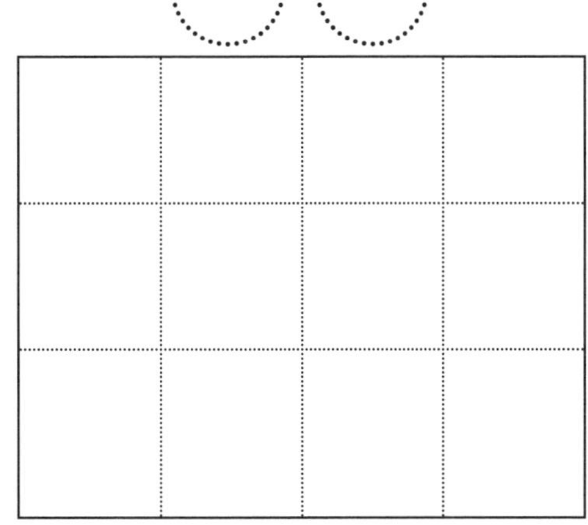

③ 163 + 739

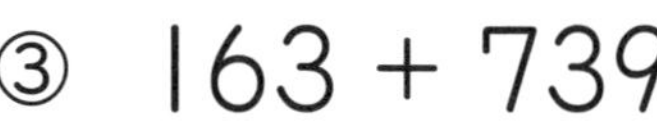

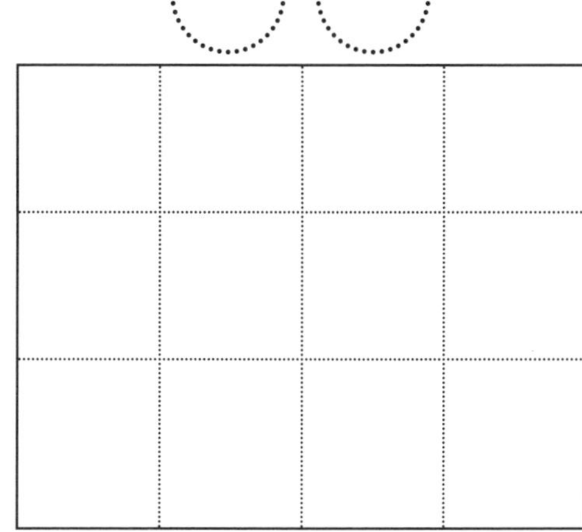

④ 895 + 5

たし算とひき算の筆算（5）

くり上がり 1回・2回

		名　前
月	日	

● 筆算でしましょう。

① 262 + 708

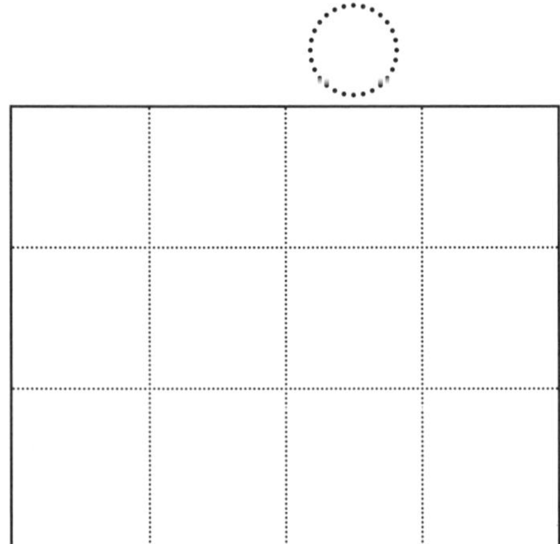

② 198 + 465

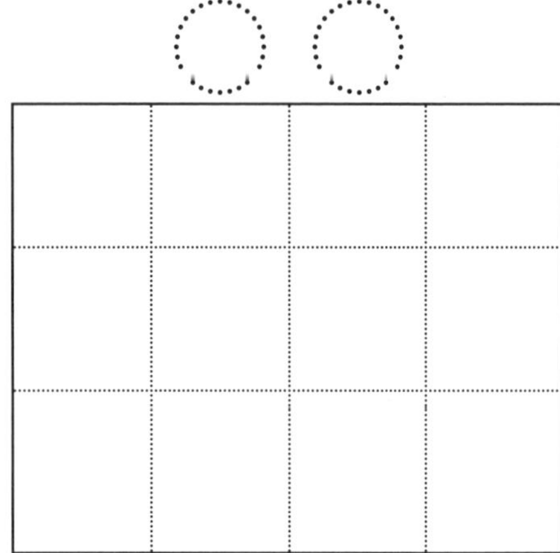

③ 63 + 538

④ 406 + 94

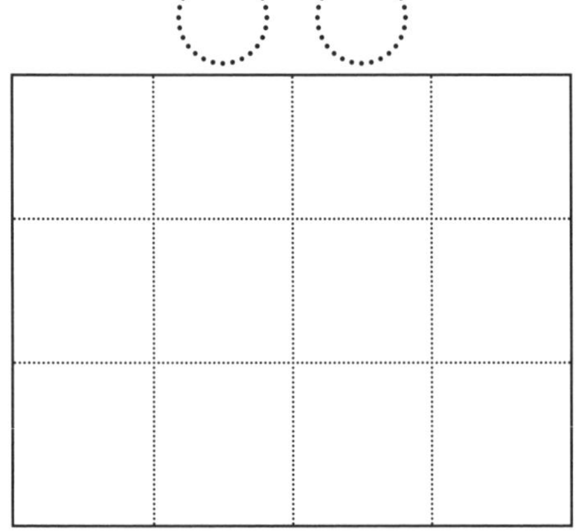

⑤ 759 + 153

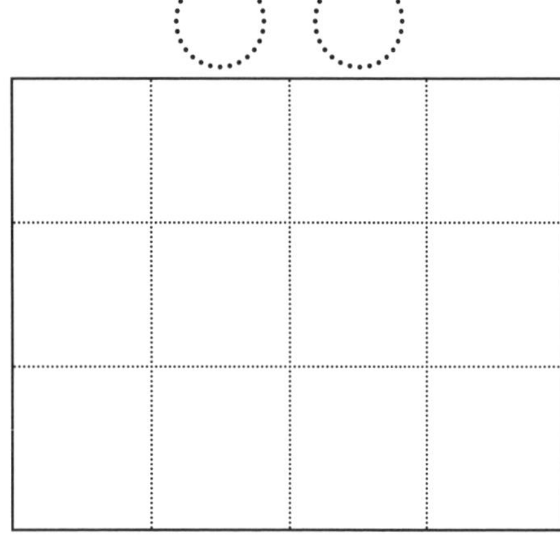

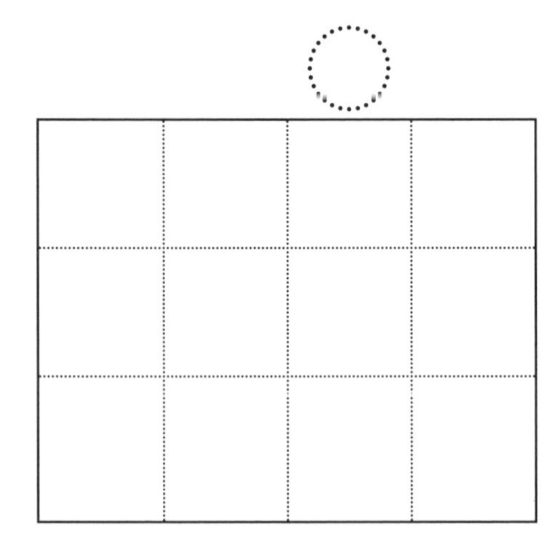

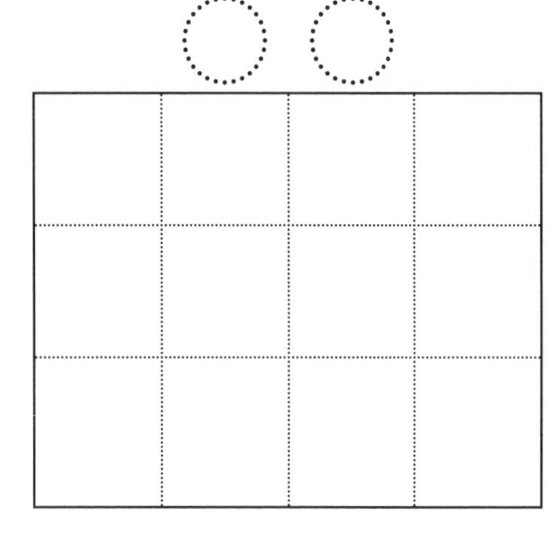

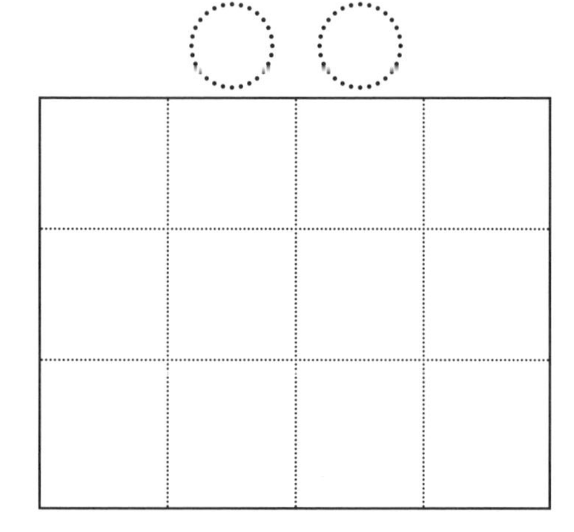

たし算とひき算の筆算（6） 答えが４けた

月	日	名　前

● 筆算でしましょう。

① 312 + 825

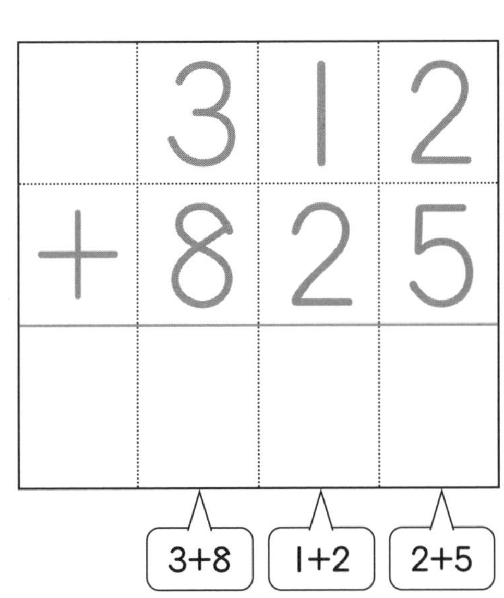

② 647 + 562

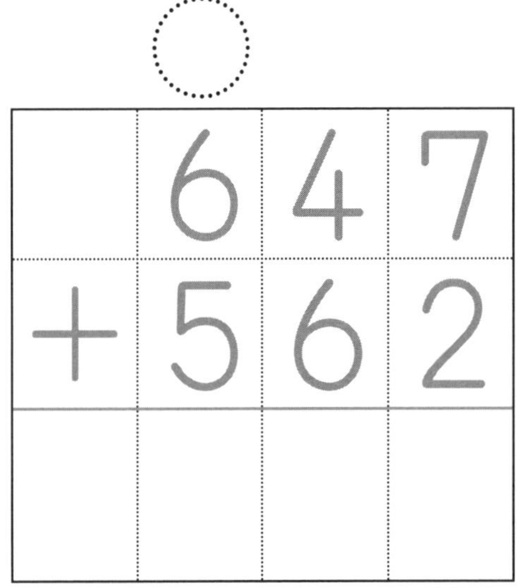

③ 708 + 496

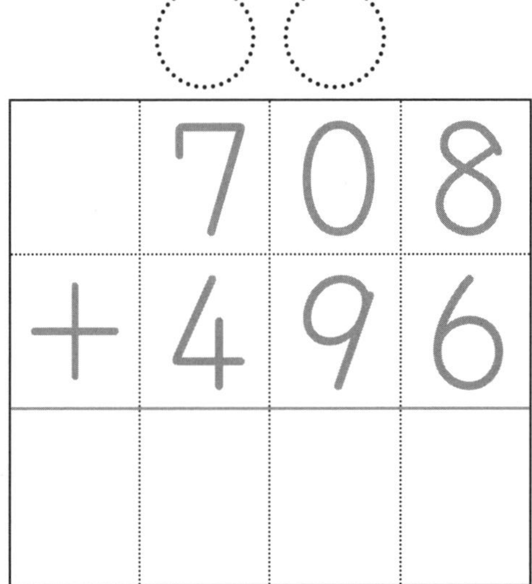

千の位にくり上がりがある計算だね。
くり上がりが何回あっても計算のしかたは同じだね。

たし算とひき算の筆算（7） 答えが4けた

月	日	名前

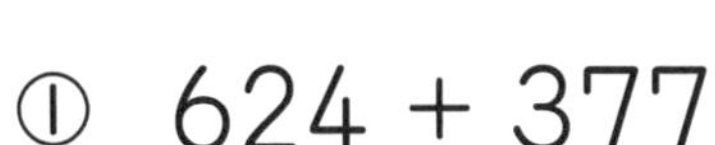

● 筆算でしましょう。

① 624 + 377

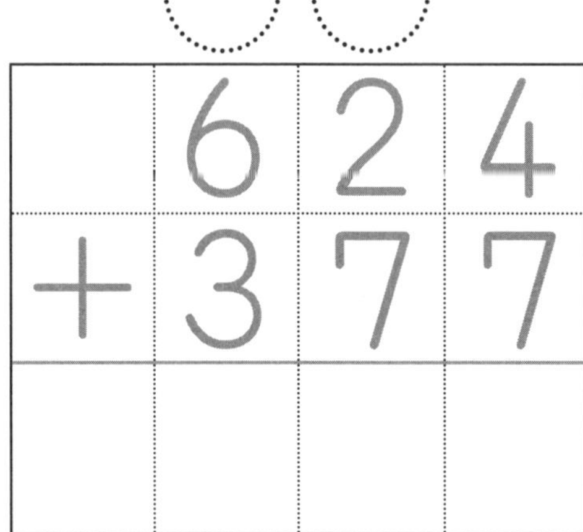

③ 942 + 58

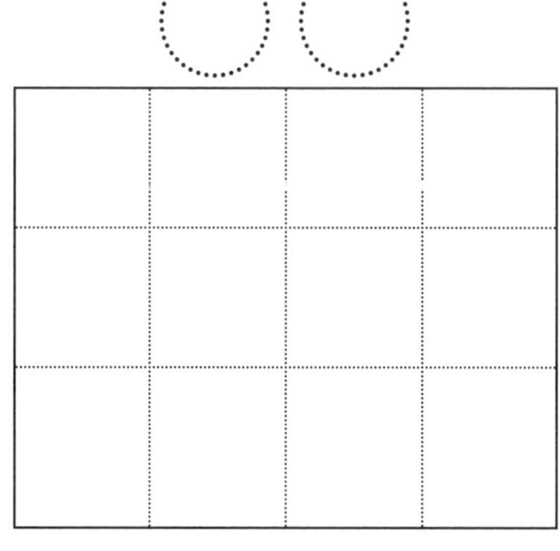

② 518 + 590

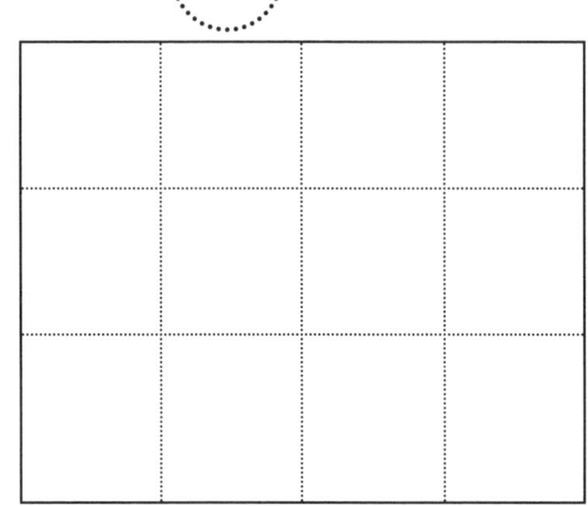

④ 806 + 426

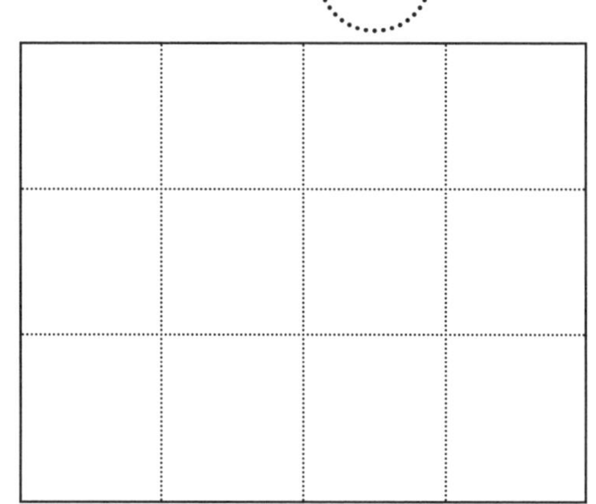

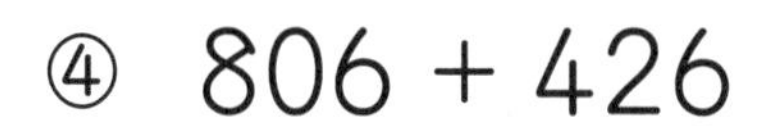

たし算とひき算の筆算（8） いろいろな計算

月	日	名 前

● 筆算でしましょう。

① 231 + 574

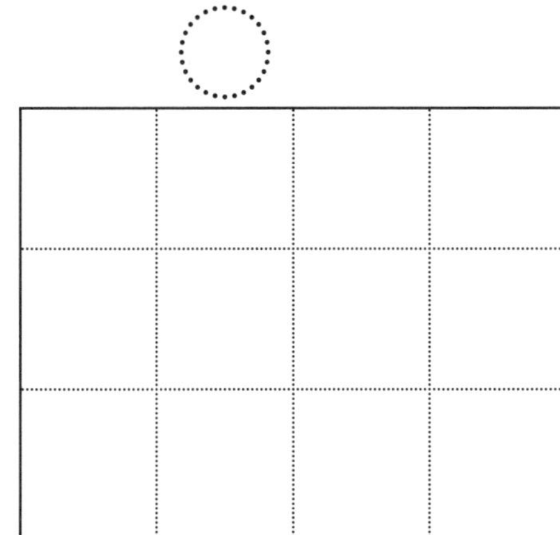

② 869 + 71

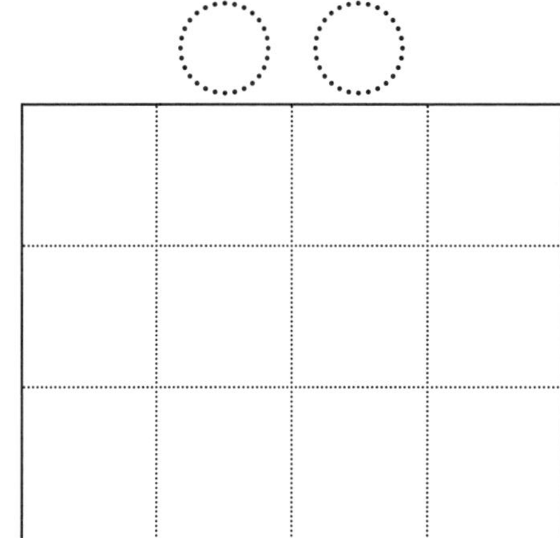

③ 343 + 257

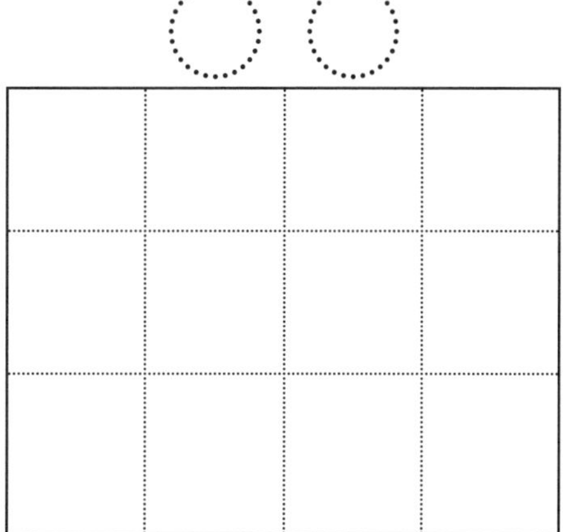

④ 406 + 695

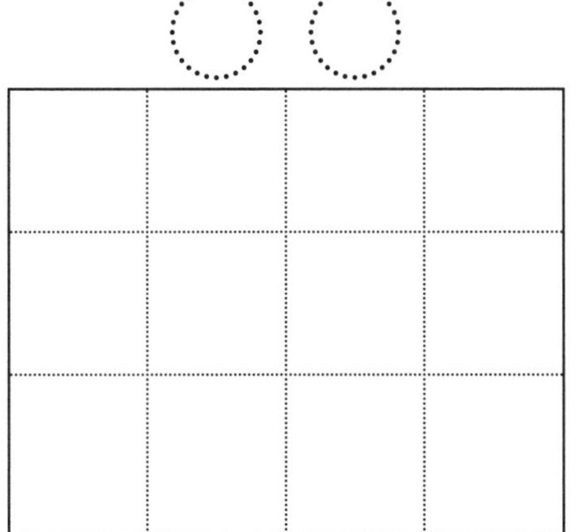

⑤ 75 + 925

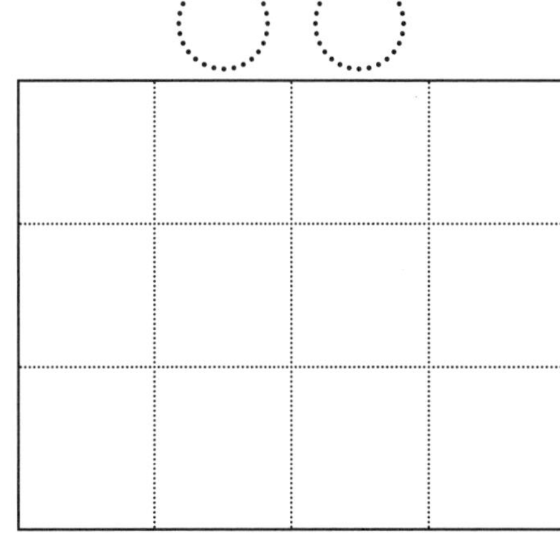

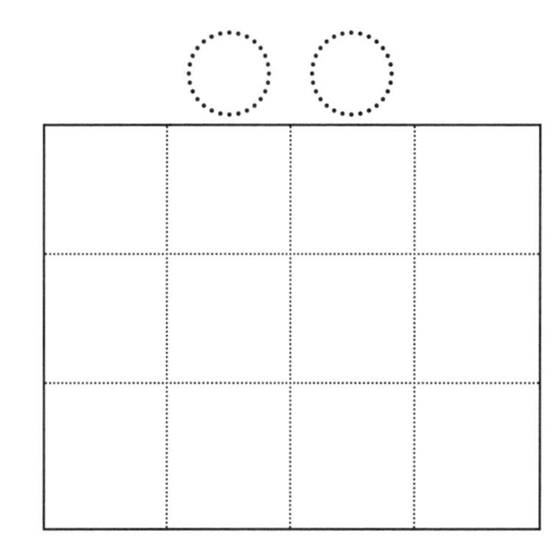

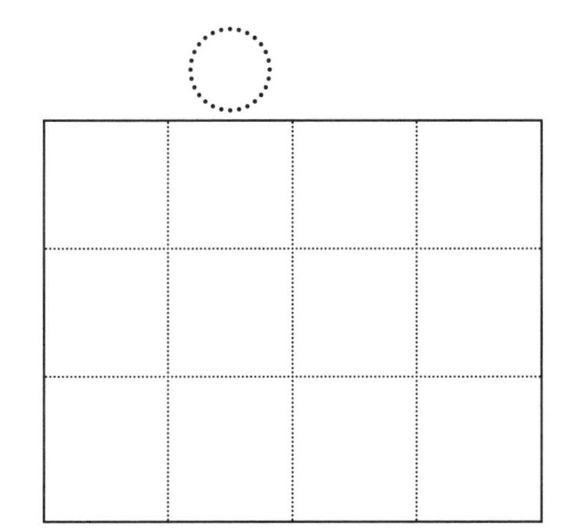

たし算とひき算の筆算（9）

くり下がりなし
くり下がり１回

月	日	名前

● 筆算でしましょう。

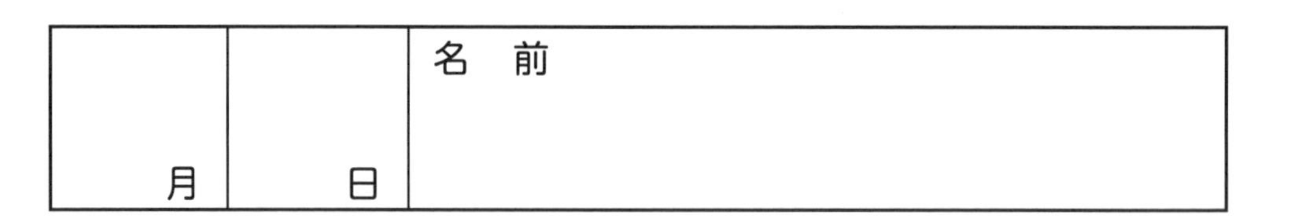

① 476 − 324　　② 592 − 238　　③ 765 − 492

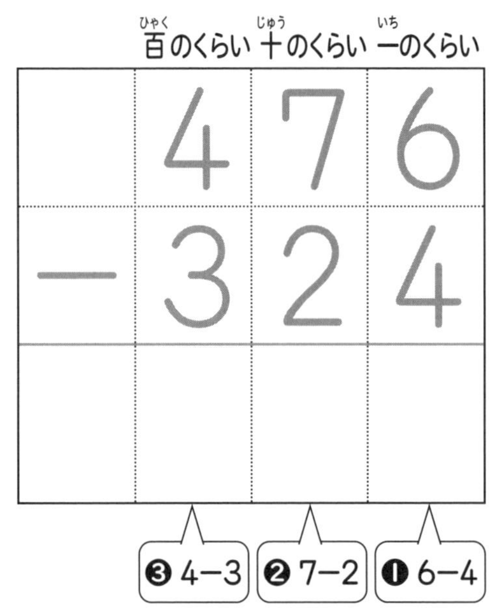

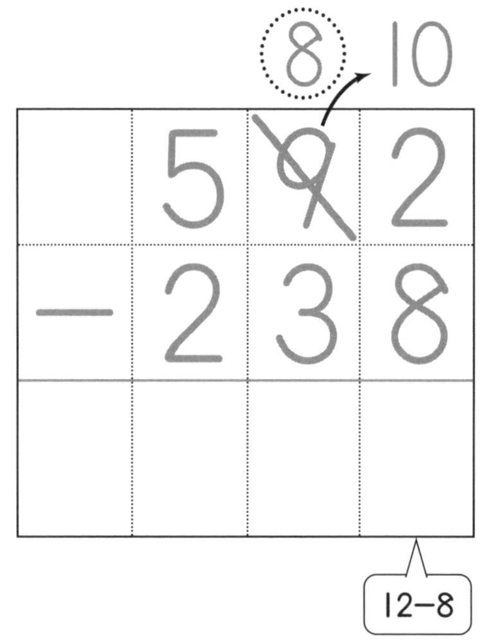

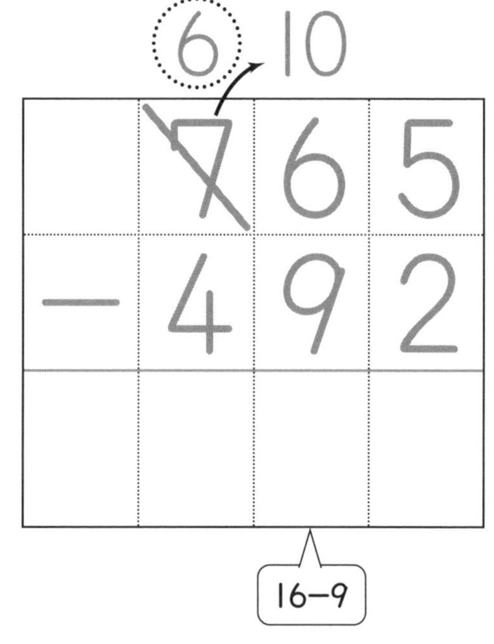

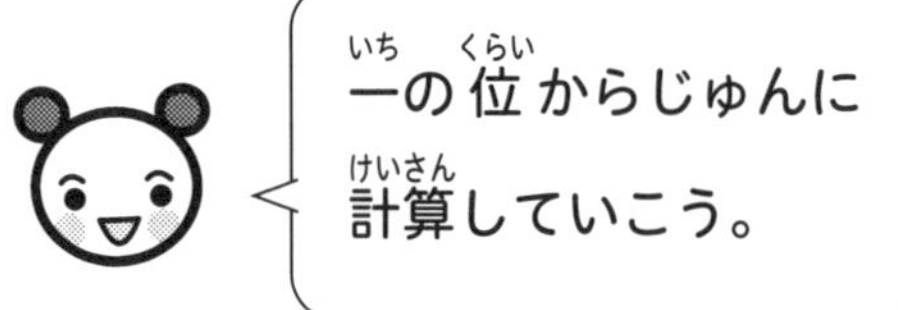

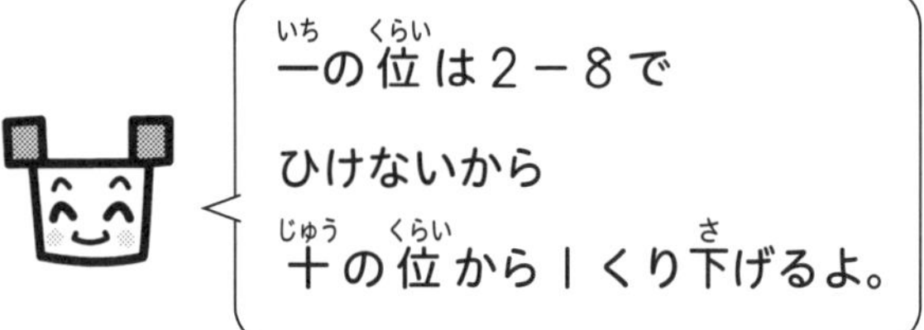

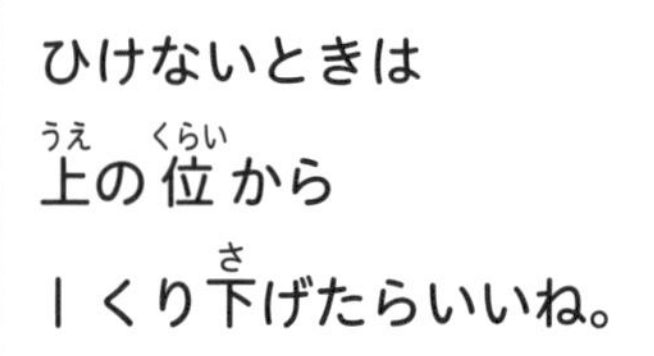

たし算とひき算の筆算（10）くり下がり１回

月	日	名前

● 筆算でしましょう。

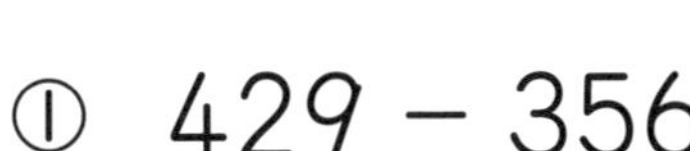
① 429 − 356

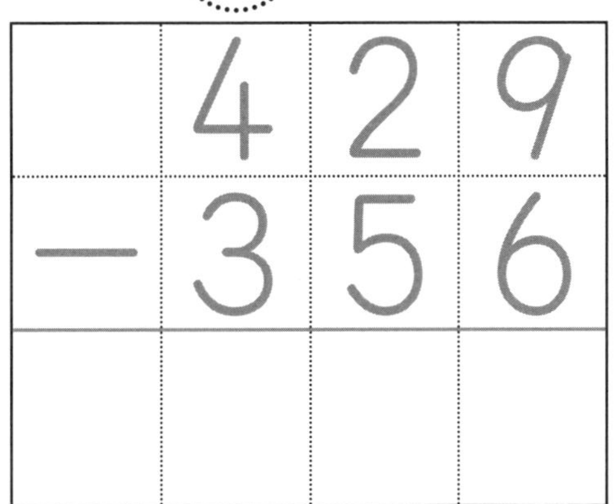

② 307 − 187

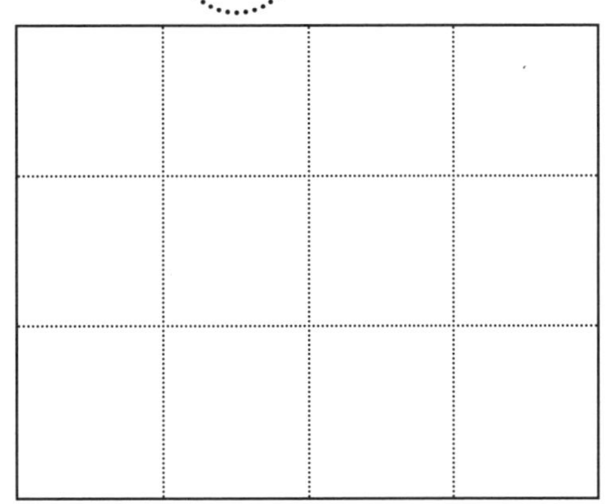

③ 813 − 504

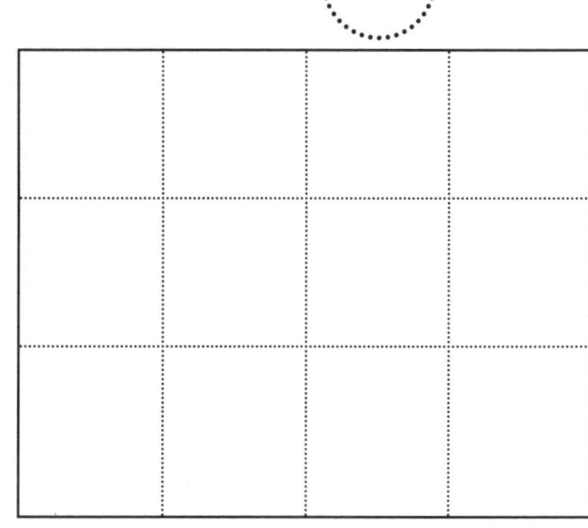

④ 272 − 65

位に気をつけて
計算しよう。

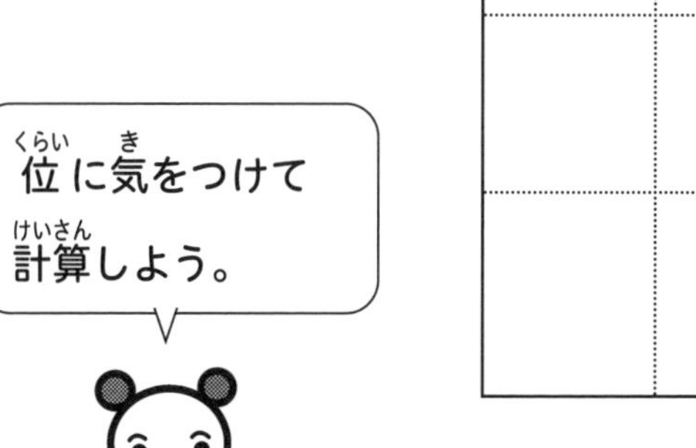

たし算とひき算の筆算（11）くり下がり２回

		名前
月	日	

● 筆算でしましょう。

① 542 − 276

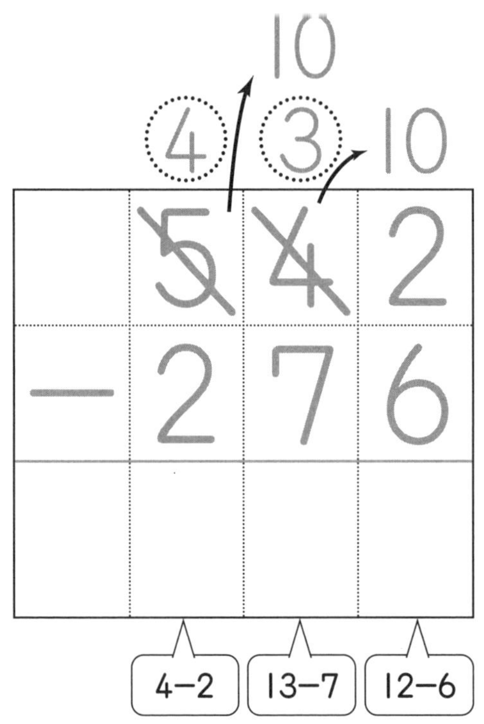

② 415 − 398

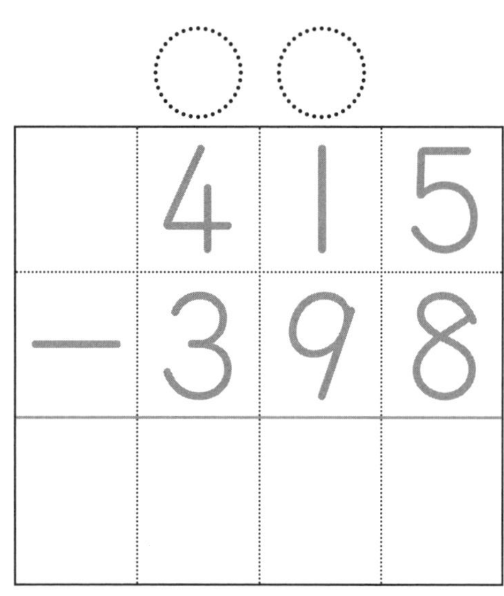

③ 356 − 79

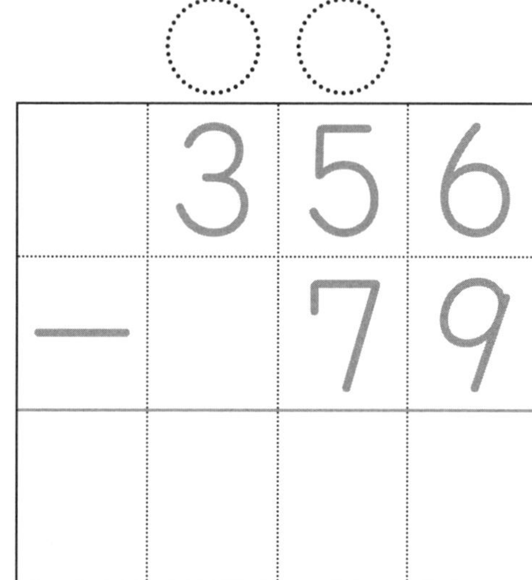

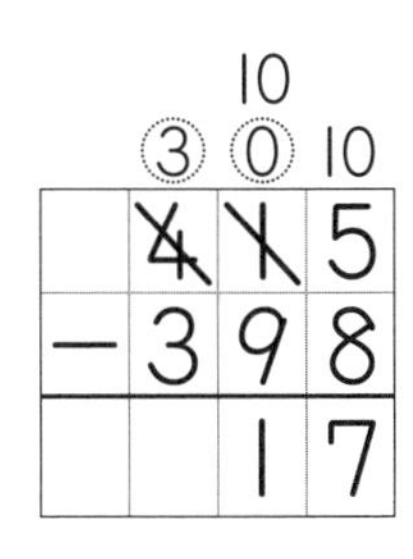

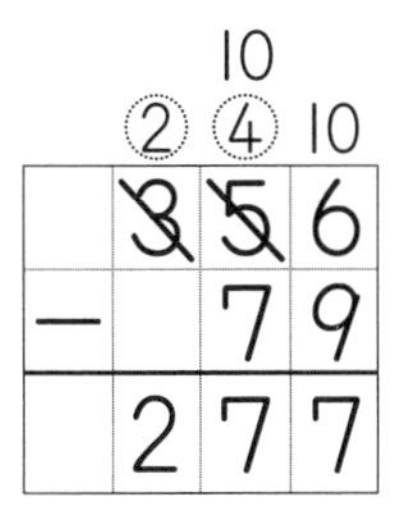

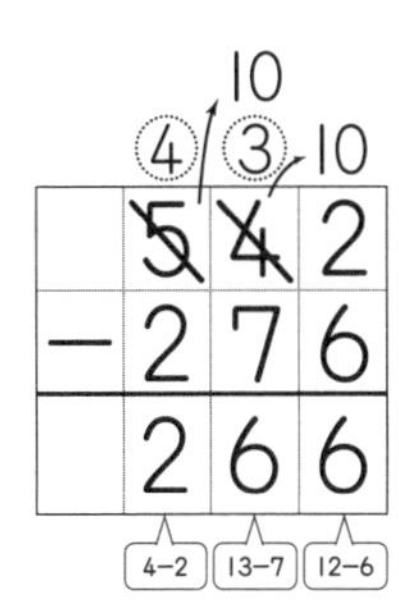

一の位からじゅんに位ごとに計算するよ。
ひけないときは上の位から１くり下げて計算しよう。

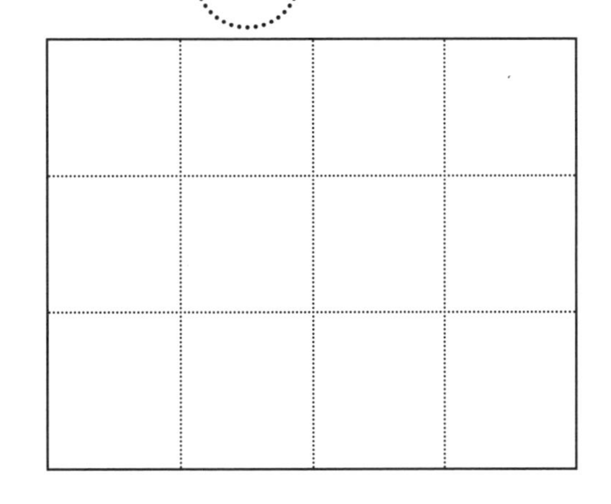

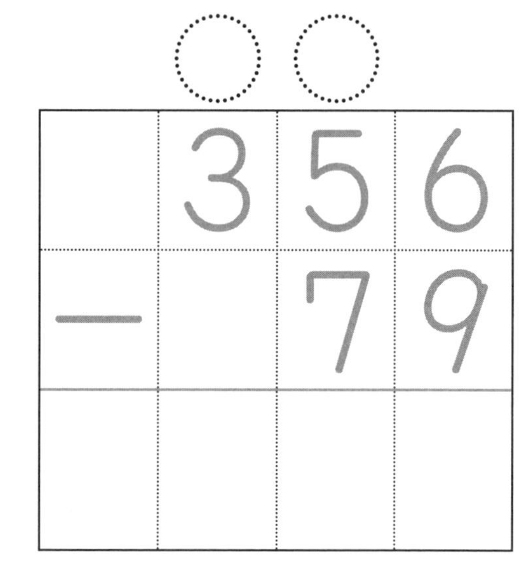

たし算とひき算の筆算（12）くり下がり２回

月	日	名　前

● 筆算でしましょう。

① 430 − 172

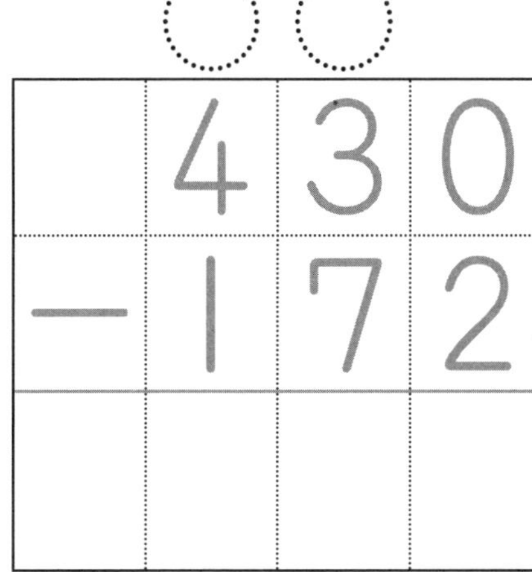

② 614 − 528

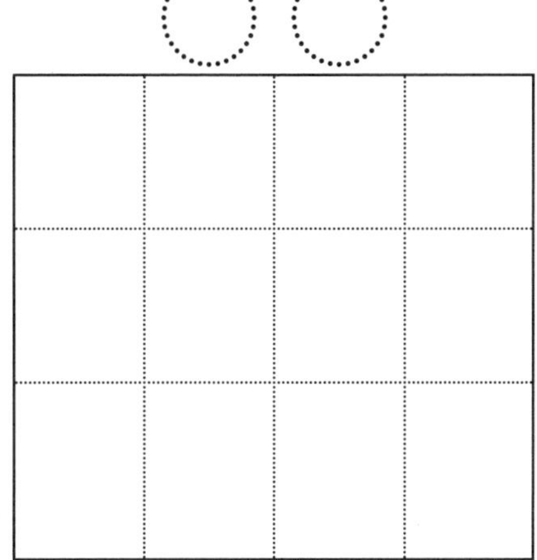

③ 590 − 93

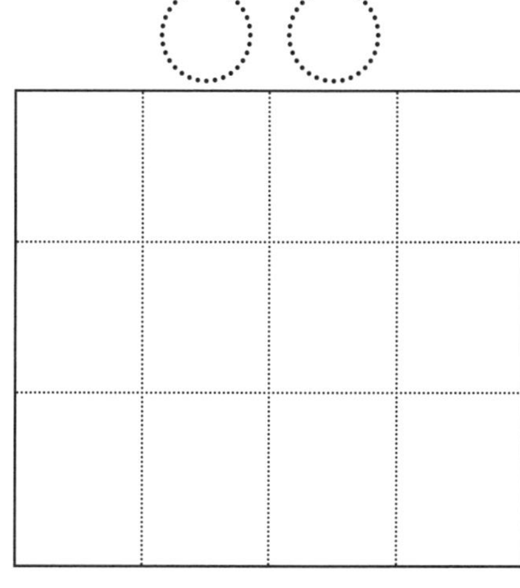

④ 715 − 219

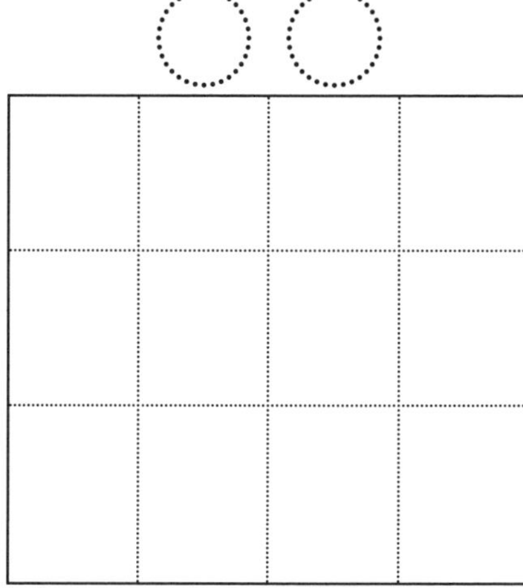

たし算とひき算の筆算（13）いろいろな計算

月	日	名　前

● 筆算でしましょう。

① 317 − 264

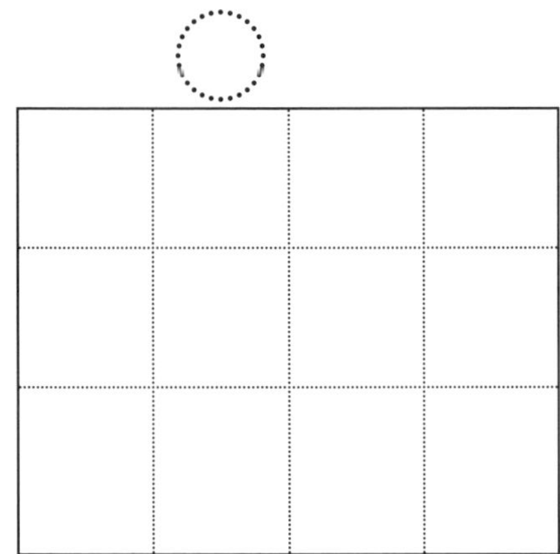

② 520 − 383

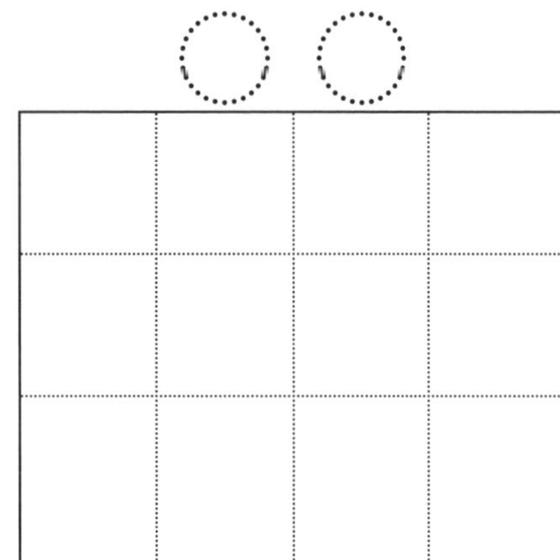

③ 271 − 86

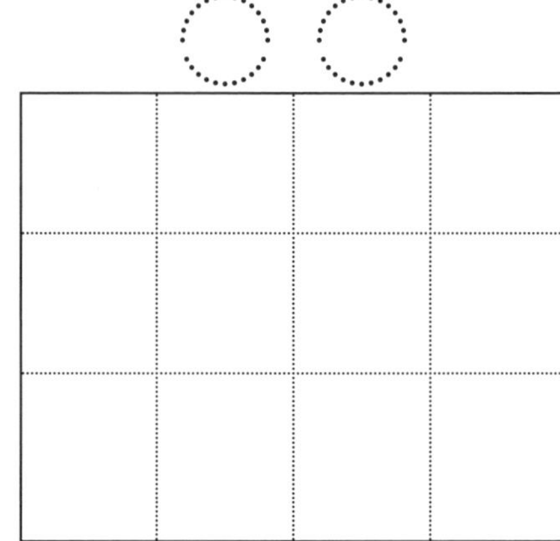

④ 470 − 379

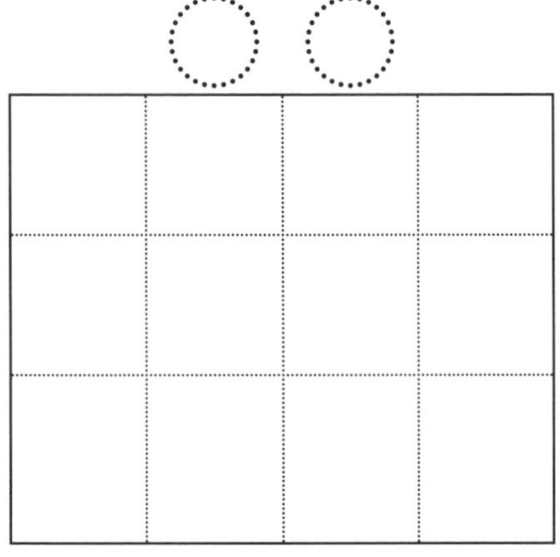

⑤ 710 − 690

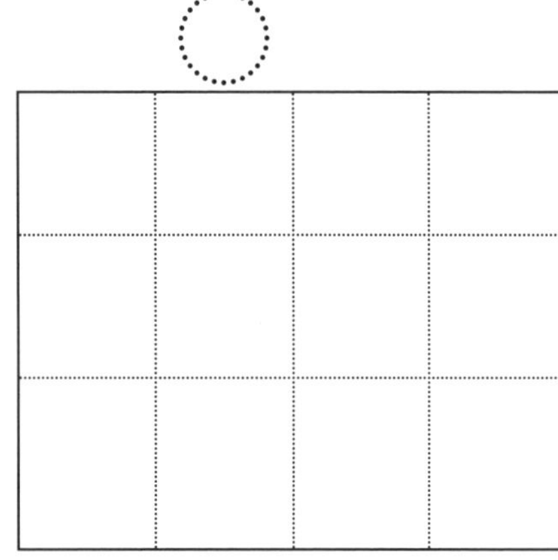

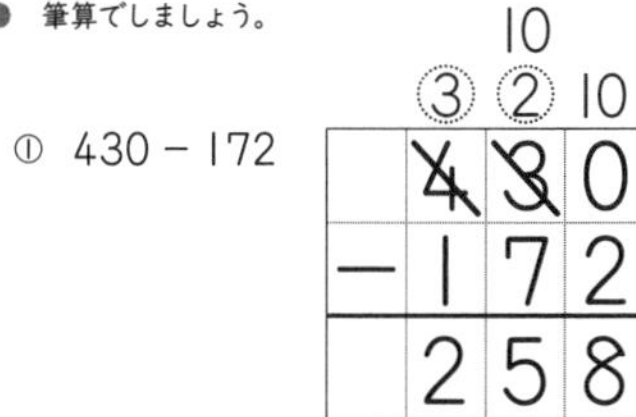

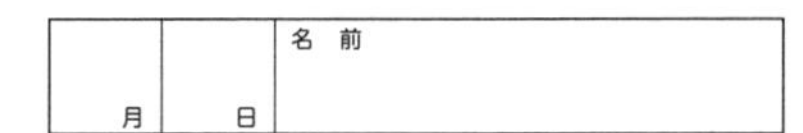

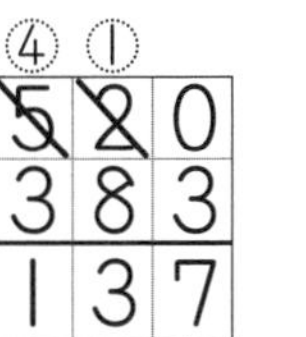

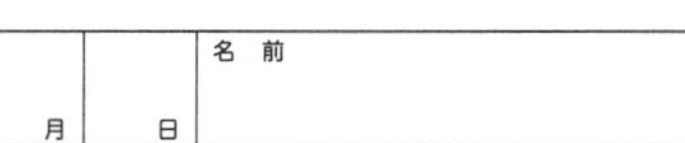

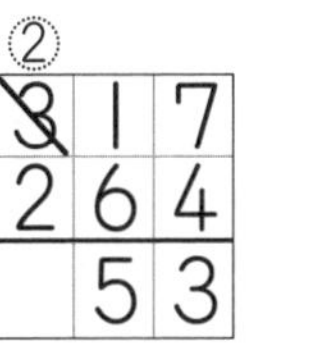

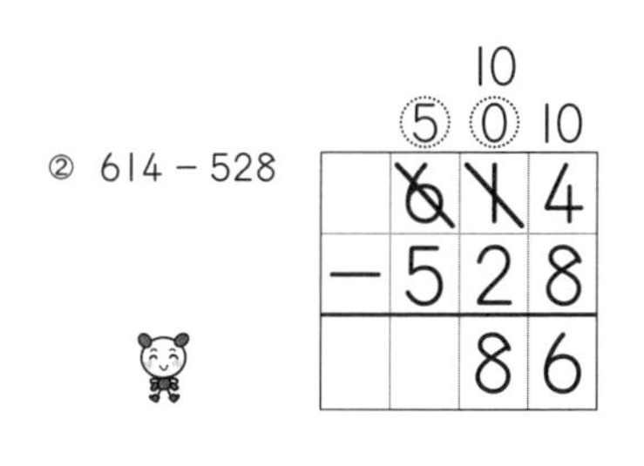

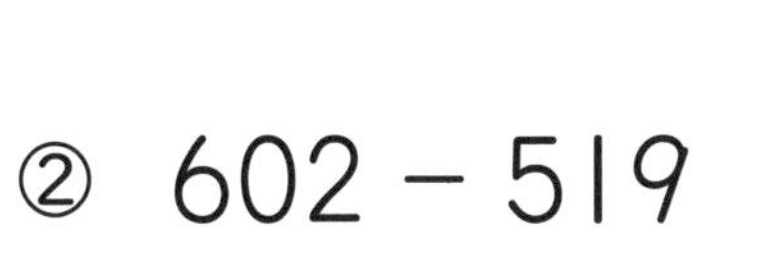

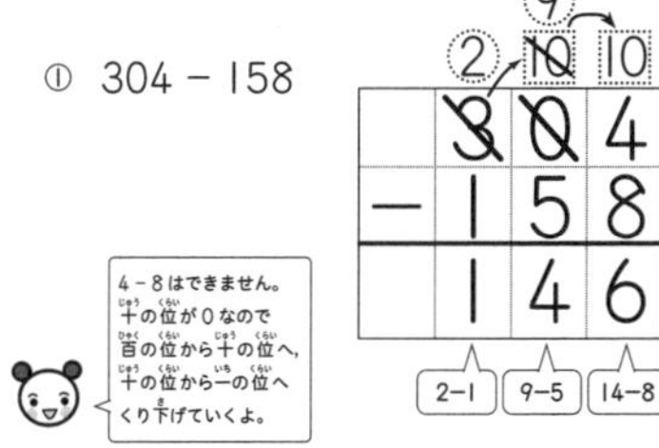

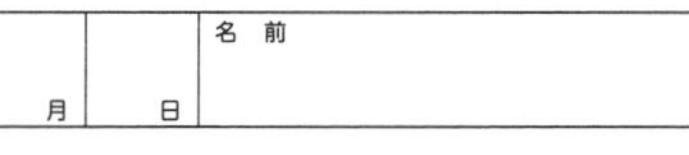

たし算とひき算の筆算（14）

ひかれる数の十の位が0のひき算

月	日	名前

● 筆算でしましょう。

① 304 − 158

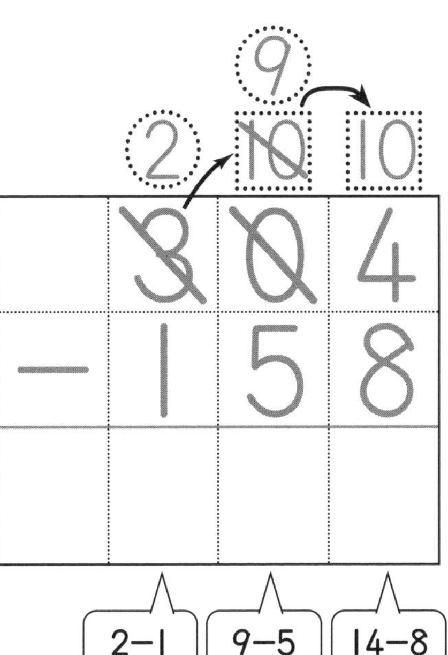

4 − 8はできません。
十の位が0なので
百の位から十の位へ，
十の位から一の位へ
くり下げていくよ。

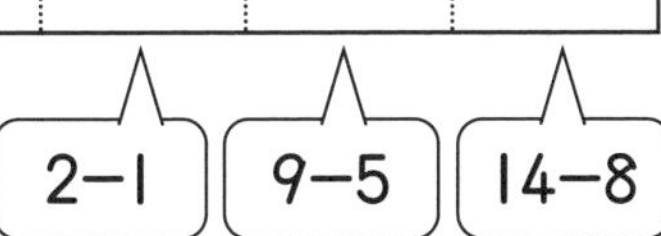

② 602 − 519

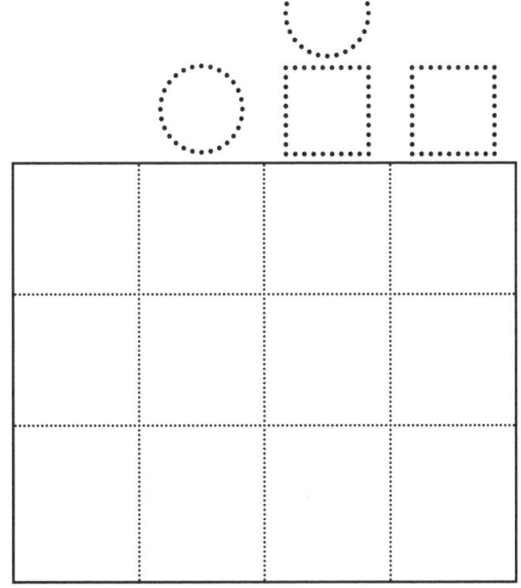

③ 206 − 87

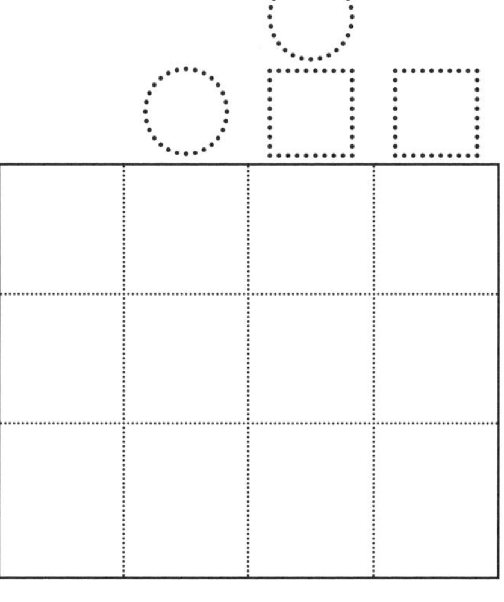

④ 805 − 28

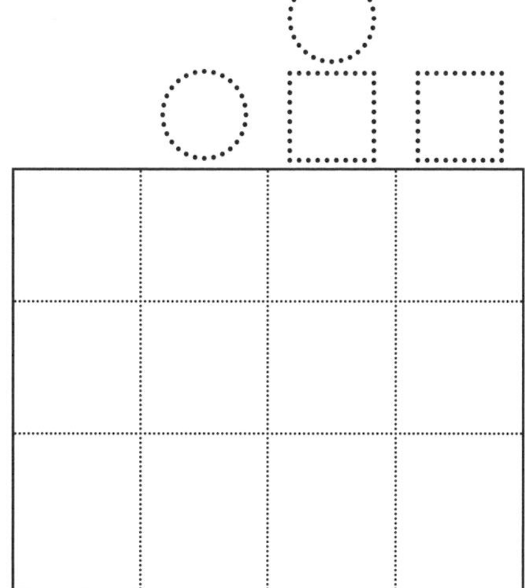

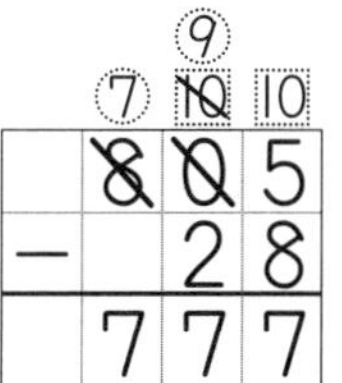

たし算とひき算の筆算（15） 何百，千からのひき算

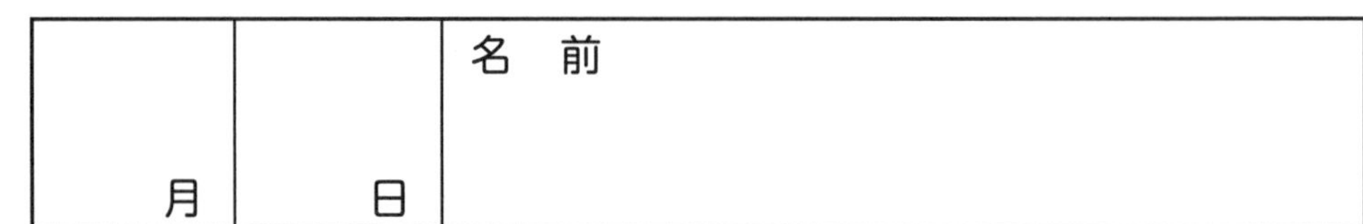

● 筆算でしましょう。

① 300 − 124

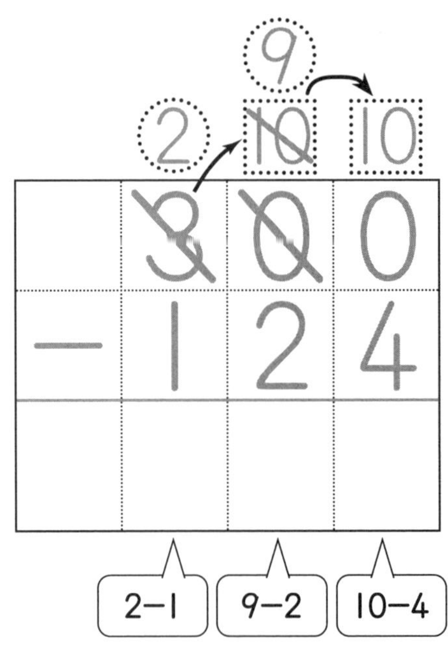

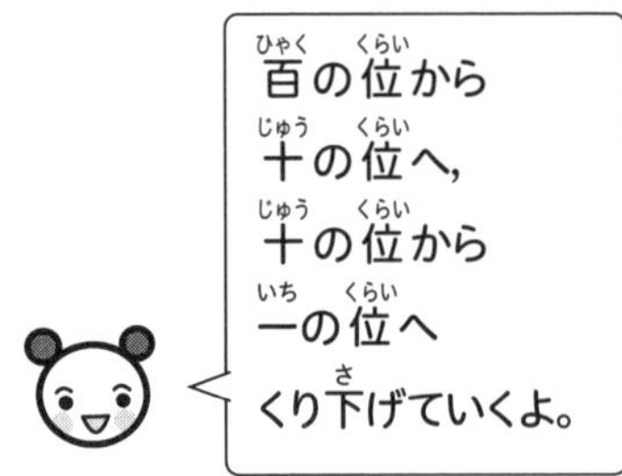

② 400 − 62

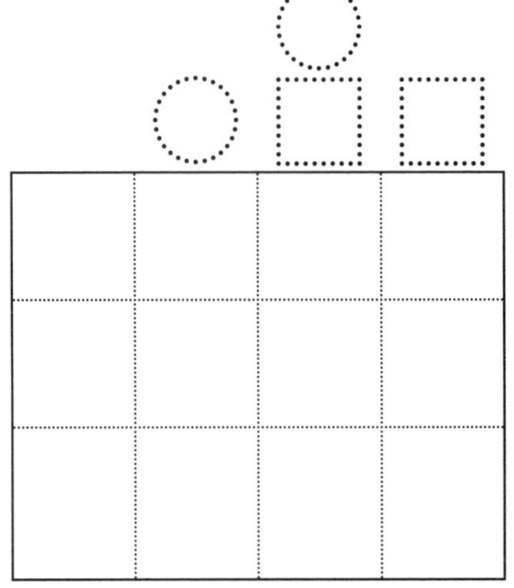

③ 1000 − 785

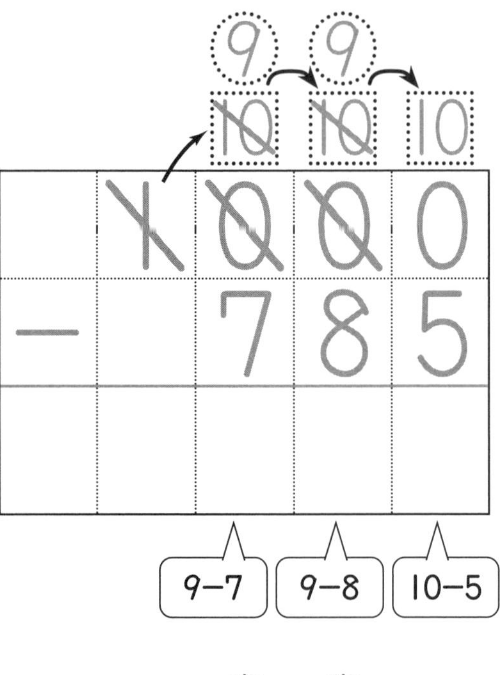

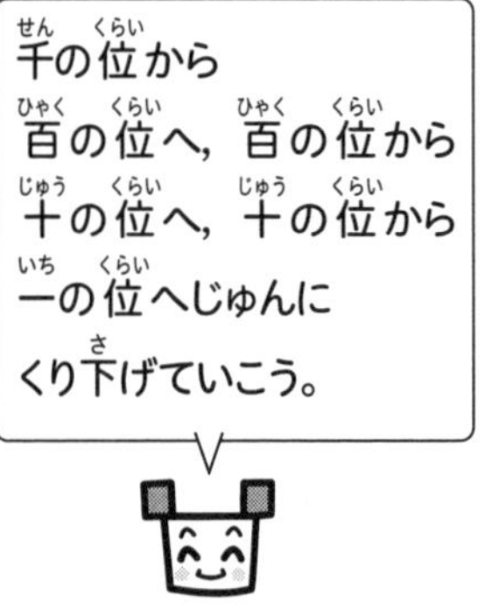

④ 1000 − 46

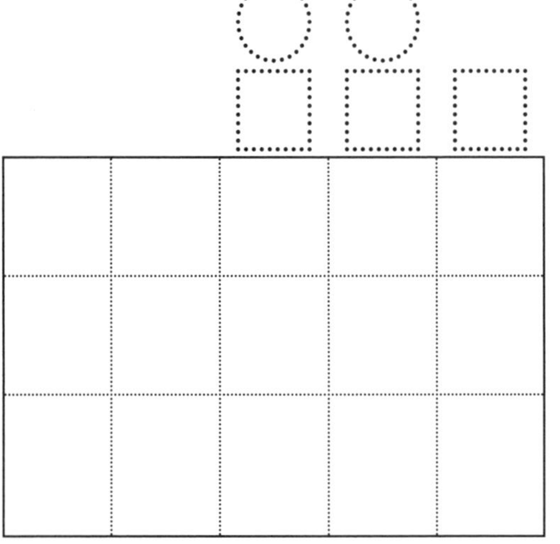

たし算とひき算の筆算（16）いろいろな計算

月	日	名　前

● 筆算でしましょう。

① 600 − 417

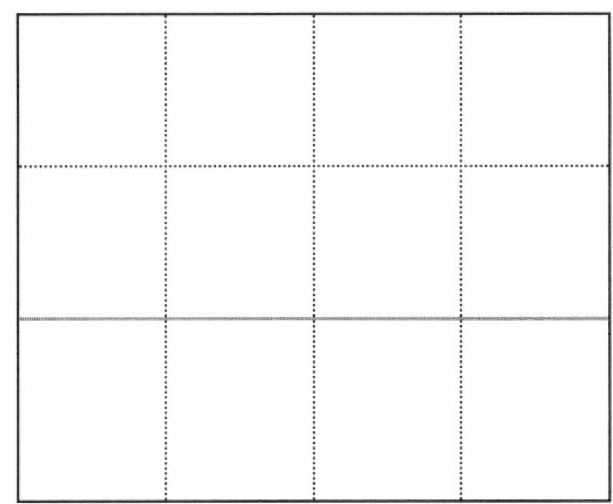

② 708 − 59

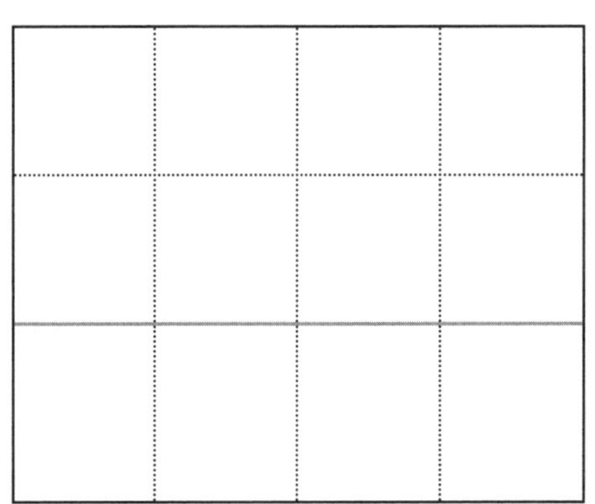

③ 800 − 768

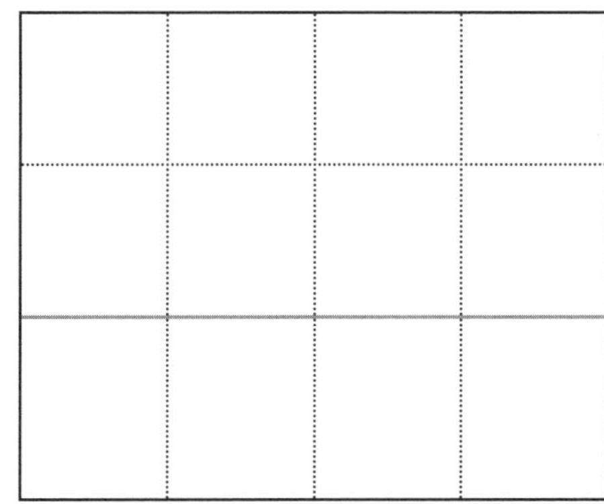

④ 1000 − 924

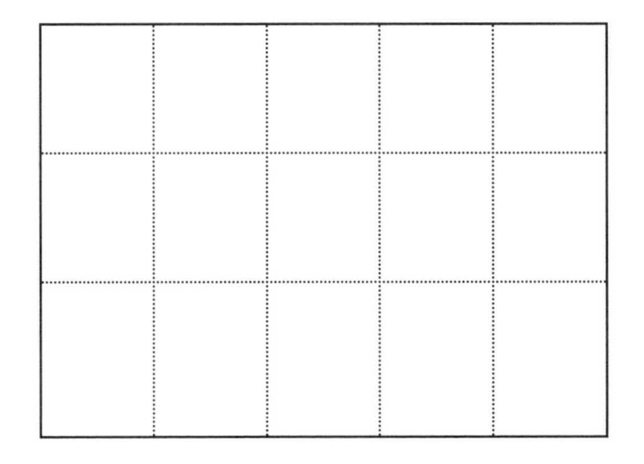

⑤ 1000 − 16

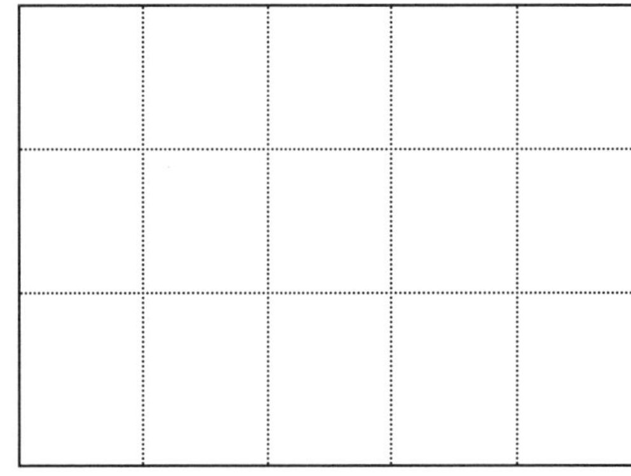

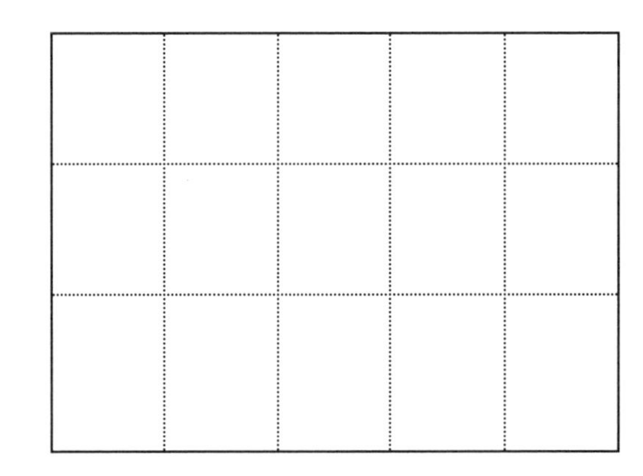

たし算とひき算の筆算（17）　4けたのたし算

月	日	名前

● 計算をしましょう。

①

	3	1	5	6
+	2	3	9	4

②

	5	7	2	0
+		2	8	0

③

	2	9	3	5
+	6	4	6	8

④

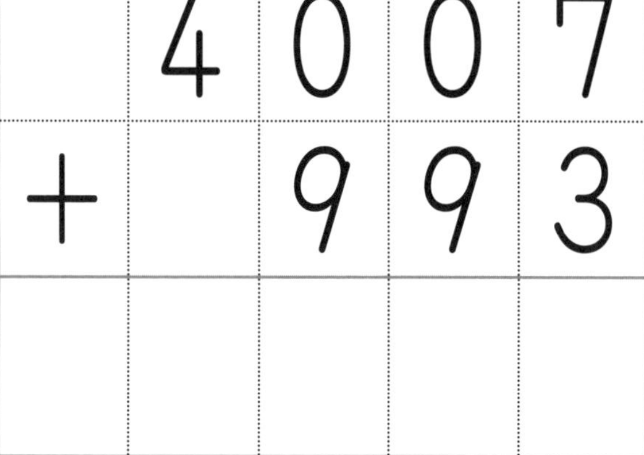

	4	0	0	7
+		9	9	3

たし算とひき算の筆算（18）　4けたのひき算

月	日	名前

● 計算をしましょう。

①

ひけないときは
上の位から
１くり下げてこよう。

	7	6	1	2
−	3	2	8	6

②

	4	5	0	7
−	1	2	5	9

③

	3	0	7	0
−		9	2	3

④

	6	0	0	0
−	5	7	8	9

たし算とひき算の筆算（19） 文章題

月	日	名前

● かいとさんは，285円のはさみと，760円の筆箱を買いました。
代金はあわせていくらになりますか。

式

筆算でしてみよう

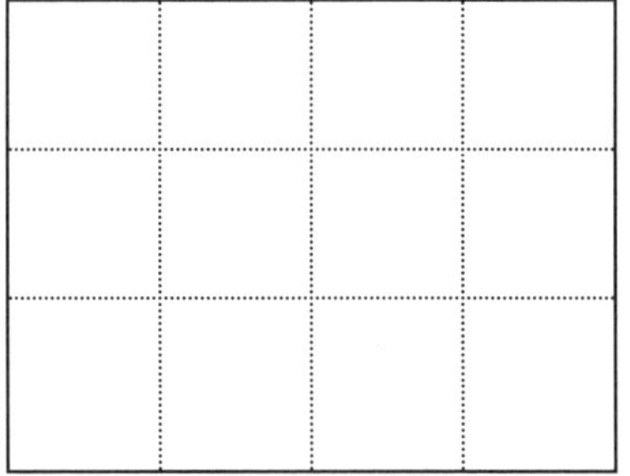

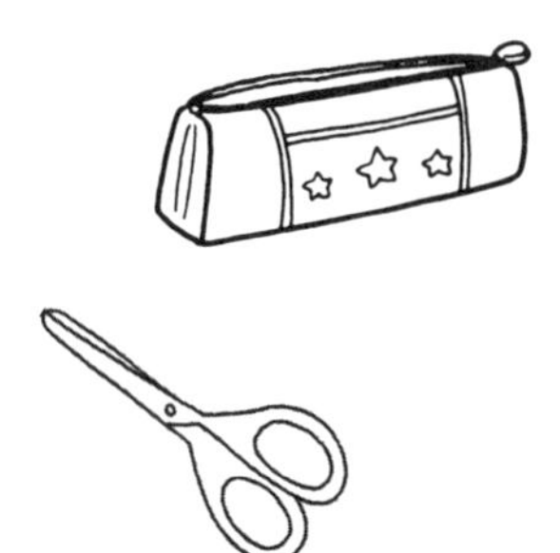

答え

● ゆかさんは，1000円持っています。
315円のクッキーを買うと，
のこりのお金はいくらになりますか。

式

筆算でしてみよう

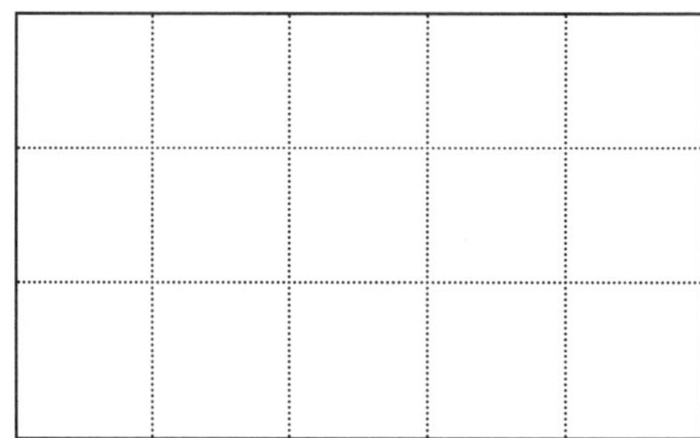

答え

たし算とひき算の筆算（20）　文章題

月	日	名前

● 東小学校の子どもの数は 647 人です。
西小学校の子どもの数は，
東小学校より 59 人多いそうです。
西小学校の子どもの数は何人ですか。

式

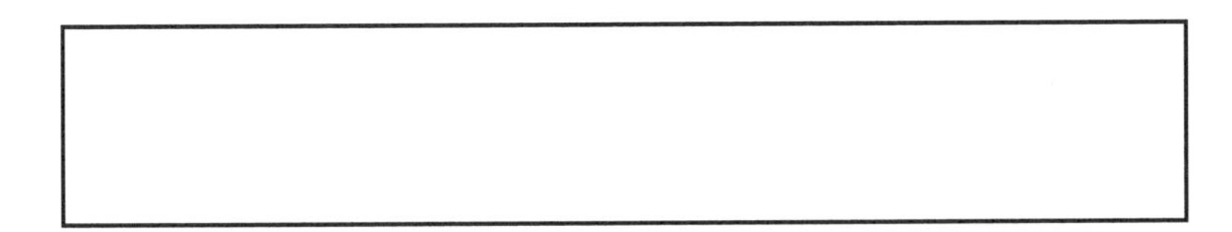

筆算でしてみよう

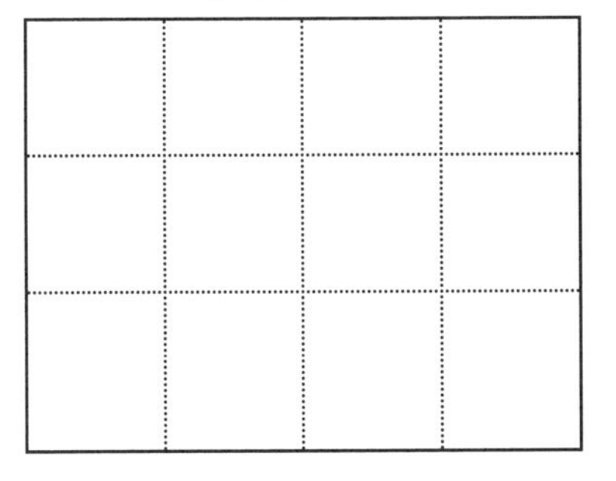

答え

● 図書室に図かんが 218 さつあります。
物語の本が 503 さつあります。
どちらが何さつ多いですか。

式

筆算でしてみよう

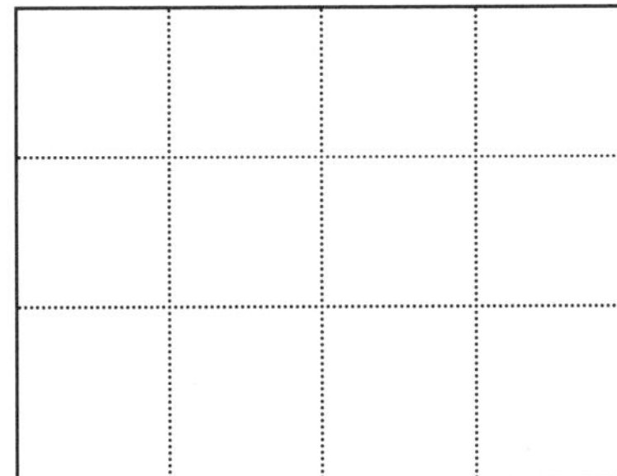

答え  が  さつ多い。

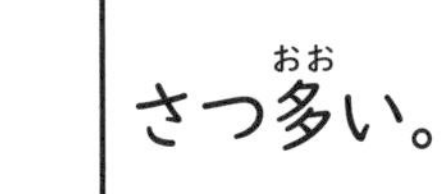

長(なが)　さ (1)

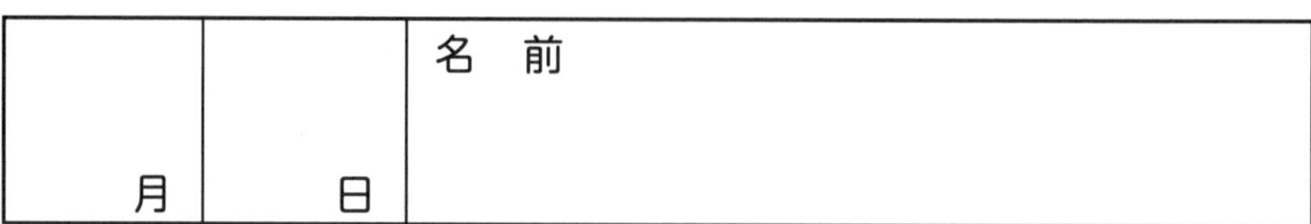

● 下(した)のまきじゃくの⬇のめもりを読(よ)みましょう。

①

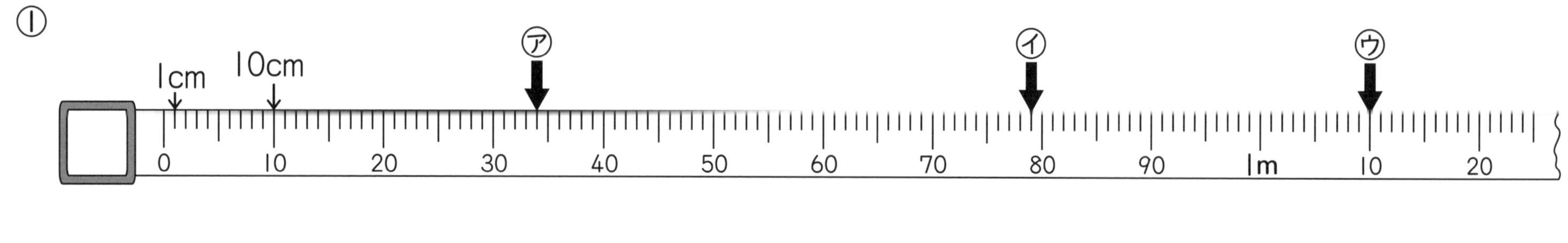

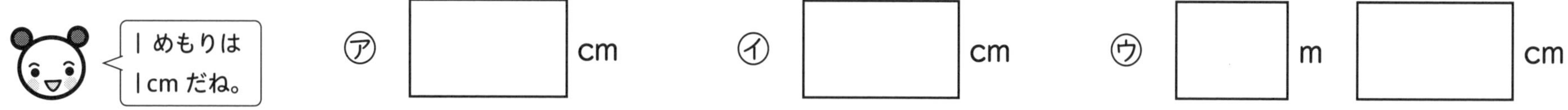

②

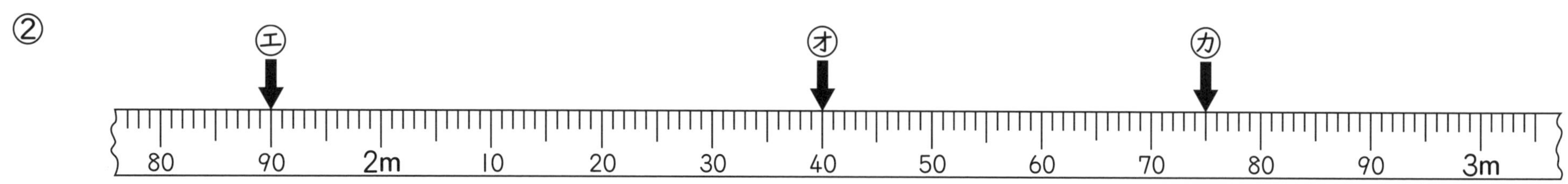

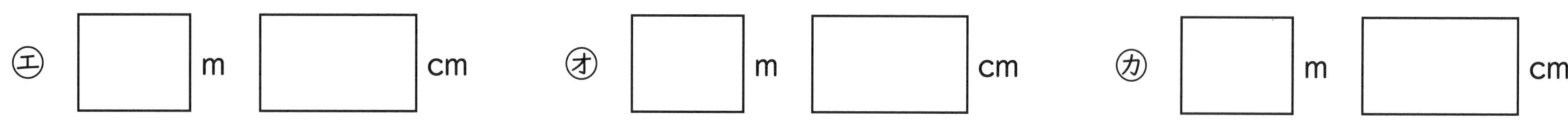

長(なが)さ (2)

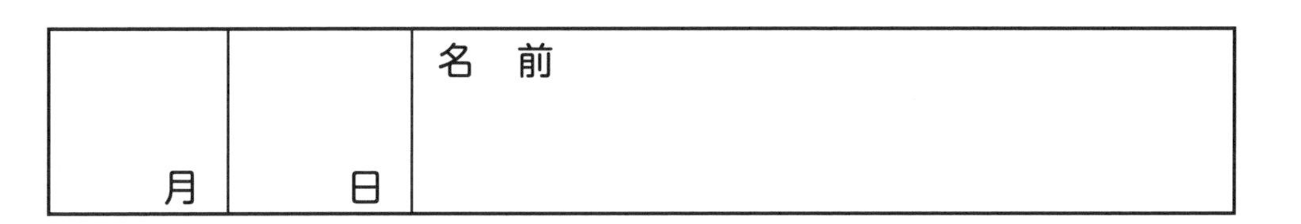

● 下(した)のまきじゃくで，㋐～㋒の長(なが)さを表(あらわ)すめもりに，⬇をかきましょう。

| めもりは 何(なん) cm かな。

① ㋐ 42cm ㋑ 96cm ㋒ 1m 5cm

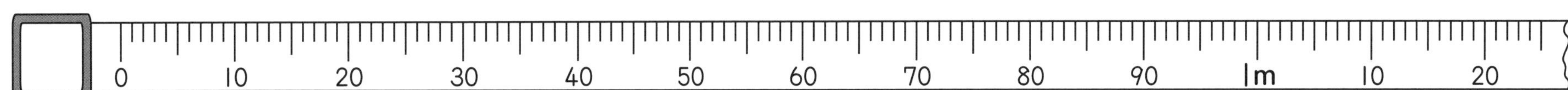

② ㋐ 7m 80cm ㋑ 8m 2cm ㋒ 8m 59cm

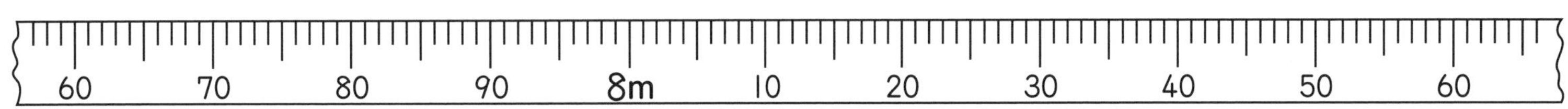

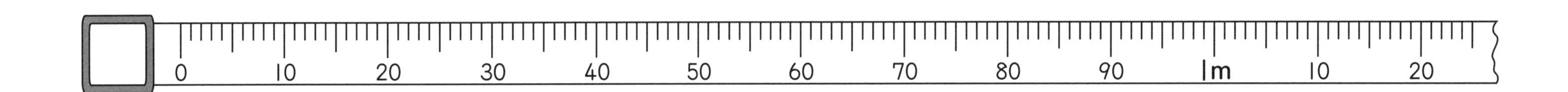

長（なが）さ（3）

月	日	名前

長（なが）い長（なが）さを表（あらわ）すのに1km（1キロメートル）のたんいを使（つか）います。

1km ＝ 1000m です。

1km（キロメートル）は，人（ひと）がふつうのはやさで15分（ふん）くらい歩（ある）いた長（なが）さだよ。

● □にあてはまる数（かず）を書（か）きましょう。

① 1km ＝ □ m

② 5km ＝ □ m

③ 8km ＝ □ m

④ 3000m ＝ □ km

⑤ 7000m ＝ □ km

■ 練習（れんしゅう）しましょう。

1km　2km　3km　4km　5km

長(なが)さ (4)

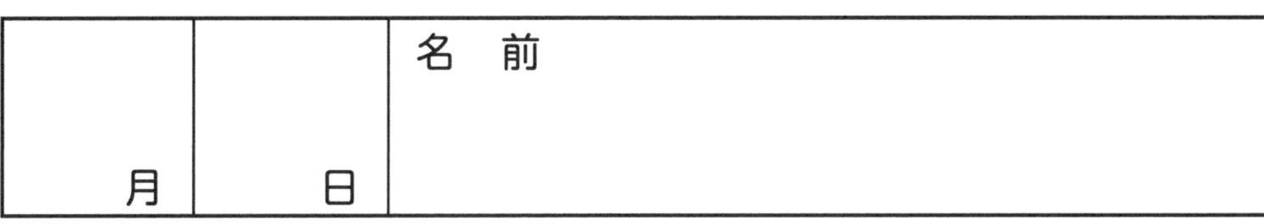

● □にあてはまることばを ⬚ からえらんで書(か)きましょう。

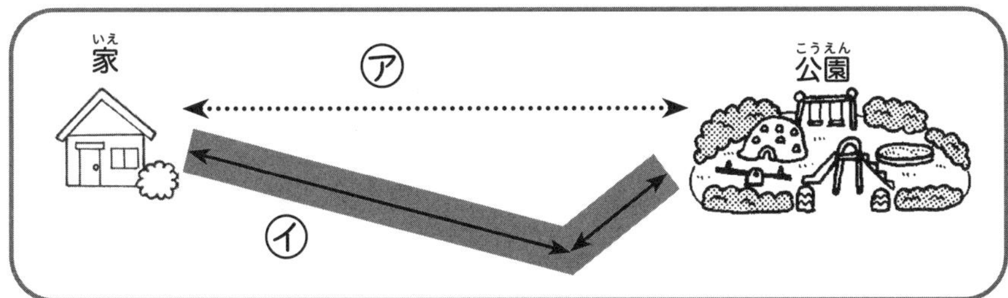

① ㋐のように，

まっすぐにはかった長(なが)さを

□ といいます。

② ㋑のように，

道(みち)にそってはかった長(なが)さを

□ といいます。

きょり ・ 道(みち)のり

● 下(した)の図(ず)を見(み)て答(こた)えましょう。

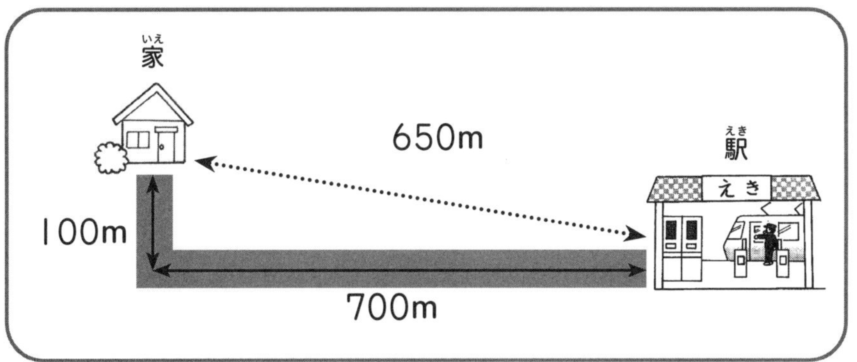

① 家(いえ)から駅(えき)までのきょりは何mですか。

□ m

② 家(いえ)から駅(えき)までの道(みち)のりは何mですか。

式(しき)

□ m ＋ □ m ＝ □ m

答(こた)え □ m

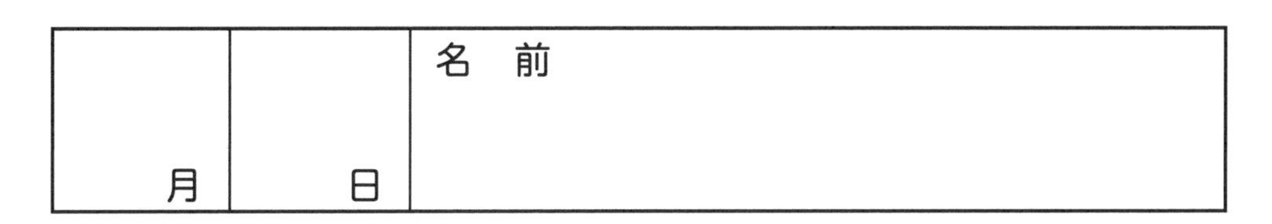

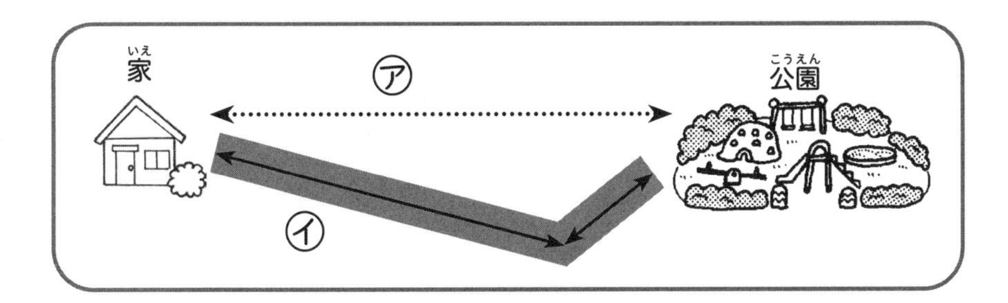

長（なが）　さ (5)

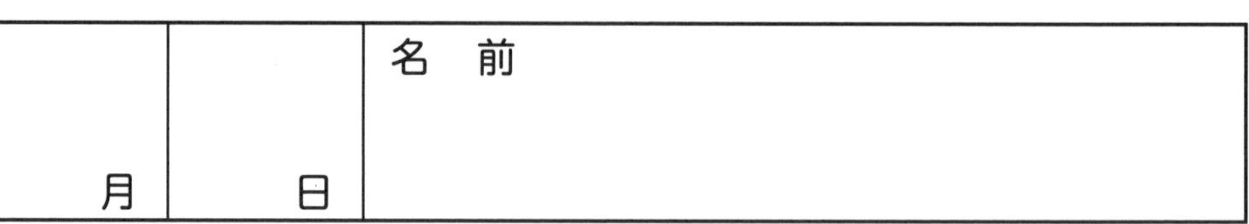

月	日	名　前

● □ にあてはまる数（かず）を書（か）きましょう。

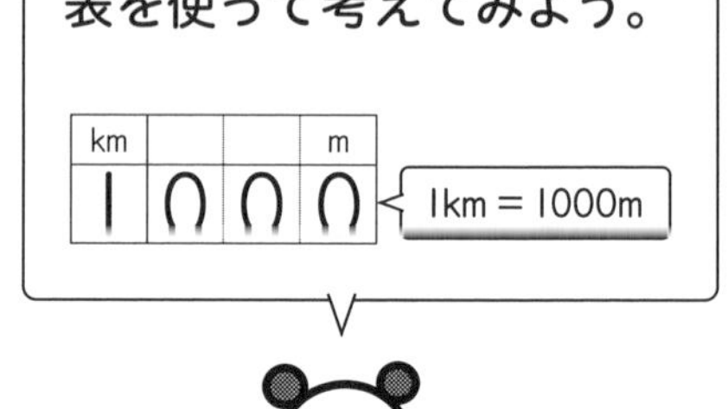

① 1800m = □ km □ m

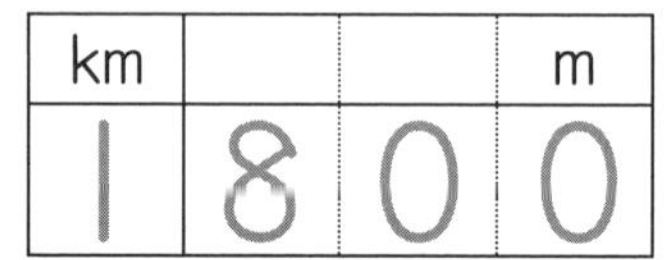

km			m
1	8	0	0

② 7250m = □ km □ m

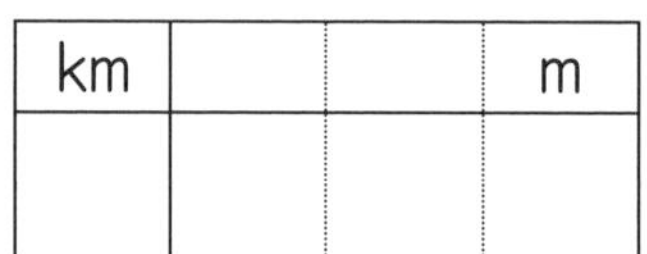

km			m

③ 4060m = □ km □ m

km			m

④ 3km 400m = □ m

km			m

⑤ 5km 70m = □ m

km			m

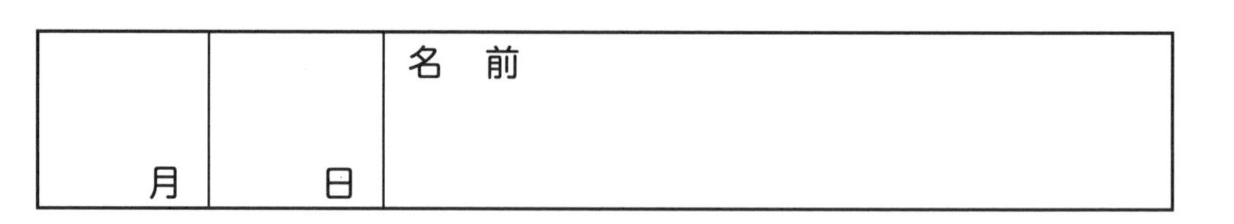

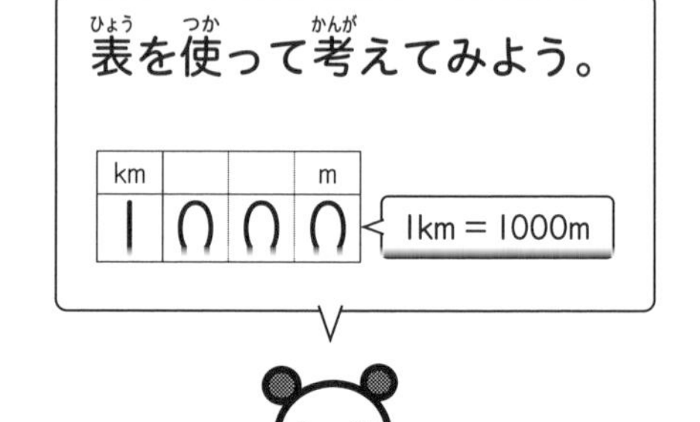

長　さ (6)

月	日	名　前

● 下の図を見て答えましょう。

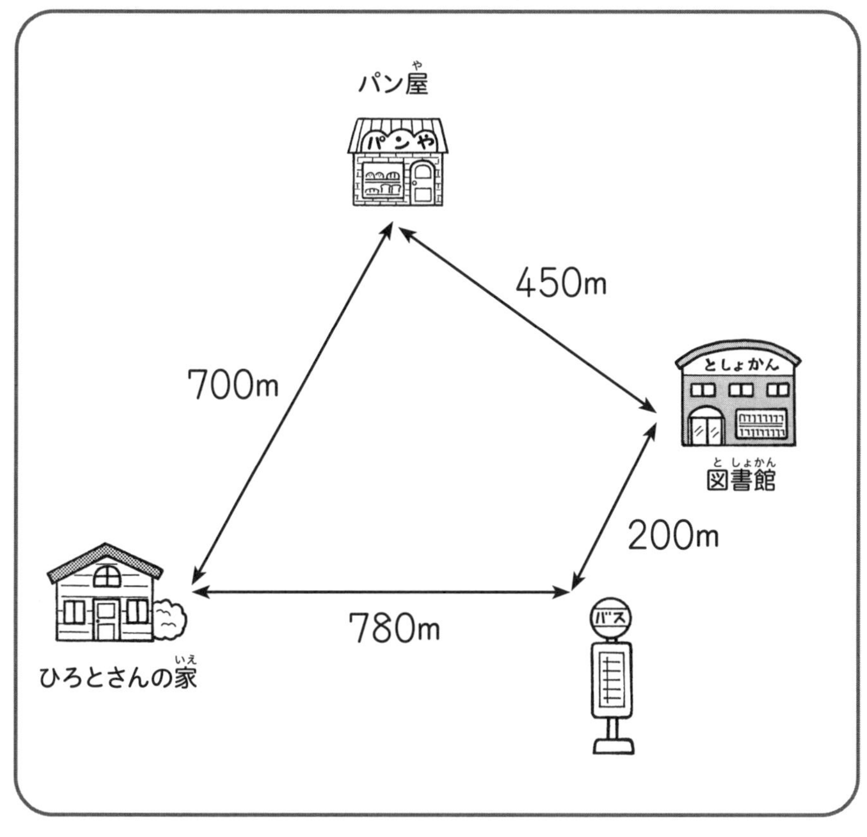

今から図書館へ行くよ。
どっちの道が近いかな。

ひろとさん

① バスていの前を通って図書館へ行きます。
ひろとさんの家から図書館までの道のりは何mですか。

式 □m ＋ □m ＝ □m

答え □m

② パン屋の前を通って図書館へ行きます。
ひろとさんの家から図書館までの道のりは何mですか。
また，何 km 何mですか。

式 □m ＋ □m ＝ □m

答え □m

⬇ km を使うと

□km □m

長さ (7)

月	日	名前

● 次の計算をしましょう。

① 1km 200m ＋ 1km 500m ＝ □ km □ m

② 2km 280m ＋ 120m ＝ □ km □ m

③ 5km 800m − 2km 600m ＝ □ km □ m

④ 7km 400m − 400m ＝ □ km

⑤ 1km − 500m ＝ □ m

長　さ（8）

月	日	名　前

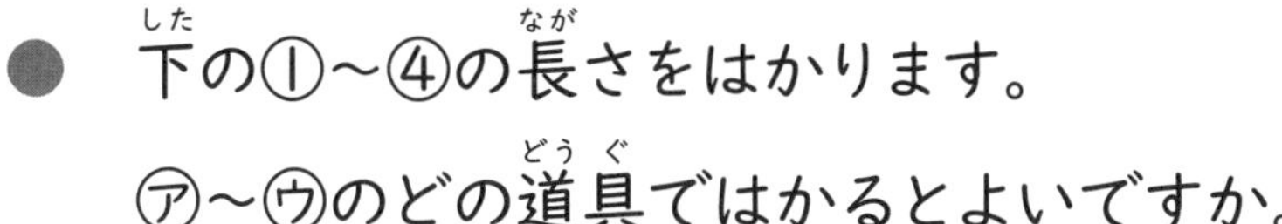

● 下の①～④の長さをはかります。
㋐～㋒のどの道具ではかるとよいですか。

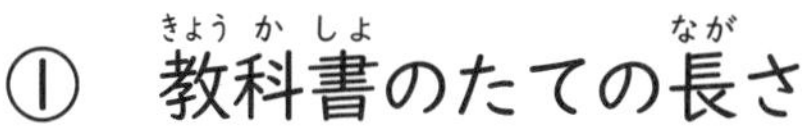

① 教科書のたての長さ 

② 体育館のたての長さ 

③ 木のまわりの長さ 

④ つくえの横の長さ 

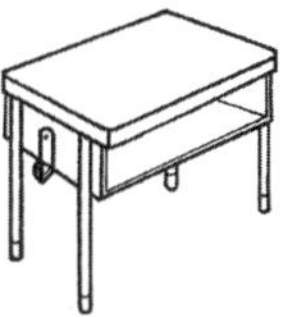

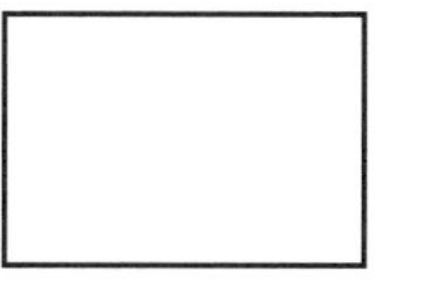

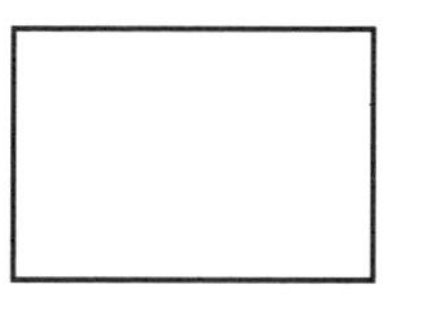

㋐ 30cm のものさし　　㋑ 1m のものさし
㋒ 50m のまきじゃく　　㋓ 10m のまきじゃく

● □にあてはまる長さのたんい（km，m，cm，mm）を書きましょう。

① ジャングルジムの高さ　2 □

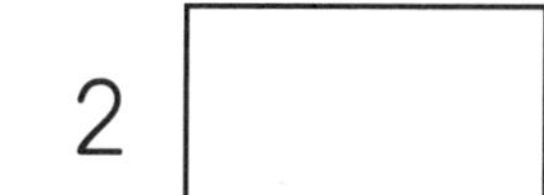

② 算数の教科書のあつさ　6 □

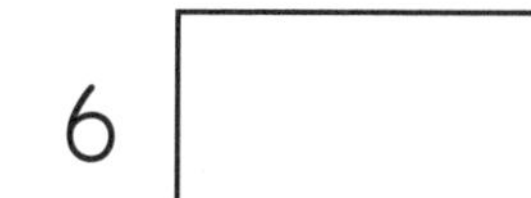

③ ハイキングコースの道のり　3 □

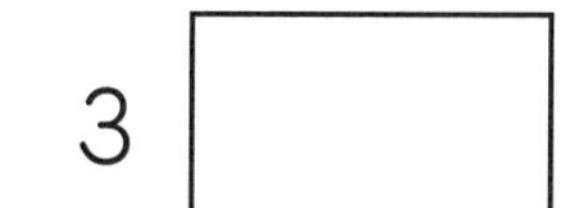

④ 東京スカイツリーの高さ　634 □

⑤ くつのサイズ（長さ）　20 □

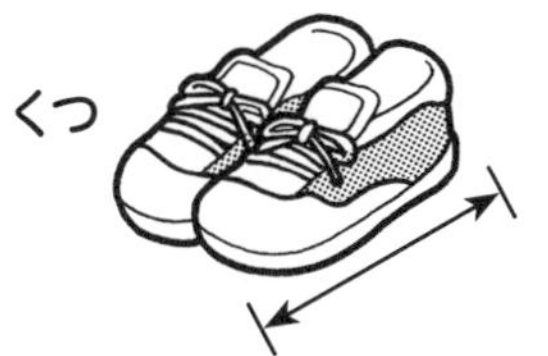

あまりのあるわり算（1）

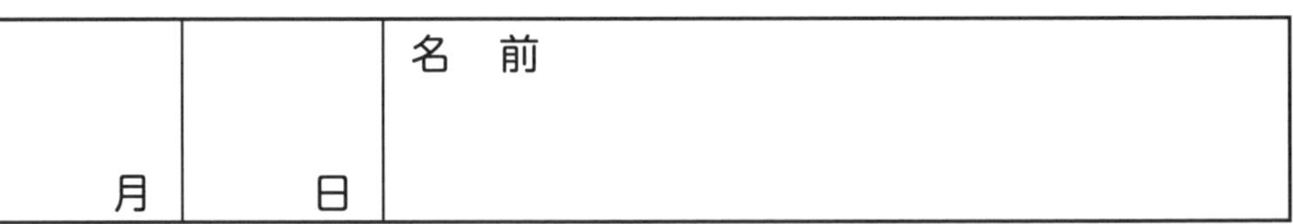

● みかんが９こあります。
１人に２こずつ分けます。
何人に分けられて，何こあまりますか。

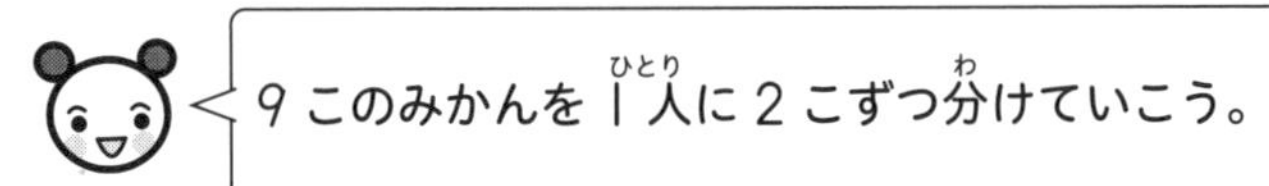

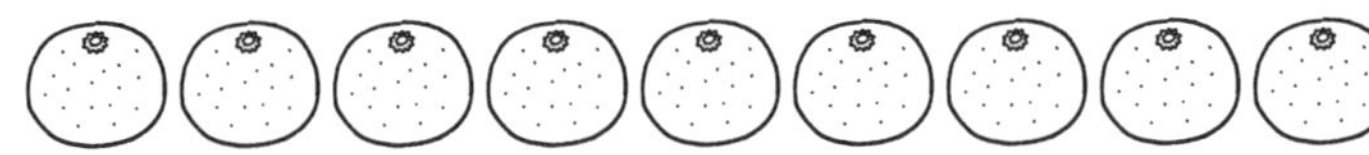

答え　□ 人に分けられて，□ こあまる。

● りんごが８こあります。
１ふくろに３こずつ分けます。
ふくろはいくつできて，何こあまりますか。

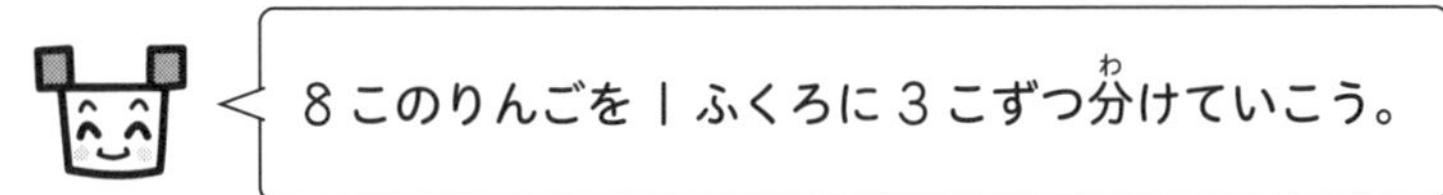

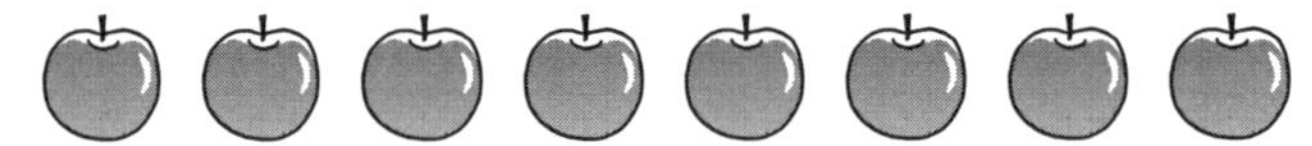

答え　□ ふくろできて，□ こあまる。

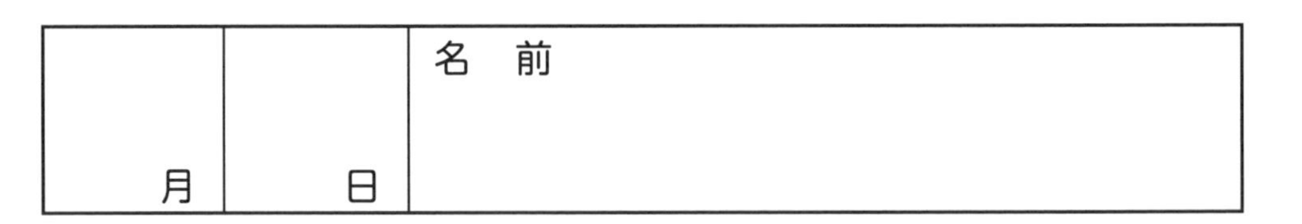

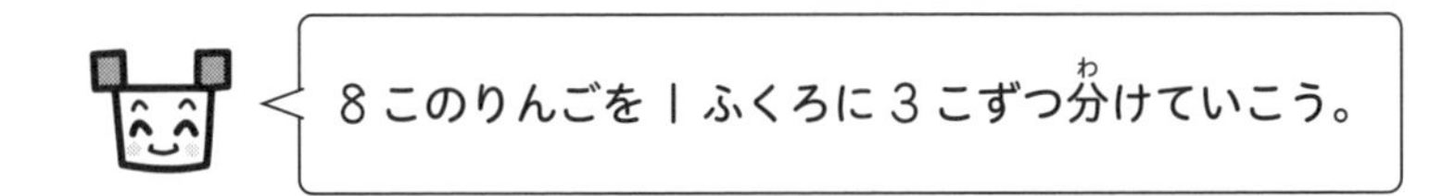

あまりのあるわり算（2）

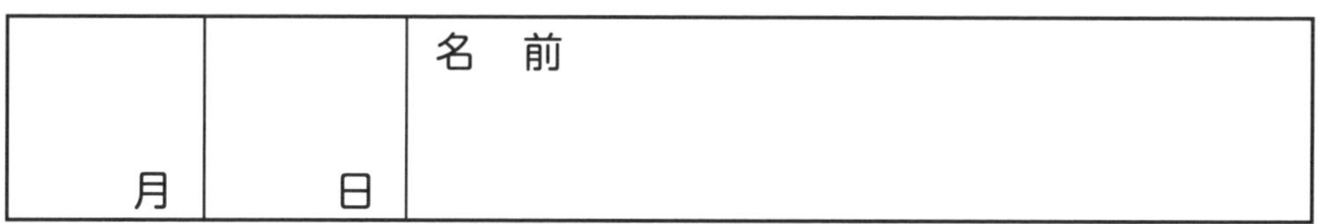

● キャラメルが15こあります。1人に4こずつ分けます。
何人に分けられて，何こあまりますか。

15このキャラメルを1人に4こずつ分けると，□人に分けられて，□こあまります。

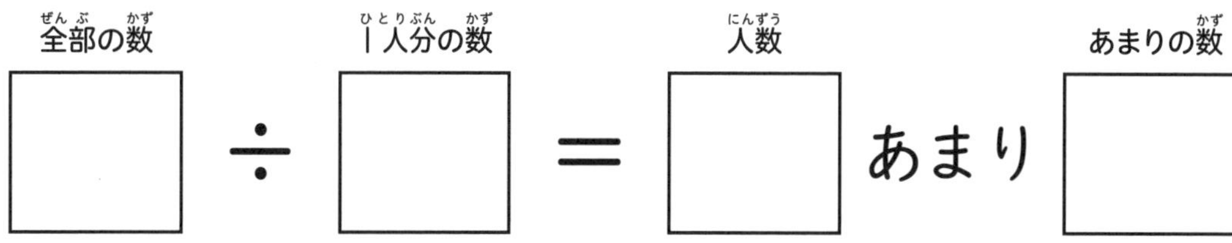

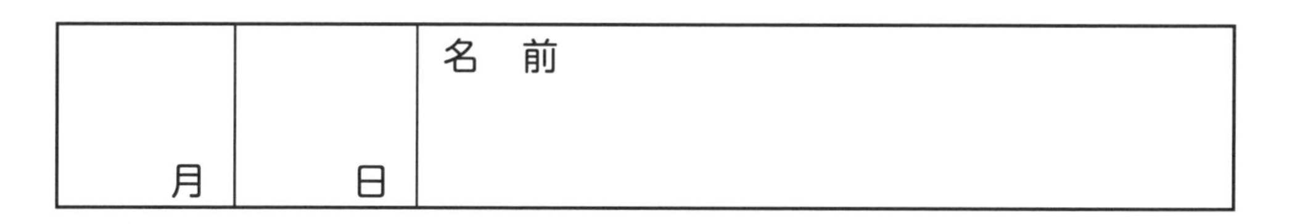

あまりのあるわり算（3）

月	日	名　前

● 絵を使って答えをもとめ，わり算の式に表しましょう。

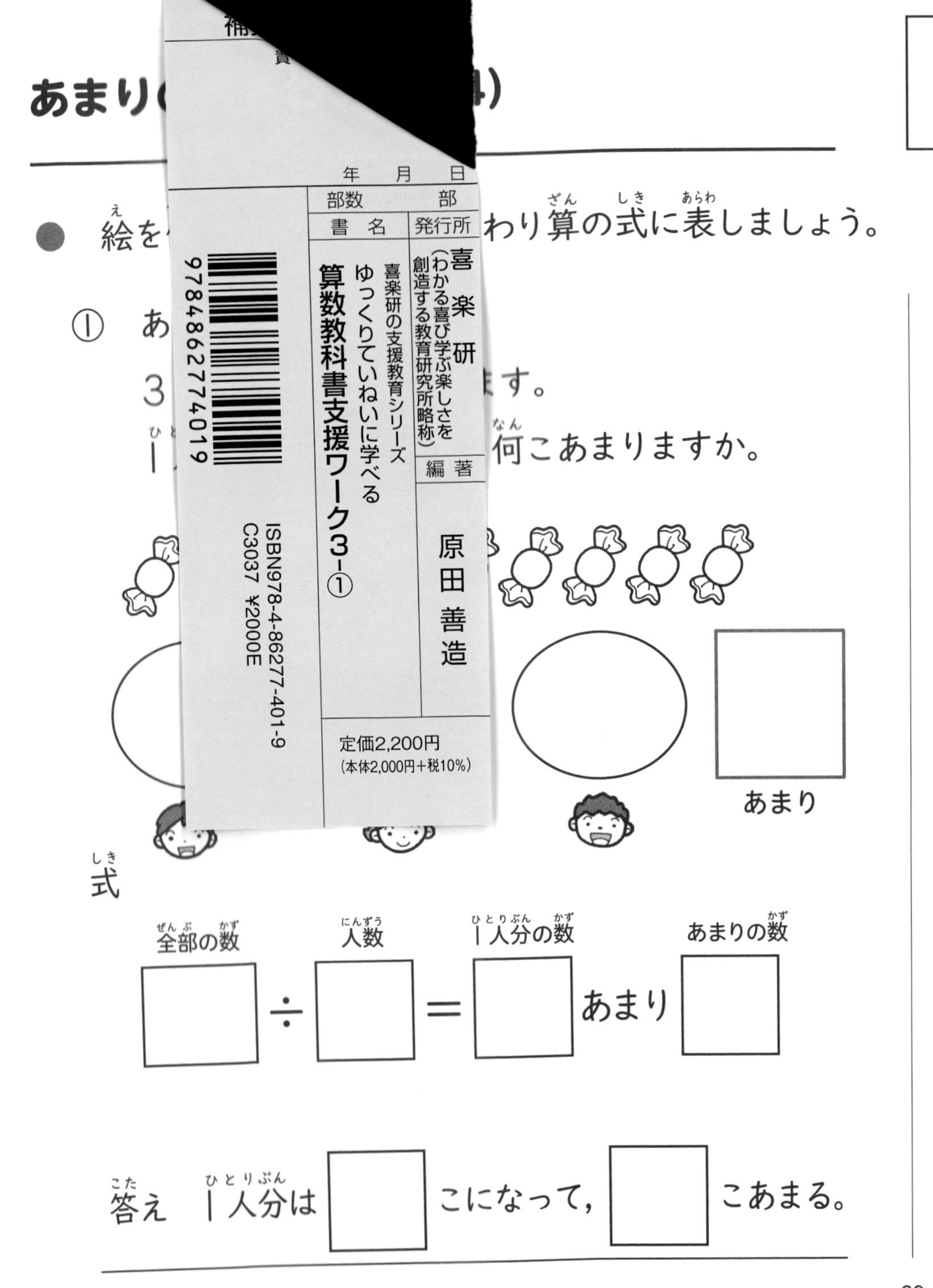

① クッキーが 16 こあります。
1人に 3 こずつ分けます。
何人に分けられて，何こあまりますか。

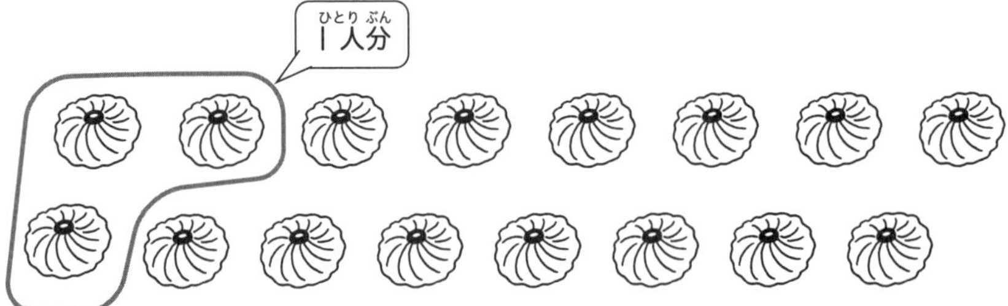

式

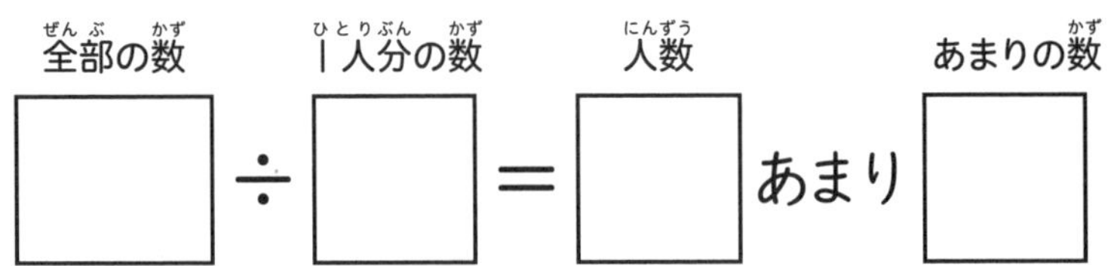

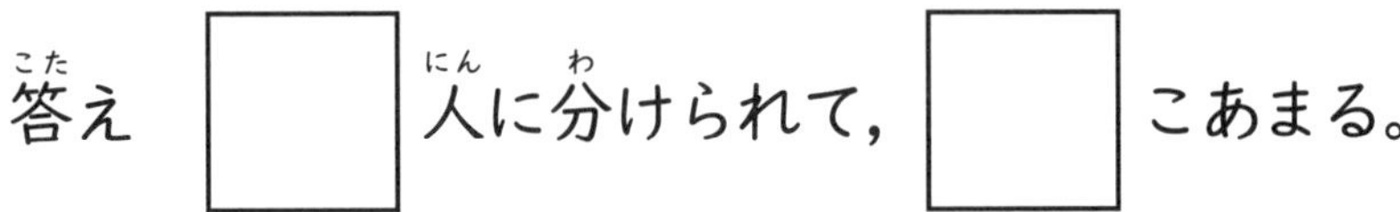

② じゃがいもが 27 こあります。
1箱に 7 こずつ分けます。
箱はいくつできて，何こあまりますか。

式

全部の数 □ ÷ 1箱分の数 □ ＝ 箱の数 □ あまり あまりの数 □

答え □ 箱できて，□ こあまる。

あまり(… 4)

月	日	名前

● 絵を … わり算の式に表しましょう。

① あ …

3 … す。

| … 何こあまりますか。

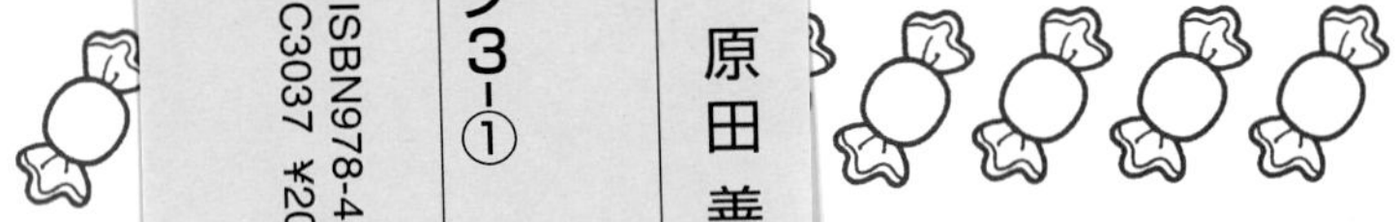

あまり

式

全部の数 ÷ 人数 ＝ 1人分の数 あまり あまりの数

□ ÷ □ ＝ □ あまり □

答え 1人分は □ こになって，□ こあまる。

② いちごが17こあります。

5まいのお皿に同じ数ずつ分けます。

1皿分は何こになって，何こあまりますか。

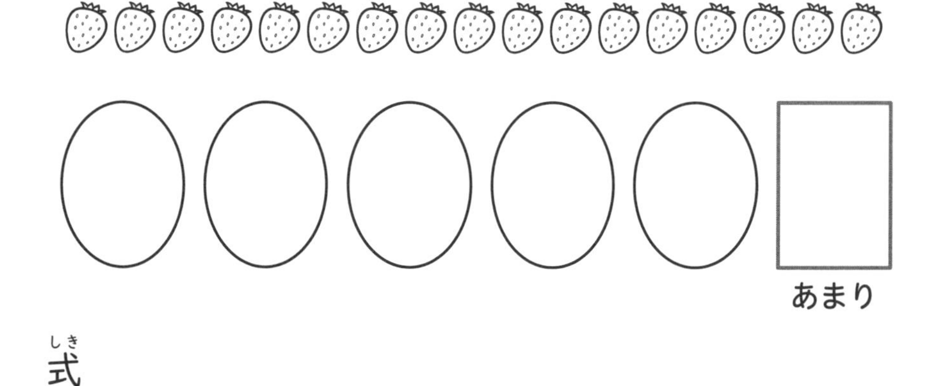

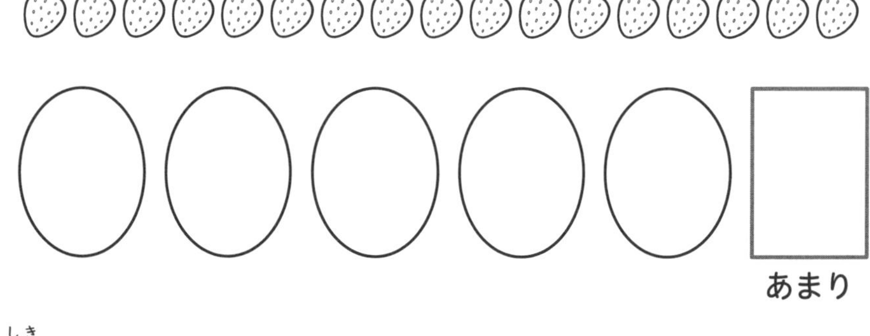

式

全部の数 ÷ お皿の数 ＝ 1皿分の数 あまり あまりの数

□ ÷ □ ＝ □ あまり □

答え 1皿分は □ こになって，□ こあまる。

補充注文カード
年 月 日
部数 部
書名
発行所 喜楽研（わかる喜び学ぶ楽しさを創造する教育研究所略称）
編著 原田善造
喜楽研の支援教育シリーズ
ゆっくりていねいに学べる
算数教科書支援ワーク3-①
9784862774019
ISBN978-4-86277-401-9
C3037 ¥2000E
定価2,200円
(本体2,000円+税10%)

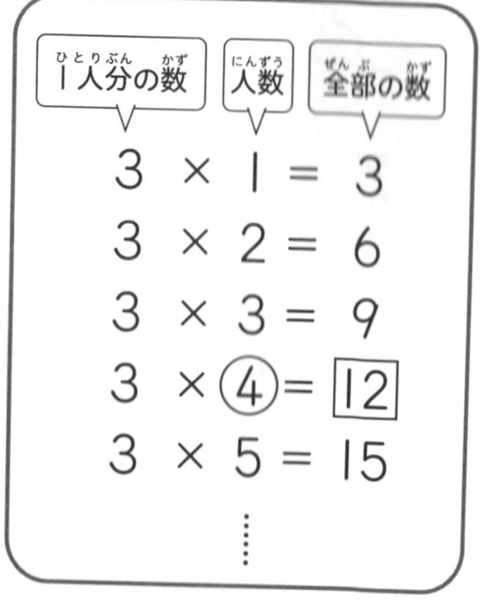

あまりのあるわり算（5）

		名　前
月	日	

チューリップの花が 14 本あります。
1 人に 3 本ずつ分けます。
何人に分けられて，何本あまりますか。

式

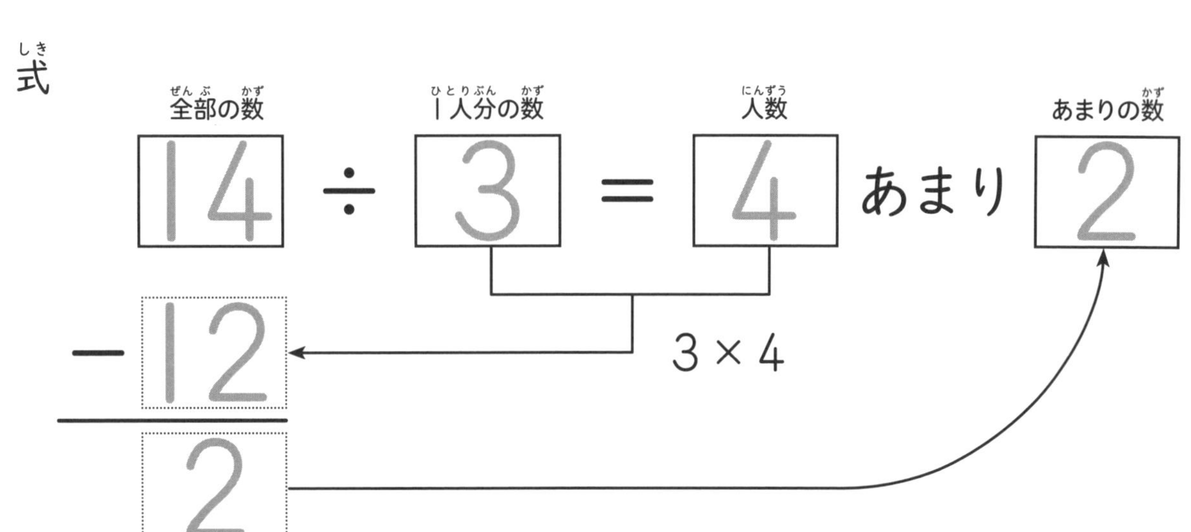

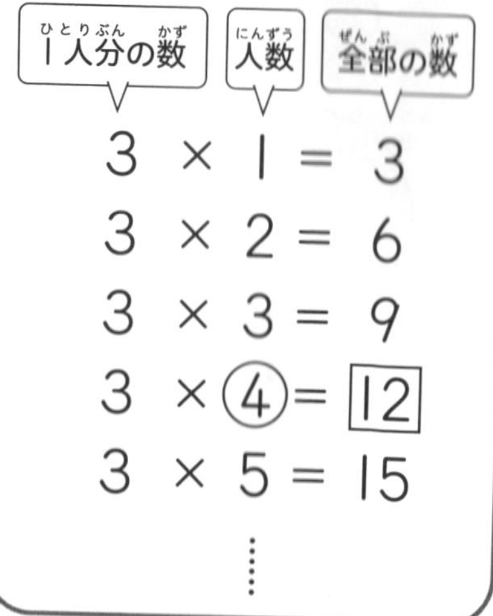

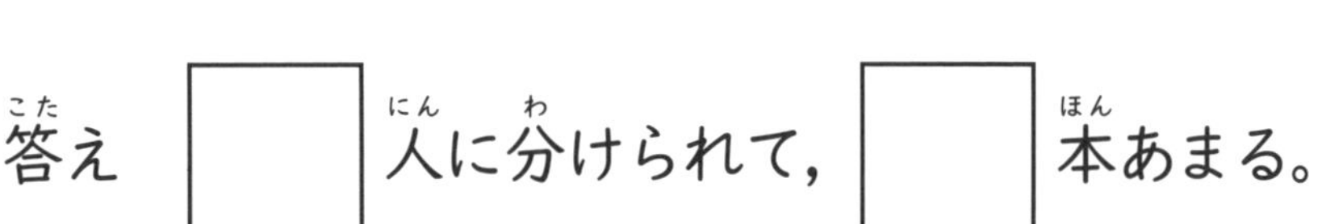

3 のだんの九九の答えで
❶ 14 より小さい数
❷ 14 にいちばん近い数
をさがそう。

注文スリップ
定価2,200円（本体2,000円＋税10%）
売上カード　年　月　日
書名　喜楽研の支援教育シリーズ　ゆっくりていねいに学べる　算数教科書支援ワーク 3-①
編著　原田善造
発行所　喜楽研（わかる喜び学ぶ楽しさを創造する教育研究所略称）
京都市中京区高倉通二条下ル瓦町543-1
TEL 075-213-7701
FAX 075-213-7706

あまりのあるわり算（6）

月	日	名前

● クッキーが 40 まいあります。
1つのふくろに 7 まいずつ分けます。
ふくろはいくつできて，
何まいあまりますか。

式

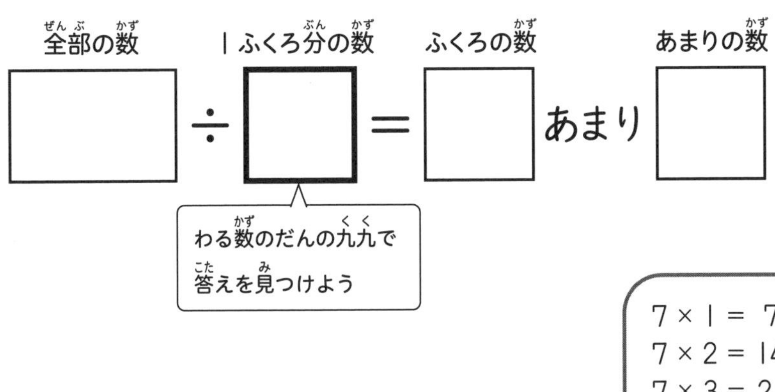

❶ 40 より小さい数で
❷ 40 にいちばん近い数はどれかな。

7 × 1 = 7
7 × 2 = 14
7 × 3 = 21
7 × 4 = 28
7 ×⑤= 35
7 × 6 = 42
⋮

答え　ふくろは □ つできて，□ まいあまる。

● 子どもが 53 人います。
8 人ずつに分けて，はんをつくります。
はんはいくつできて，
何人あまりますか。

式

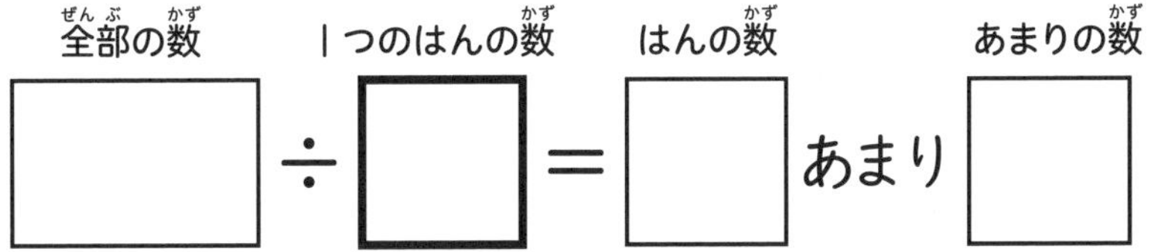

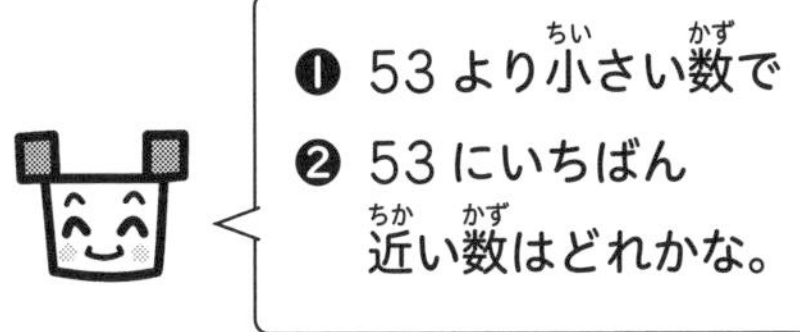

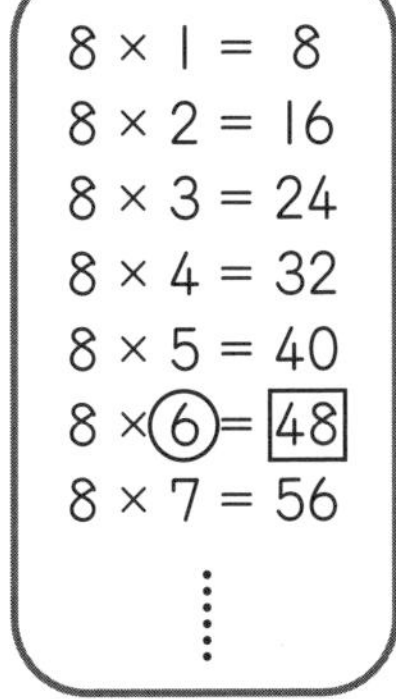

答え　はんは □ つできて，□ 人あまる。

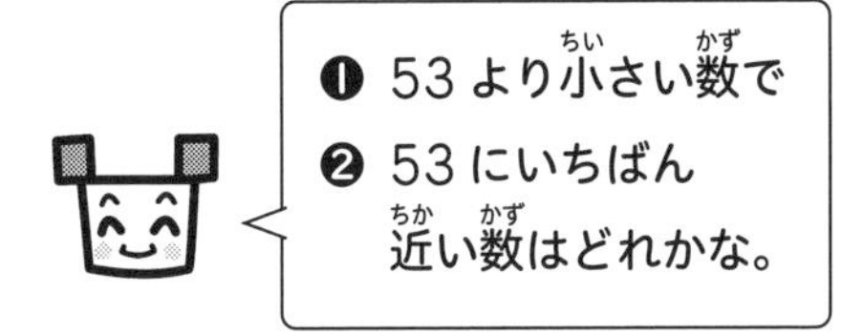

あまりのあるわり算（7）

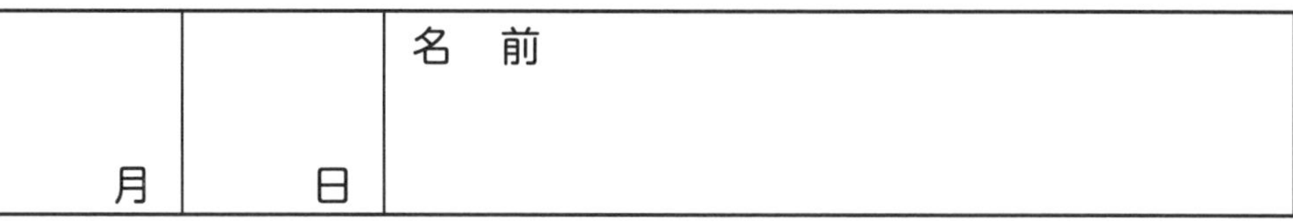

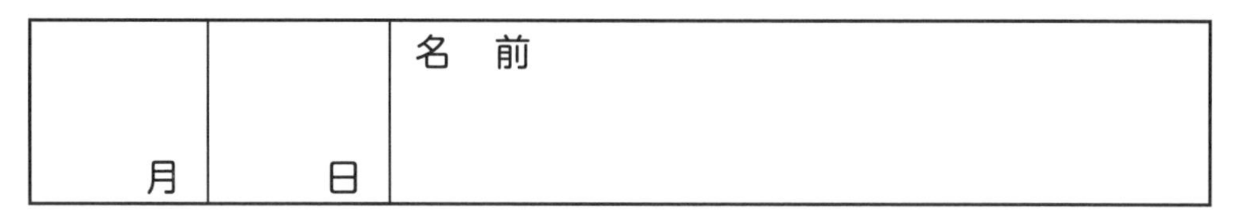

● 色紙が 32 まいあります。
5 人で同じ数ずつ分けます。
1 人分は何まいになって，
何まいあまりますか。

式

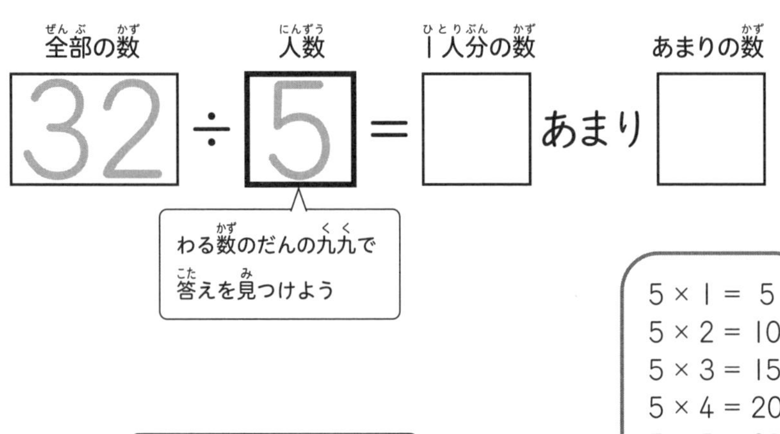

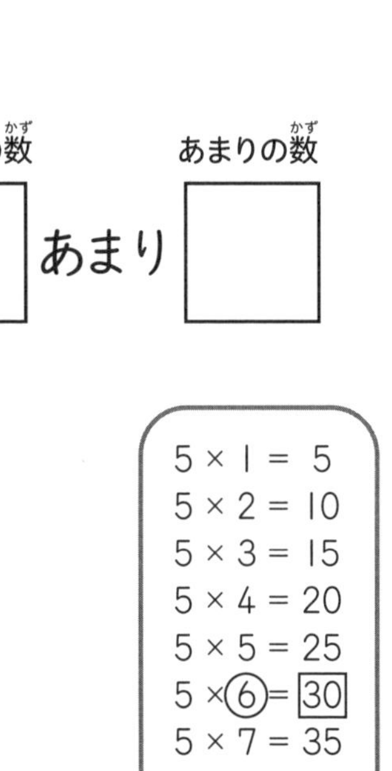

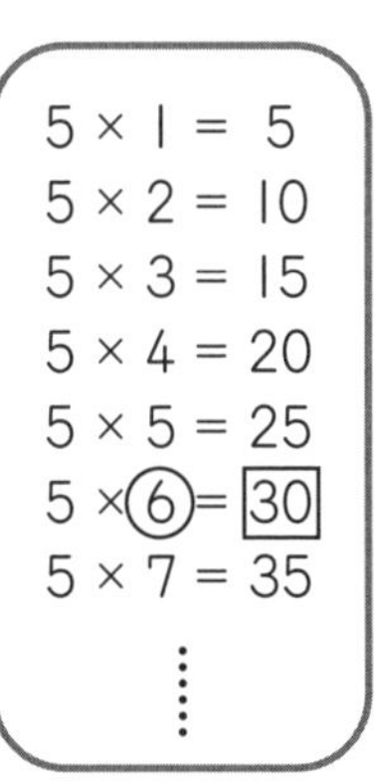

❶ 32 より小さい数で
❷ 32 にいちばん近い数はどれかな。

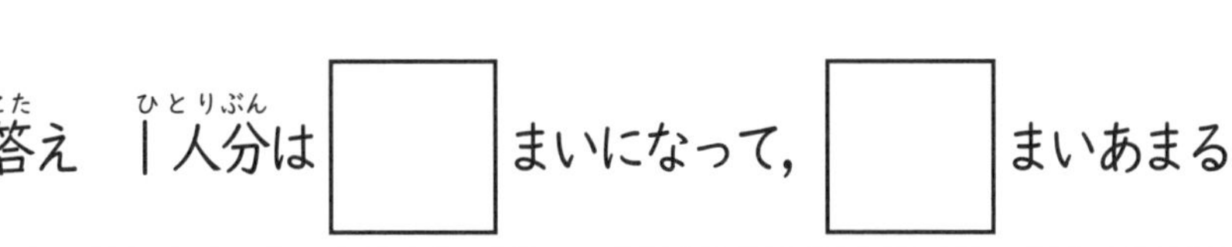

● 金魚が 29 ひきいます。
6 つの水そうに同じ数ずつ分けます。
1 つの水そうは何びきになって，
何びきあまりますか。

式

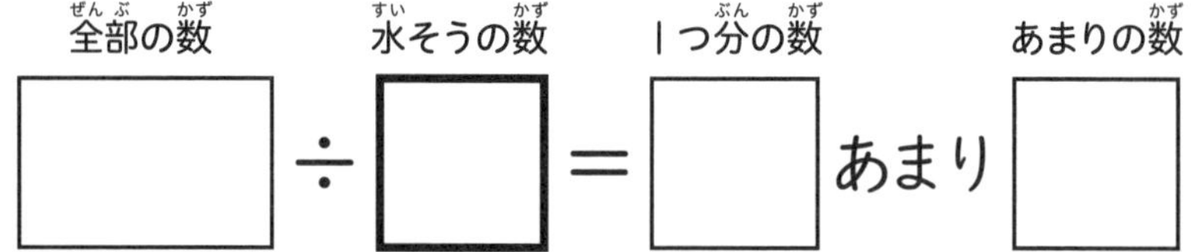

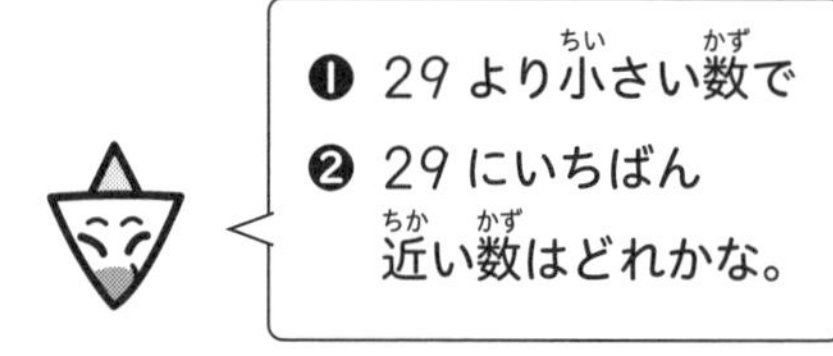

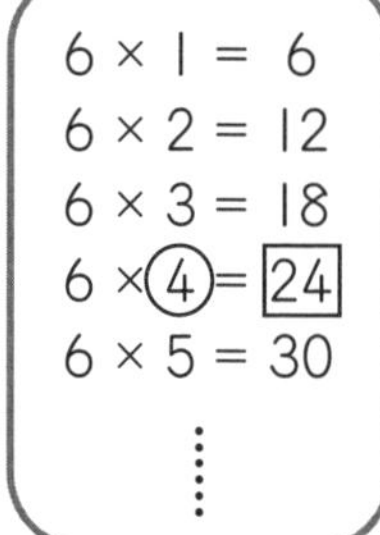

答え　1つの水そうは　　ひきになって，　　ひきあまる。

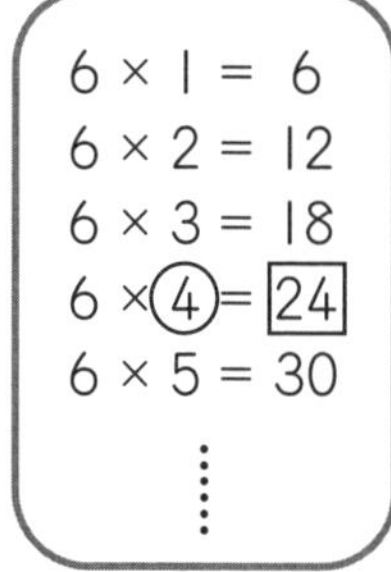

あまりのあるわり算（8）　○÷2，○÷3

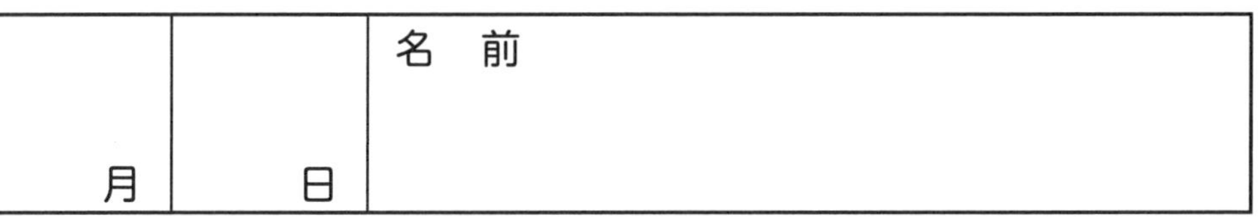

● 計算をしましょう。

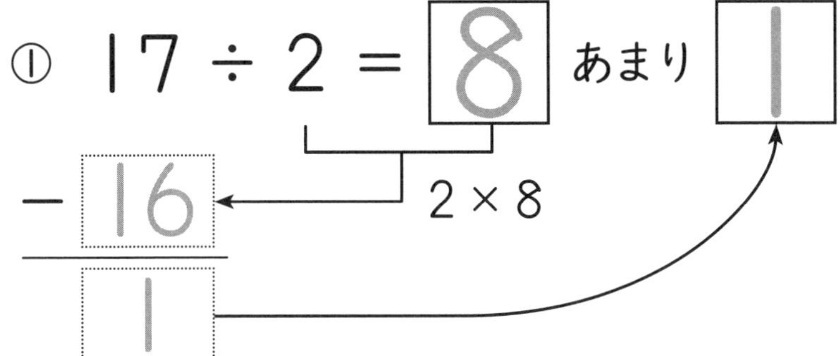

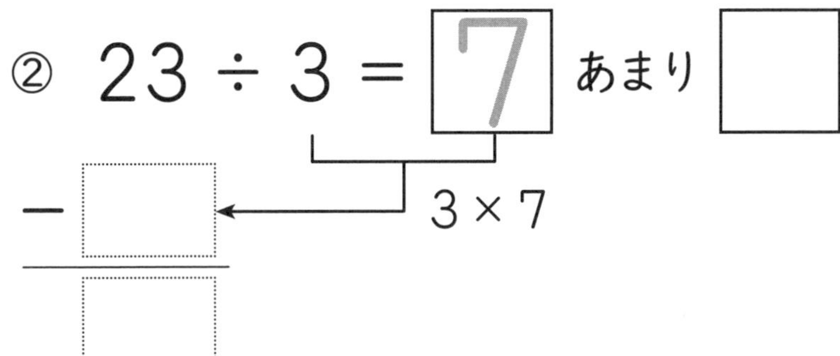

③ 13 ÷ 3 = □ あまり □

−

● 計算をしましょう。

① 5 ÷ 2 = □ あまり □

② 13 ÷ 2 = □ あまり □

③ 17 ÷ 3 = □ あまり □

④ 26 ÷ 3 = □ あまり □

⑤ 19 ÷ 3 = □ あまり □

あまりのあるわり算(ざん) (9)　○÷4，○÷5

月	日	名前

● 計算(けいさん)をしましょう。

① 27 ÷ 4 = 6 あまり □

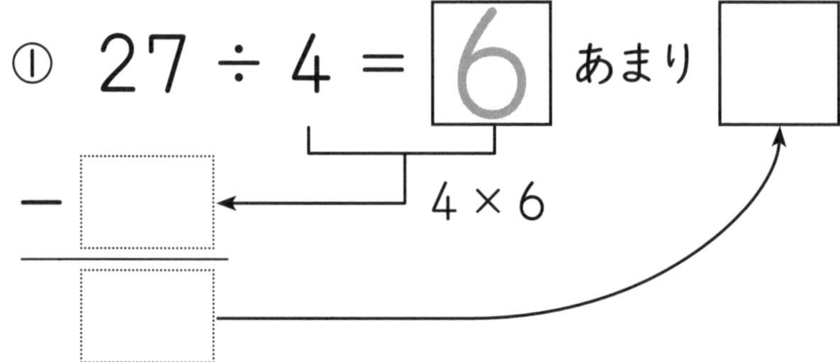

② 14 ÷ 5 = □ あまり □

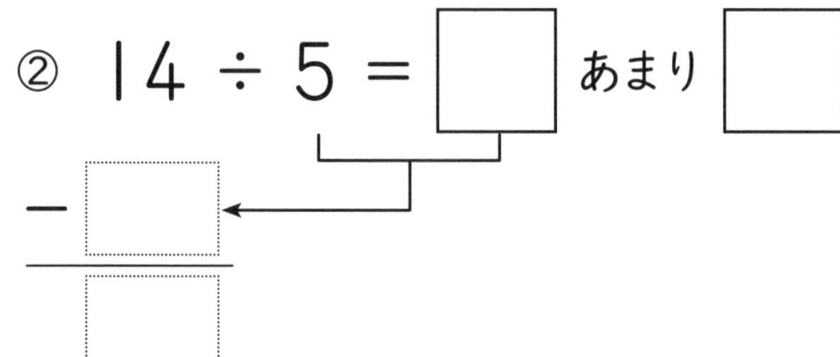

③ 47 ÷ 5 = □ あまり □

−

● 計算(けいさん)をしましょう。

① 31 ÷ 4 = □ あまり □

② 37 ÷ 4 = □ あまり □

③ 18 ÷ 4 = □ あまり □

④ 28 ÷ 5 = □ あまり □

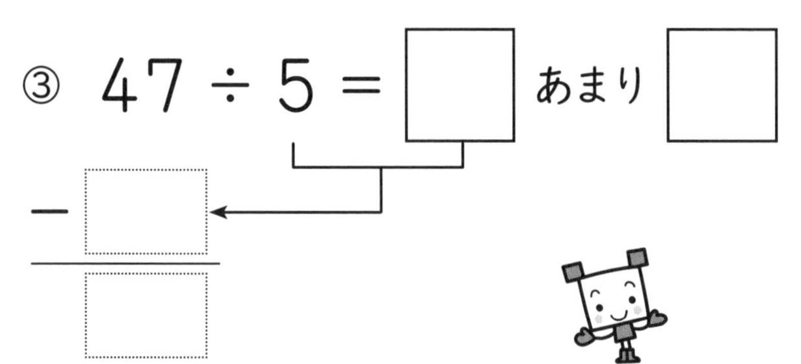

⑤ 42 ÷ 5 = □ あまり □

あまりのあるわり算（10）　○÷６，○÷７

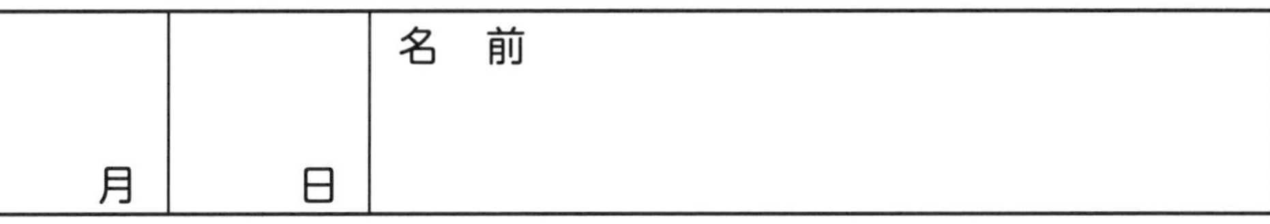

● 計算をしましょう。

① 40 ÷ 6 ＝ 6 あまり □

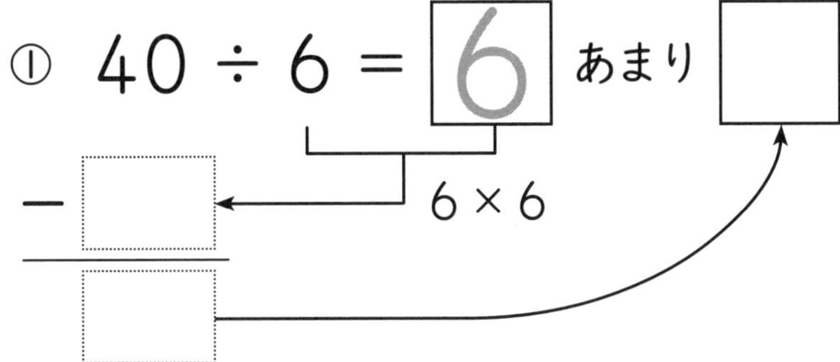

② 52 ÷ 7 ＝ □ あまり □

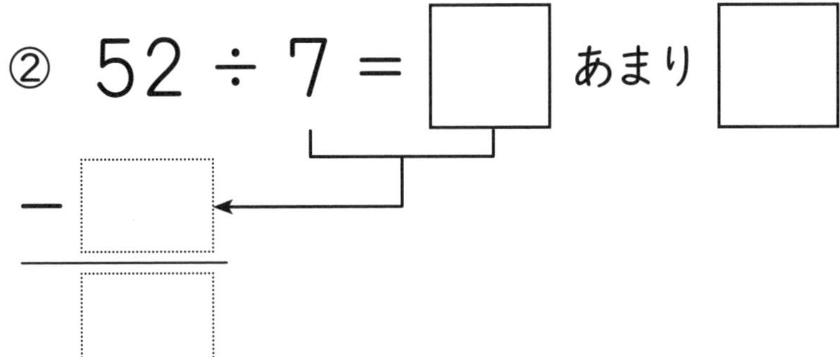

③ 61 ÷ 7 ＝ □ あまり □

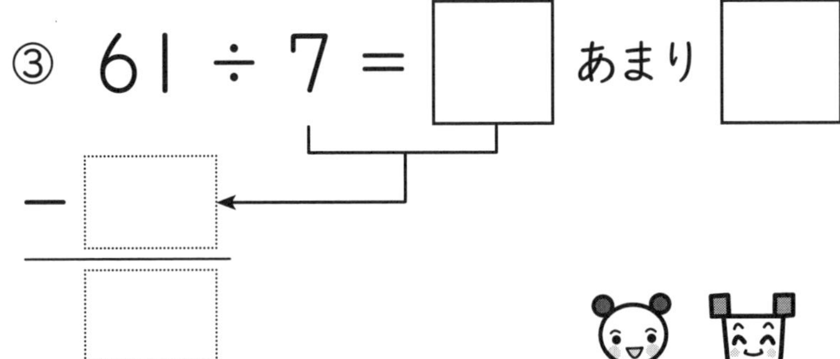

● 計算をしましょう。

① 51 ÷ 6 ＝ □ あまり □

② 47 ÷ 6 ＝ □ あまり □

③ 22 ÷ 6 ＝ □ あまり □

④ 46 ÷ 7 ＝ □ あまり □

⑤ 20 ÷ 7 ＝ □ あまり □

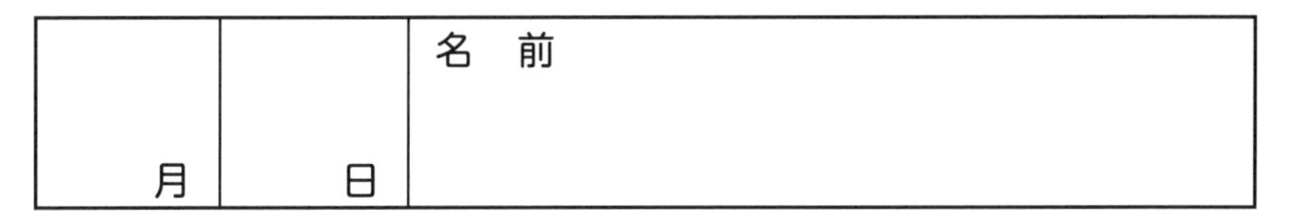

あまりのあるわり算（11）　○÷8，○÷9

月	日	名　前

● 計算をしましょう。

① 71 ÷ 8 = 8 あまり □

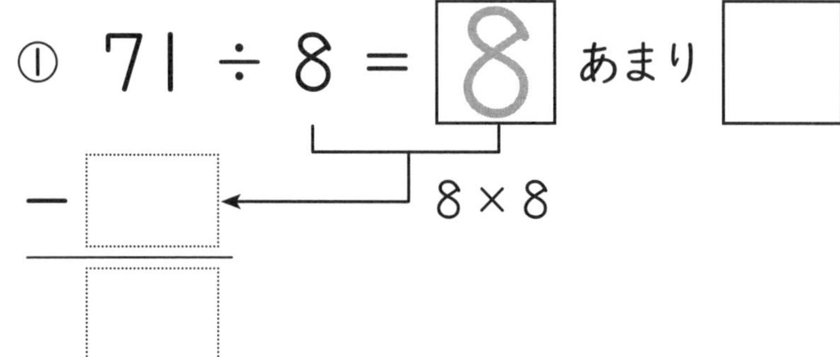

8 × 8

② 35 ÷ 9 = □ あまり □

③ 60 ÷ 9 = □ あまり □

● 計算をしましょう。

① 53 ÷ 8 = □ あまり □

② 62 ÷ 8 = □ あまり □

③ 43 ÷ 9 = □ あまり □

④ 76 ÷ 9 = □ あまり □

⑤ 68 ÷ 9 = □ あまり □

あまりのあるわり算（12）

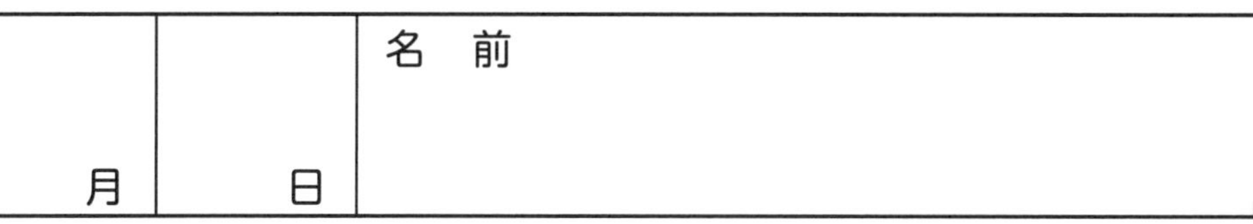

● 計算をしましょう。

① $30 \div 8 =$ □ あまり □

② $59 \div 6 =$ □ あまり □

③ $34 \div 4 =$ □ あまり □

④ $67 \div 7 =$ □ あまり □

⑤ $22 \div 5 =$ □ あまり □

● 計算をしましょう。

① $52 \div 9 =$ □ あまり □

② $20 \div 3 =$ □ あまり □

③ $39 \div 8 =$ □ あまり □

④ $23 \div 6 =$ □ あまり □

⑤ $62 \div 7 =$ □ あまり □

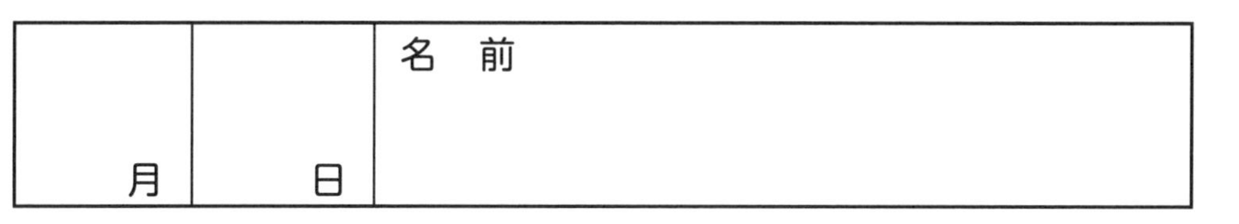

あまりのあるわり算（13）

● 計算をしましょう。

① 88 ÷ 9 = □ あまり □

② 53 ÷ 6 = □ あまり □

③ 38 ÷ 4 = □ あまり □

④ 41 ÷ 7 = □ あまり □

⑤ 77 ÷ 8 = □ あまり □

● 計算をしましょう。

① 43 ÷ 5 = □ あまり □

② 15 ÷ 2 = □ あまり □

③ 70 ÷ 9 = □ あまり □

④ 65 ÷ 8 = □ あまり □

⑤ 45 ÷ 7 = □ あまり □

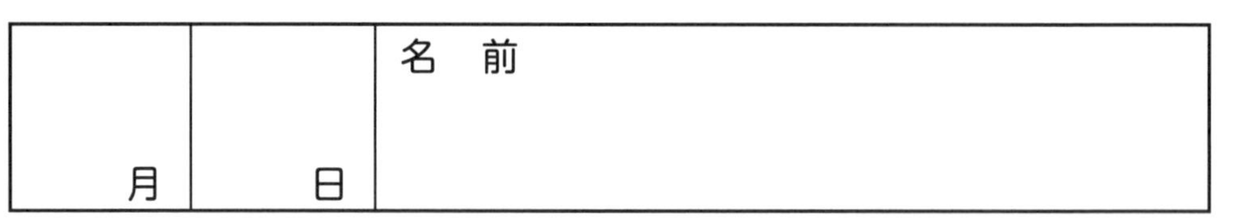

あまりのあるわり算（14）

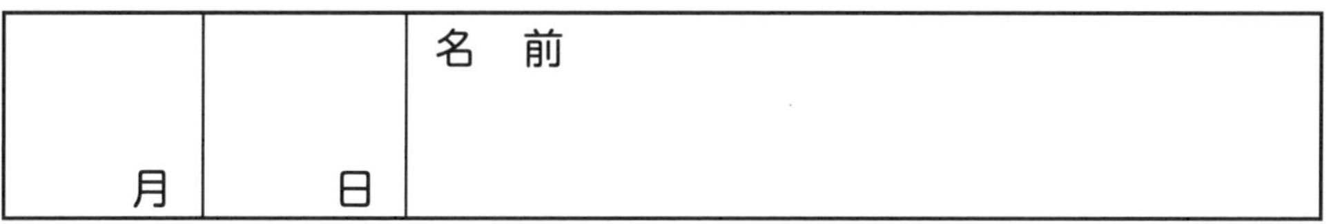

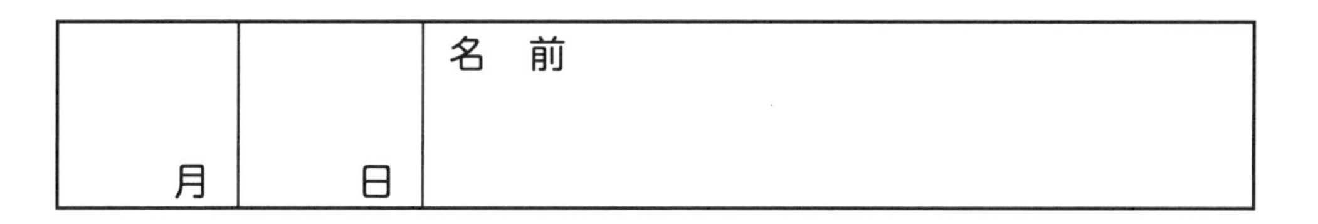

● 計算の答えのたしかめをしましょう。

①

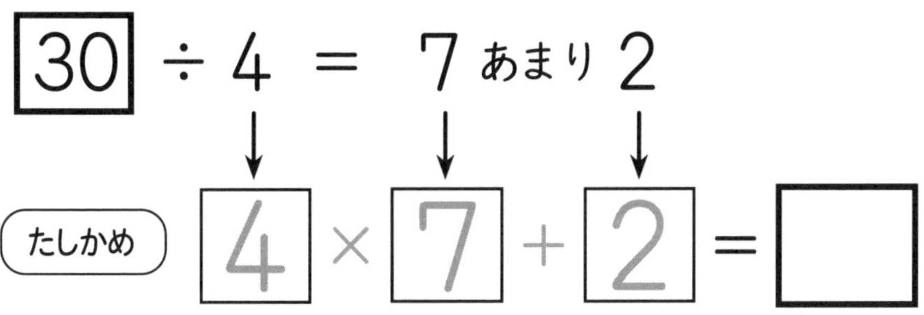

わられる数と
たしかめの式の答えは
同じになるね。

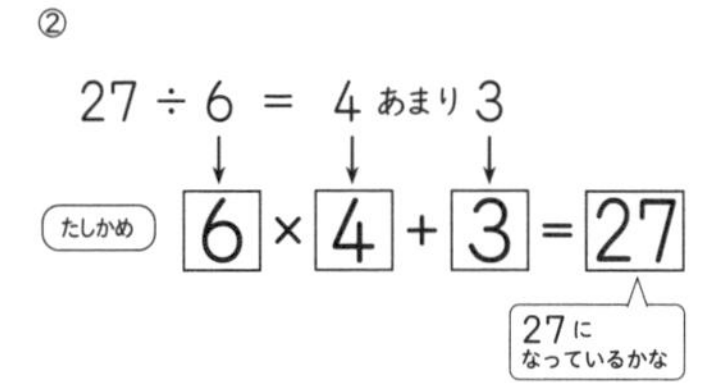

②

27 ÷ 6 ＝ 4 あまり 3

たしかめ □ × □ ＋ □ ＝ □

27に
なっているかな

● 計算をして，答えをたしかめましょう。

① 33 ÷ 7 ＝ □ あまり □

たしかめ □ × □ ＋ □ ＝ □

② 61 ÷ 8 ＝ □ あまり □

たしかめ □ × □ ＋ □ ＝ □

あまりのあるわり算(15) 文章題

		名 前
月	日	

● ボールが 45 こあります。
6 つのかごに同じ数ずつ入れます。
1 かご何こずつで，何こあまりますか。

式

答え 1 かごは ☐ こずつで，☐ こあまる。

● 35m のリボンを 4m ずつ切ります。
4m のリボンは何本できて，
何mあまりますか。

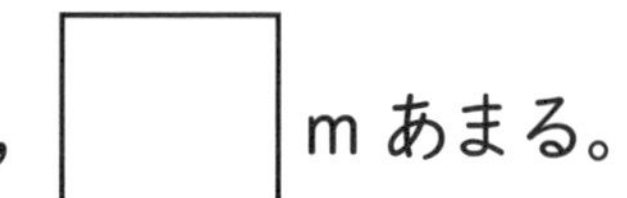

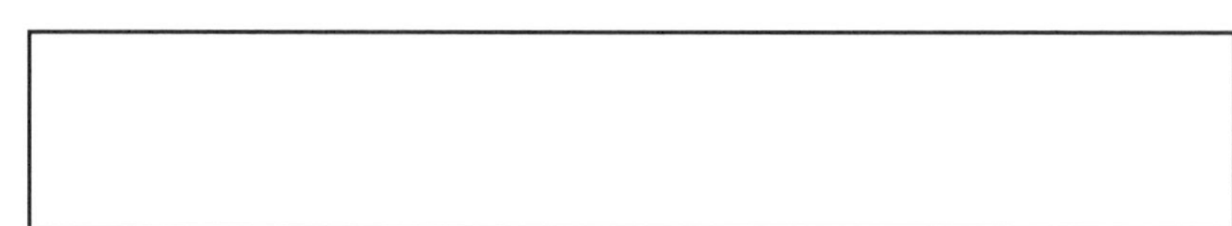

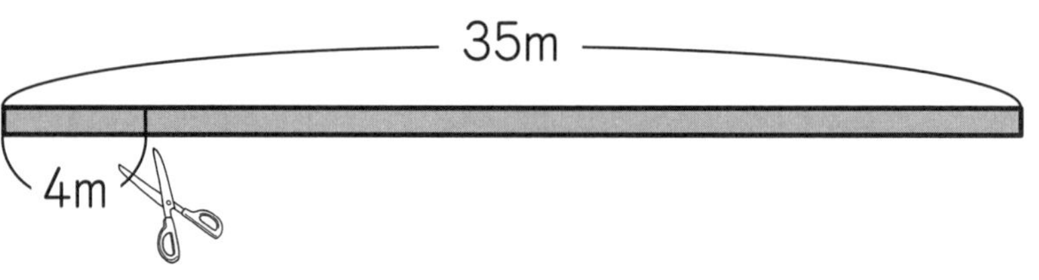

式

答え ☐ 本できて，☐ m あまる。

あまりのあるわり算（16）　文章題

月	日	名前

● ドーナツが 18 こあります。
1 箱に 5 こずつ入れます。
全部のドーナツを入れるには，
箱はいくついりますか。

あまった
ドーナツも
箱に入れるよ。

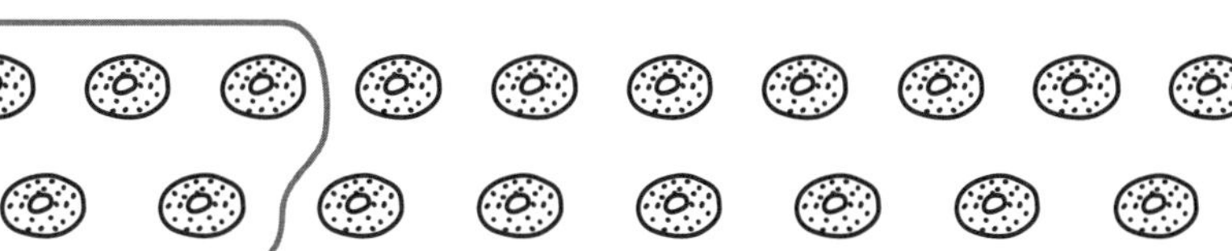

式

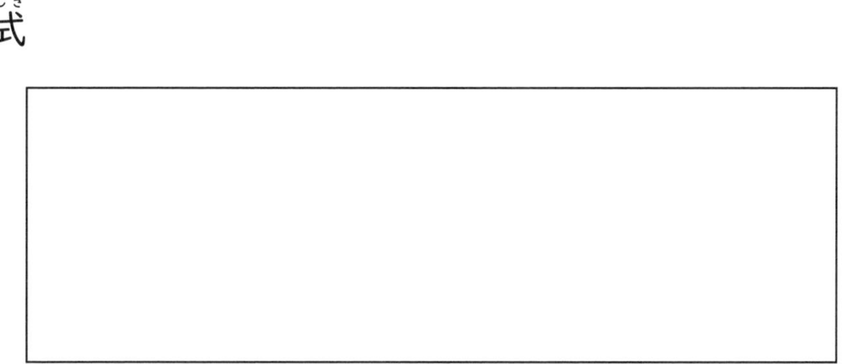

答え

● どんぐりが 19 こあります。
1 つのおもちゃを作るのに
どんぐりを 7 こ使います。
おもちゃはいくつできますか。

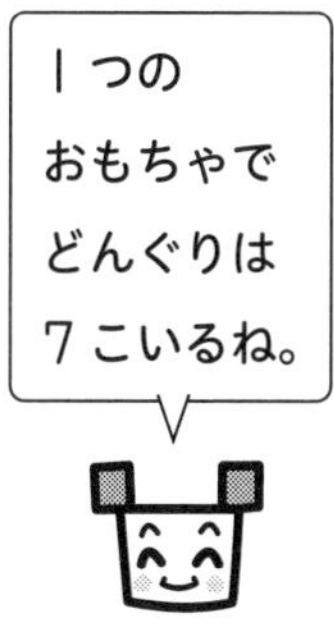
1 つの
おもちゃで
どんぐりは
7 こいるね。

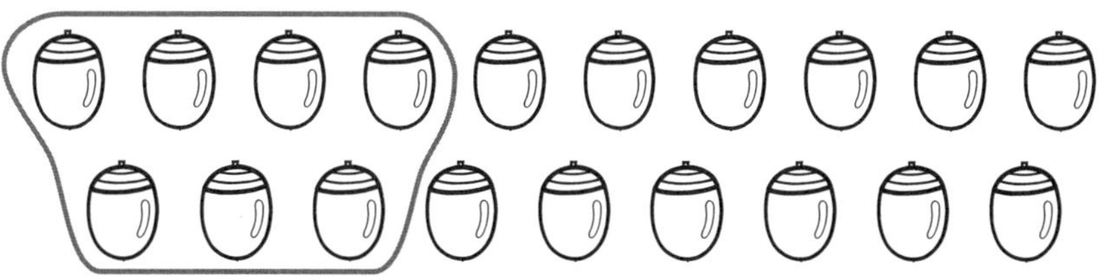

式

答え

10000より大きい数（1）

月	日	名前

● 次の数を数字で書きましょう。

① 二万三千五百十四

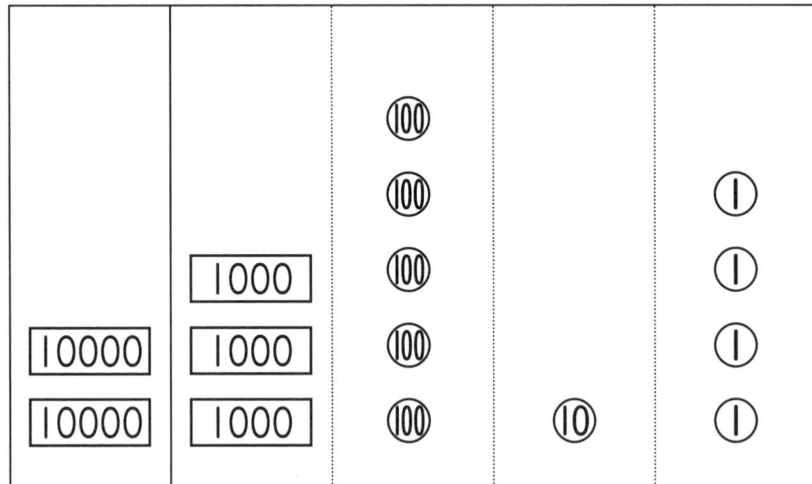

10000が □こ　1000が □こ　100が □こ　10が □こ　1が □こ

一万の位	千の位	百の位	十の位	一の位

② 五万六千百八十

10000	1000	100	10	1
10000 10000 10000 10000 10000	1000 1000 1000 1000 1000 1000	100	10 10 10 10 10 10 10 10	

10000が □こ　1000が □こ　100が □こ　10が □こ　1が □こ

一万の位	千の位	百の位	十の位	一の位

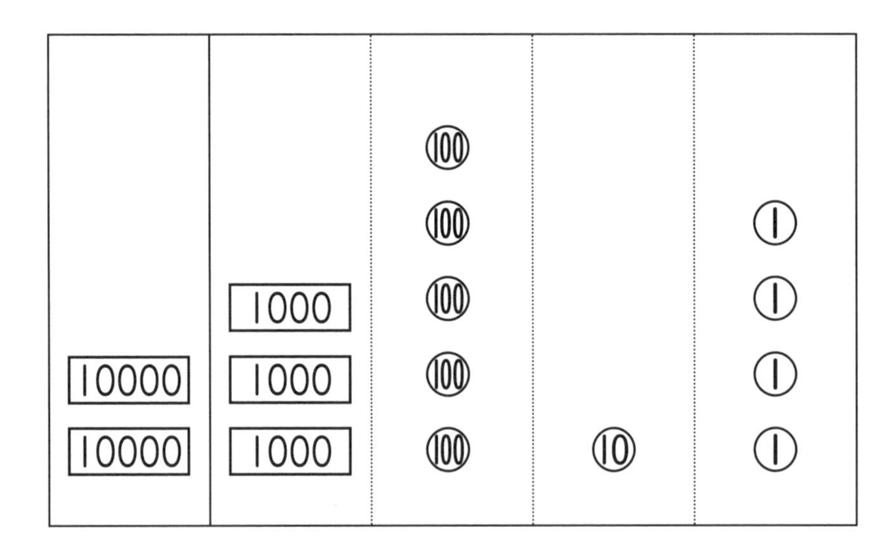

10000より大きい数（2）

		名　前
月	日	

● 次の数を数字で書きましょう。

① 三万四百

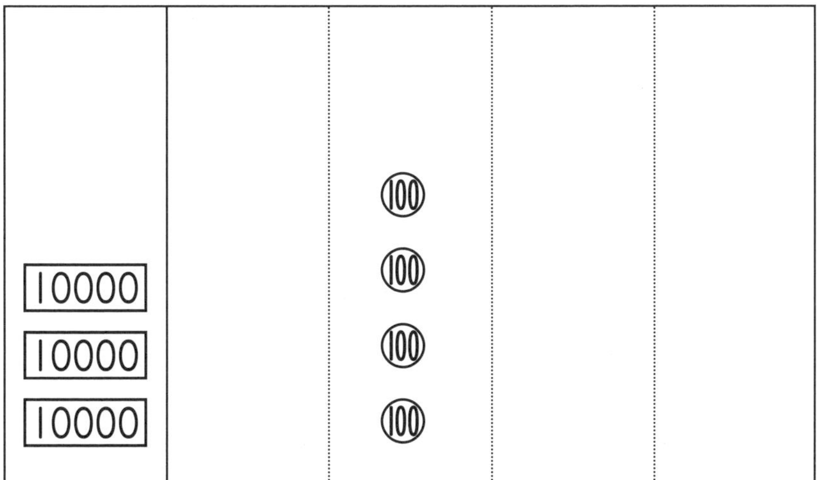

10000が	1000が	100が	10が	1が
□こ	□こ	□こ	□こ	□こ

一万の位	千の位	百の位	十の位	一の位

② 七万五十三

10000 10000 10000 10000 10000 10000 10000			10 10 10 10 10	1 1 1

10000が	1000が	100が	10が	1が
□こ	□こ	□こ	□こ	□こ

一万の位	千の位	百の位	十の位	一の位

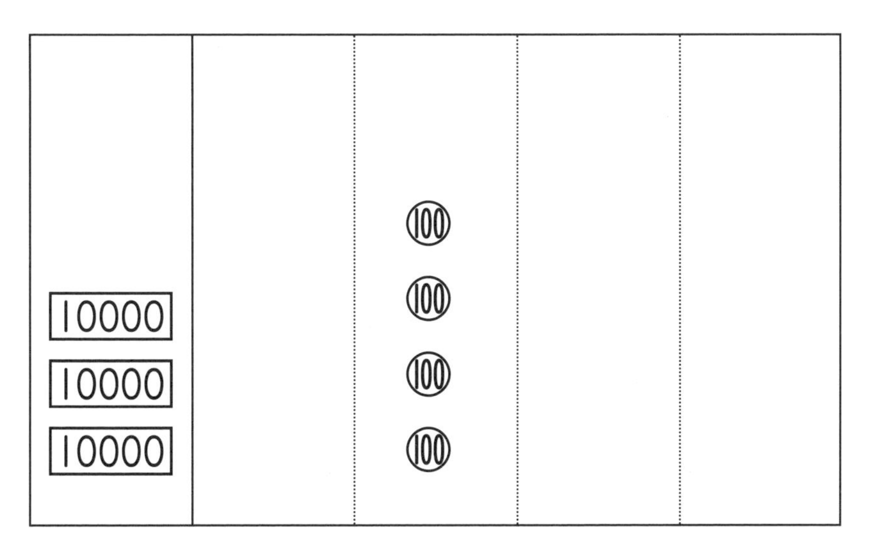

10000より大きい数（3）

		名前
月	日	

● 数を読んで数字で書きましょう。

① 六万七千八百三十五

一万の位	千の位	百の位	十の位	一の位

② 二万九千

一万の位	千の位	百の位	十の位	一の位

③ 四万五百六

一万の位	千の位	百の位	十の位	一の位

● 数を読んで数字で書きましょう。

① 八万二千五十二

一万の位	千の位	百の位	十の位	一の位

② 五万三

一万の位	千の位	百の位	十の位	一の位

③ 三万千百十

一万の位	千の位	百の位	十の位	一の位

10000より大(おお)きい数(かず)（4）

月	日	名前

● □にあてはまる数(かず)を書(か)きましょう。

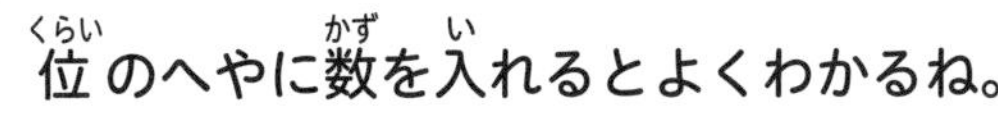

① 57920は，一万(いちまん)を□こ，千(せん)を□こ，百(ひゃく)を□こ，十(じゅう)を□こあわせた数(かず)です。

一万の位	千の位	百の位	十の位	一の位
5	7	9	2	0

② 30604は．一万(いちまん)を□こ，百(ひゃく)を□こ，一(いち)を□こあわせた数(かず)です。

一万の位	千の位	百の位	十の位	一の位

③ 一万(いちまん)を8こ，千(せん)を2こ，十(じゅう)を7こあわせた数(かず)は

です。

一万の位	千の位	百の位	十の位	一の位

④ 一万(いちまん)を2こ，百(ひゃく)を9こ，十(じゅう)を5こ，一(いち)を4こあわせた数(かず)は

です。

一万の位	千の位	百の位	十の位	一の位

10000より大きい数（5）

	月	日	名　前

数は，10集まると位が1つずつ上がっていくよ。

1が	10こで	十							1	0
10が	10こで	百						1	0	0
100が	10こで	千					1	0	0	0
1000が	10こで	一万				1	0	0	0	0
1万が	10こで	十万			1	0	0	0	0	0
10万が	10こで	百万		1	0	0	0	0	0	0
100万が	10こで	千万	1	0	0	0	0	0	0	0

● 数を読んで数字で書きましょう。

① 二百六十八万五千三百

千万の位	百万の位	十万の位	一万の位	千の位	百の位	十の位	一の位

② 千三百五万八千

千万の位	百万の位	十万の位	一万の位	千の位	百の位	十の位	一の位

③ 七百十万九百四十

千万の位	百万の位	十万の位	一万の位	千の位	百の位	十の位	一の位

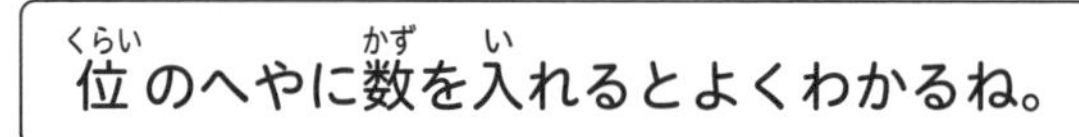

10000より大きい数（6）

		名　前
月	日	

● □ にあてはまる数を書きましょう。

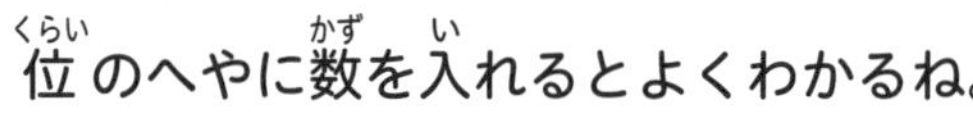

① 3486000は，百万を □ こ，十万を □ こ，一万を □ こ，千を □ こあわせた数です。

千万の位	百万の位	十万の位	一万の位	千の位	百の位	十の位	一の位
	3	4	8	6	0	0	0

② 750300は，十万を □ こ，一万を □ こ，百を □ こあわせた数です。

千万の位	百万の位	十万の位	一万の位	千の位	百の位	十の位	一の位

③ 千万を6こ，百万を2こ，十万を9こあわせた数は □□□□□□□□ です。

千万の位	百万の位	十万の位	一万の位	千の位	百の位	十の位	一の位

④ 百万を4こ，十万を7こ，千を5こあわせた数は □□□□□□□ です。

千万の位	百万の位	十万の位	一万の位	千の位	百の位	十の位	一の位

10000より大きい数（7）

月	日	名前

● 1000を30こ集めた数はいくつですか。

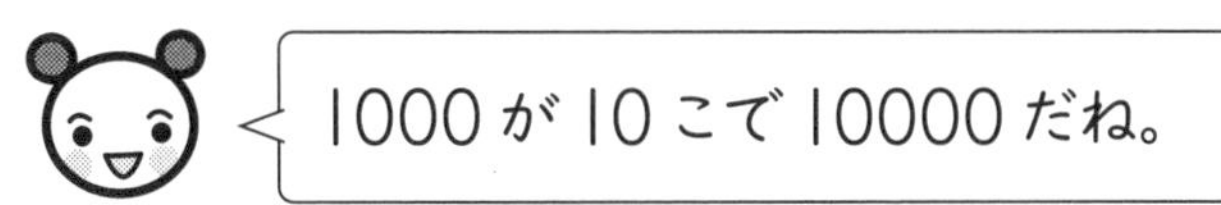

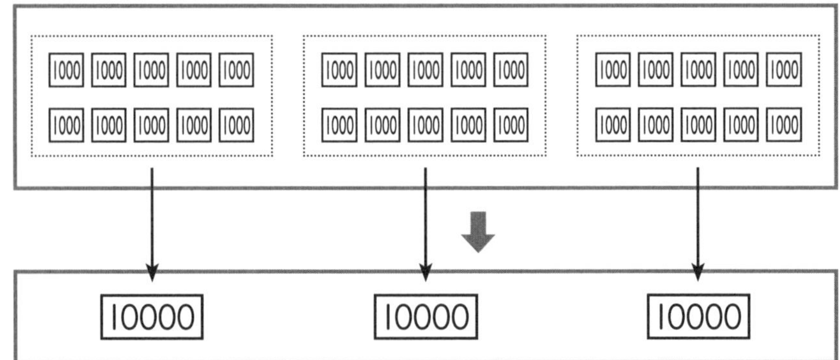

答え ［　　　　］

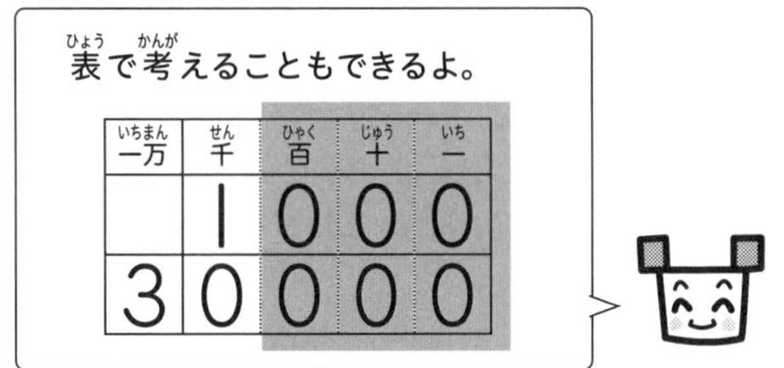

表で考えることもできるよ。
一万 千 百 十 一
1 0 0 0
3 0 0 0 0

● □にあてはまる数を書きましょう。

① 1000を25こ集めた数は

［　　　　］です。

一万	千	百	十	一
	1	0	0	0

② 1000を43こ集めた数は

［　　　　］です。

一万	千	百	十	一
	1	0	0	0

10000より大きい数（8）

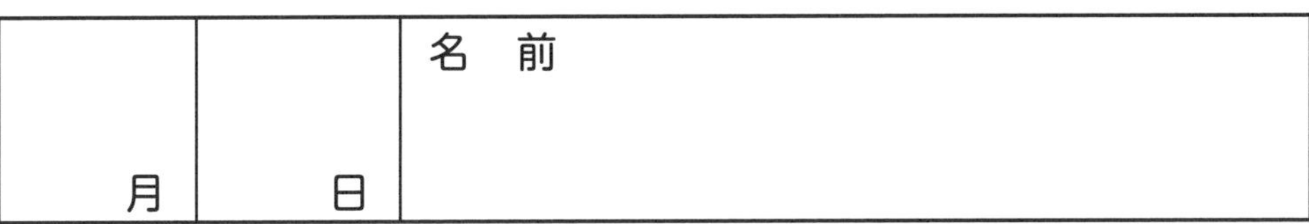

● 18000は，1000を何こ集めた数ですか。

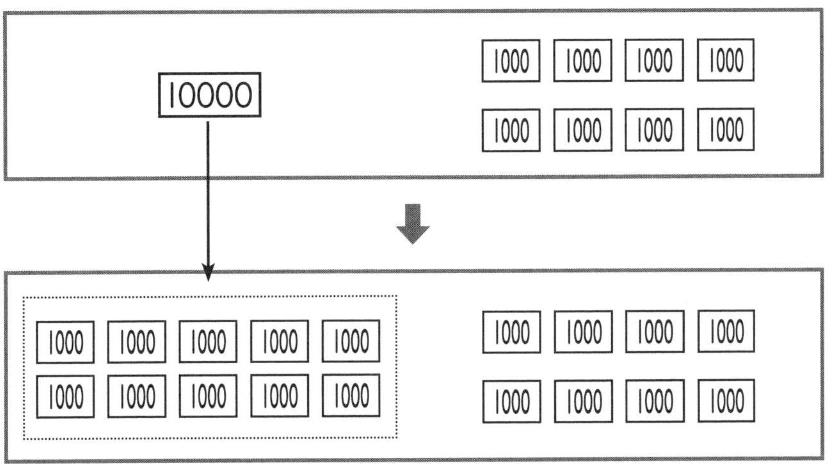

答え □ こ

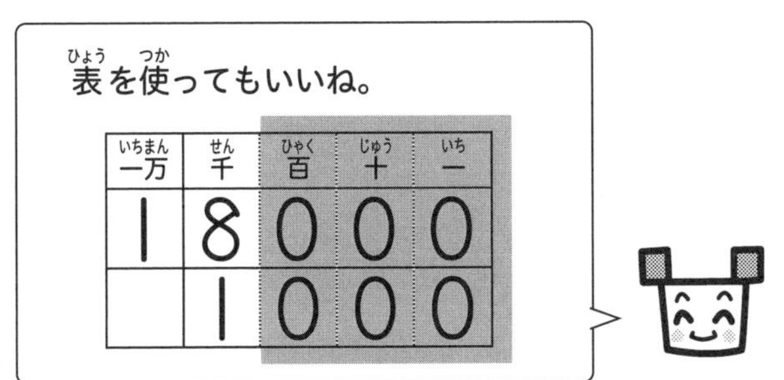

一万	千	百	十	一
1	8	0	0	0
	1	0	0	0

● □にあてはまる数を書きましょう。

① 37000は，

1000を□こ集めた数です。

一万	千	百	十	一
	1	0	0	0

② 54000は，

1000を□こ集めた数です。

一万	千	百	十	一
	1	0	0	0

10000より大きい数（9）

● □にあてはまる数を書いて読みましょう。

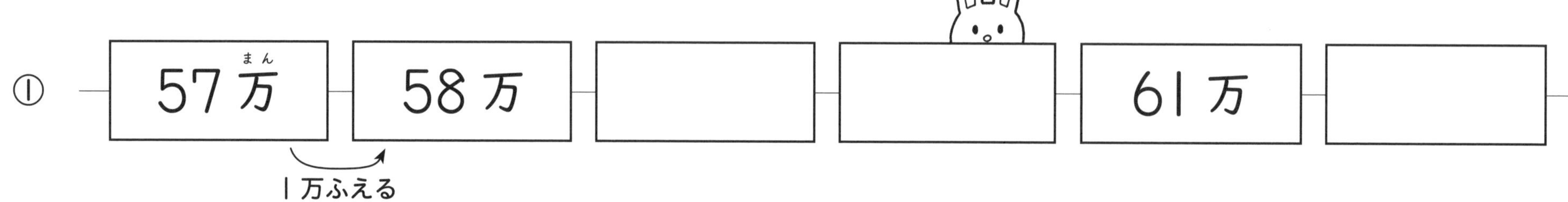

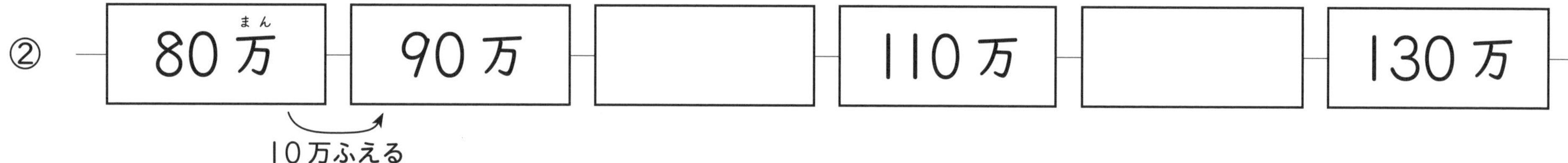

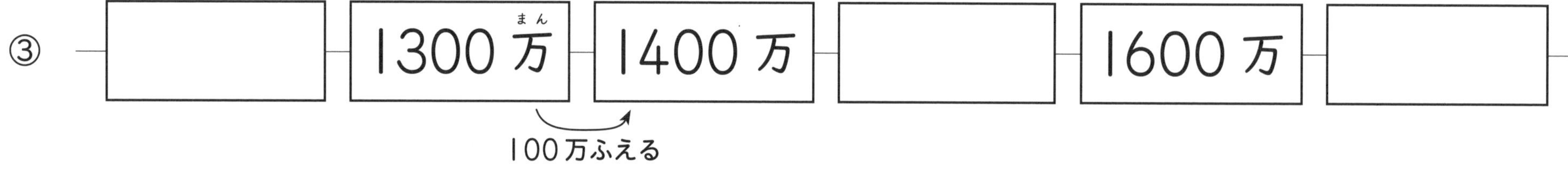

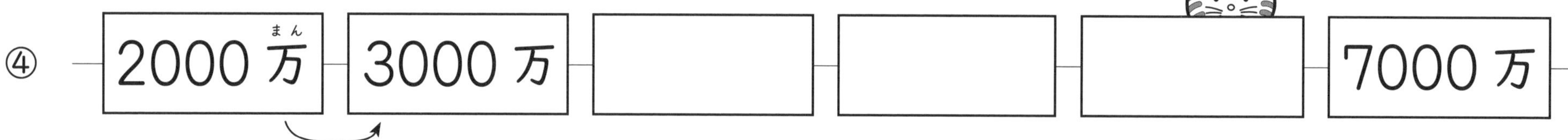

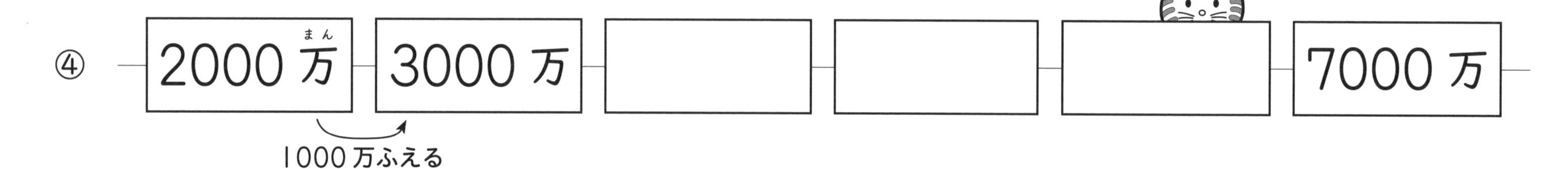

10000より大きい数（10）

● □にあてはまる数を書きましょう。

数直線の１めもりはいくつかな。

①

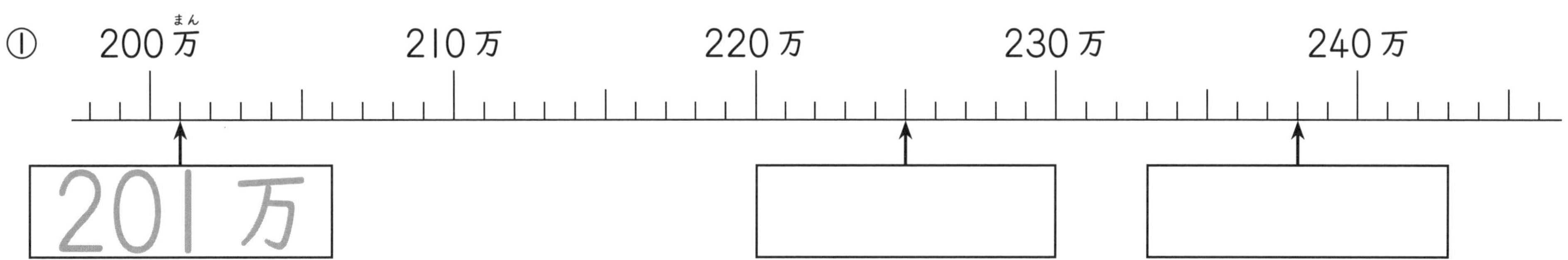

②

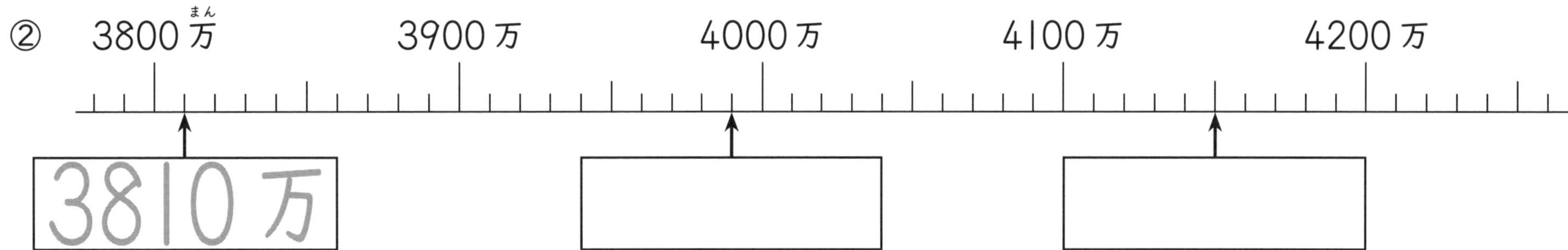

③

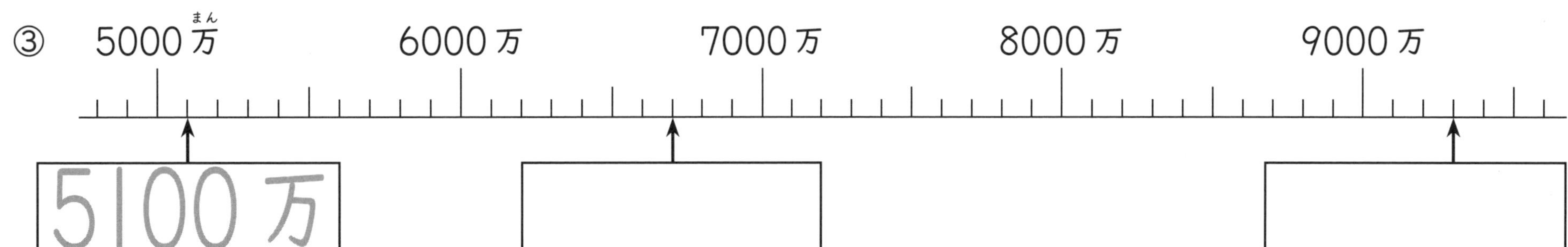

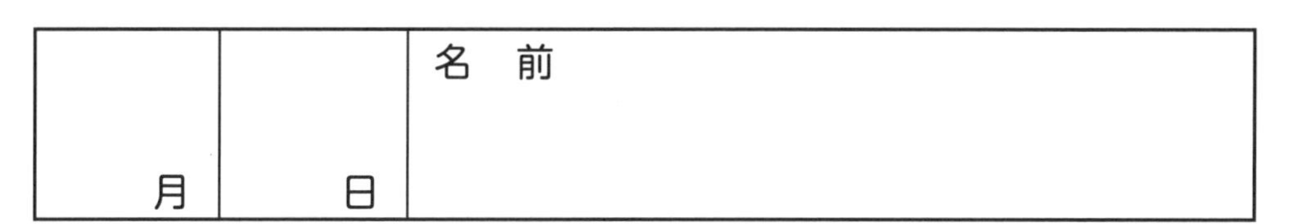

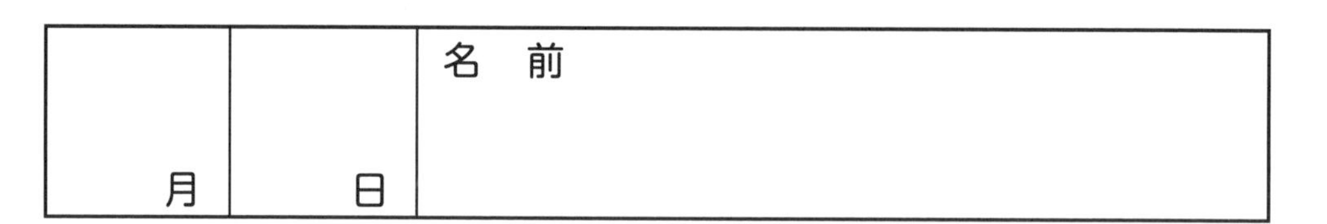

10000より大きい数（11）

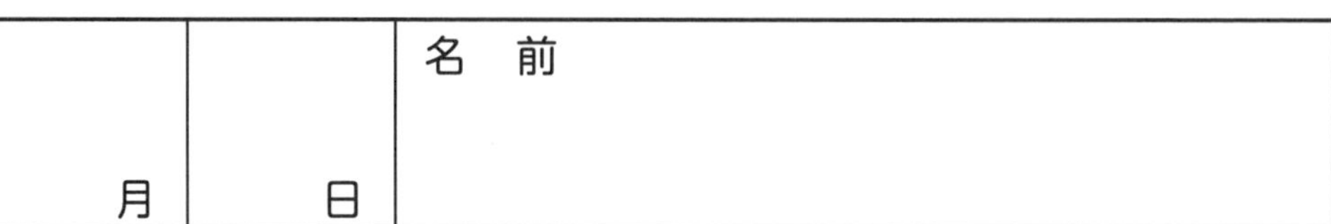

● □にあてはまる数を書きましょう。

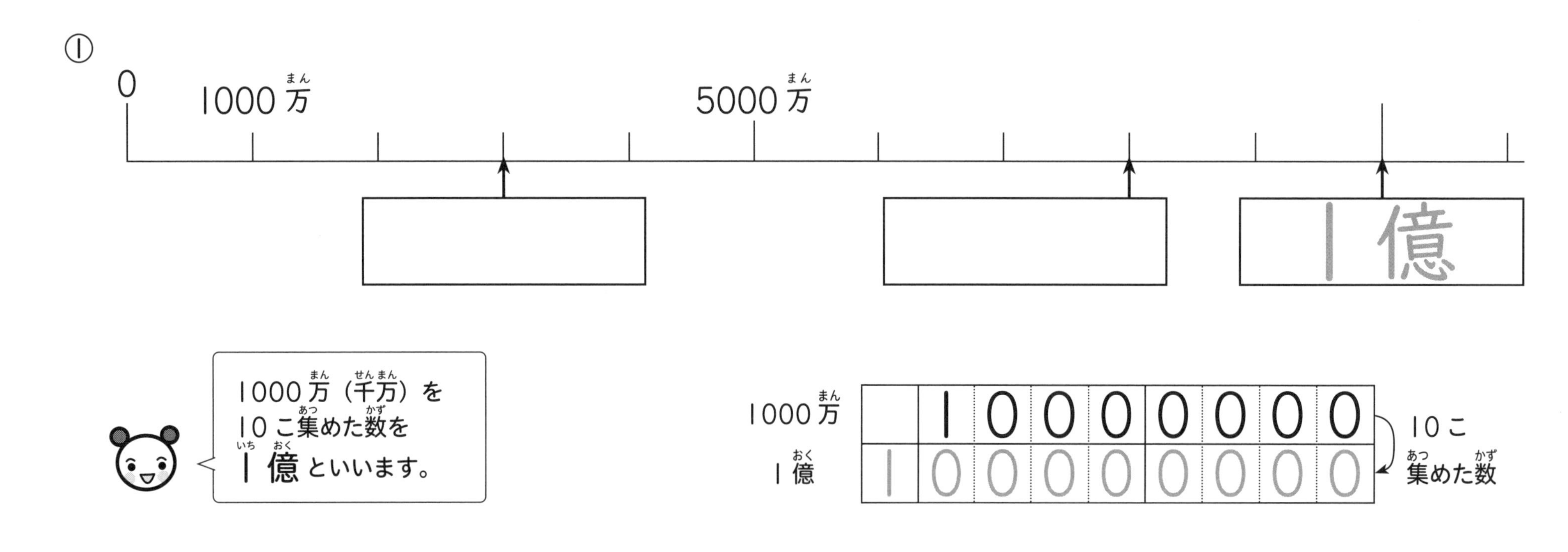

①

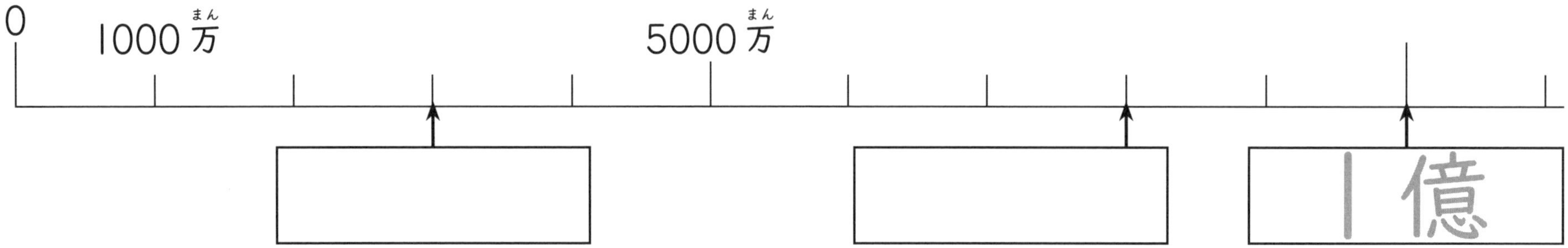

0　1000万　5000万

□　□　1億

1000万（千万）を10こ集めた数を1億といいます。

1000万		1	0	0	0	0	0	0	0
1億	1	0	0	0	0	0	0	0	0

10こ集めた数

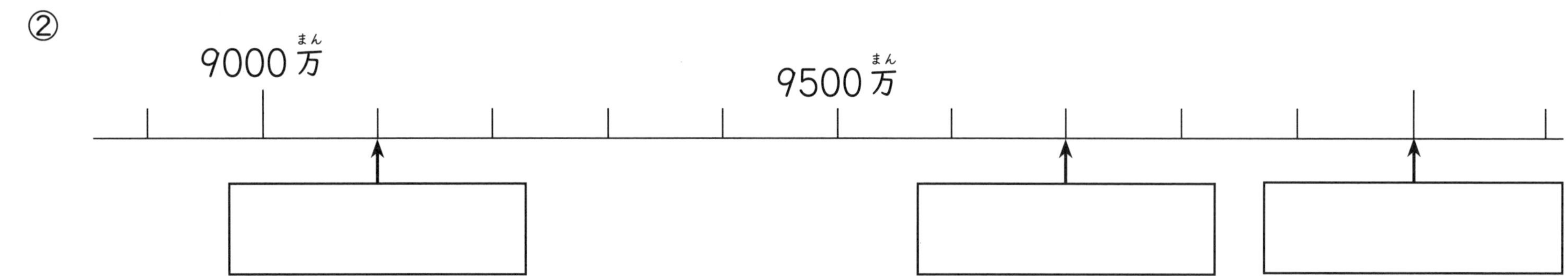

10000より大きい数（12）

		名　前
月	日	

● 2つの数の大きさをくらべて，□に不等号（>，<）を書きましょう。

352780 □ 357280

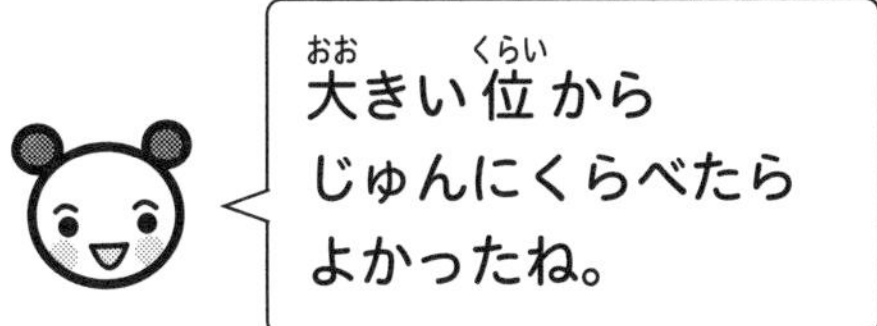

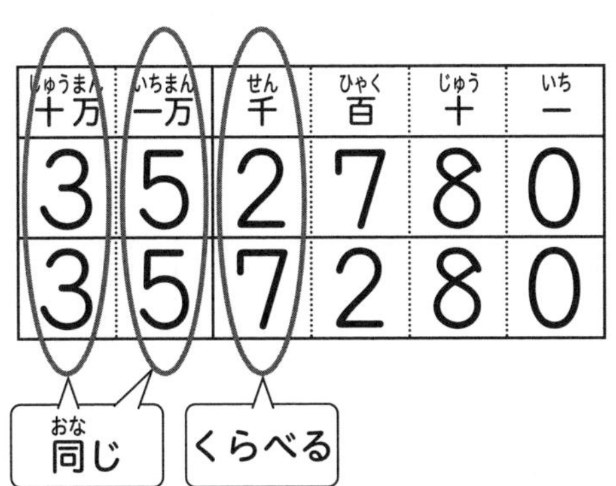

十万	一万	千	百	十	一
3	5	2	7	8	0
3	5	7	2	8	0

● どちらが大きいですか。□に不等号（>，<）を書きましょう。

① 110980 □ 103750

十万	一万	千	百	十	一

② 2476500 □ 1999999

百万	十万	一万	千	百	十	一

③ 85万 □ 202万

百万	十万	一万	千	百	十	一

④ 9000万 □ 1億

位のへやに数を入れてくらべてみよう。

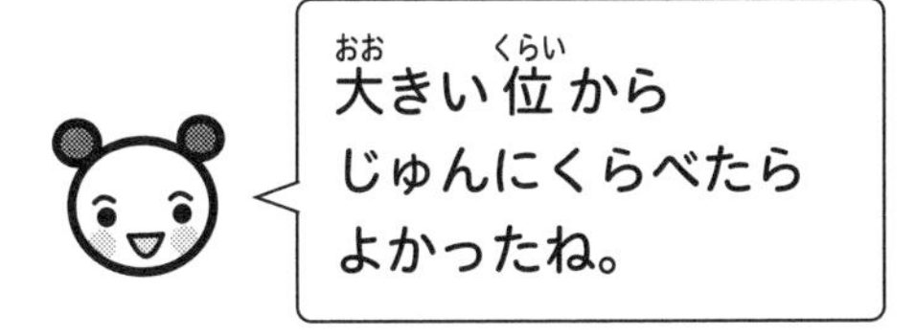

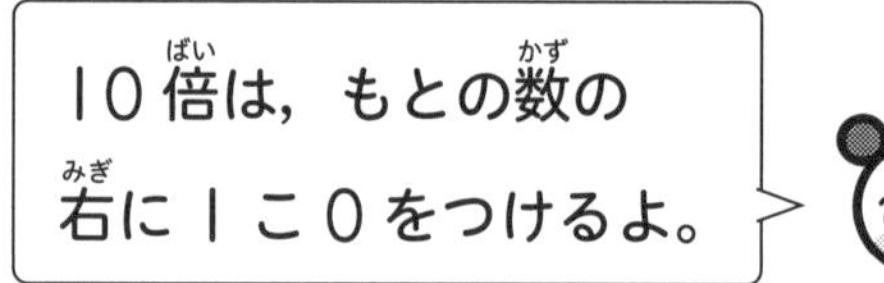

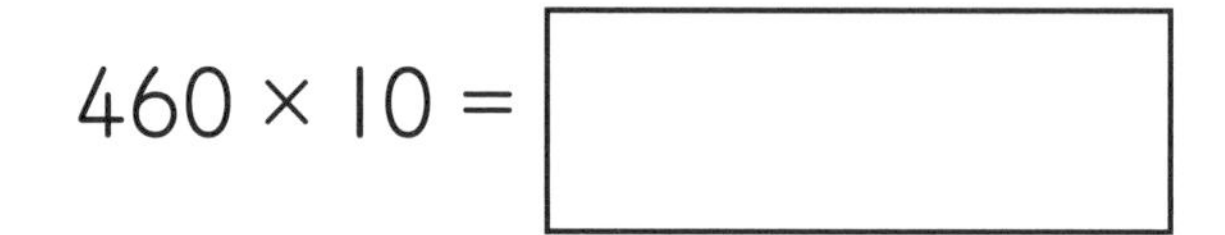

10000より大きい数（13）

月	日	名前

● 次の数はいくつになりますか。

① 460を10倍した数

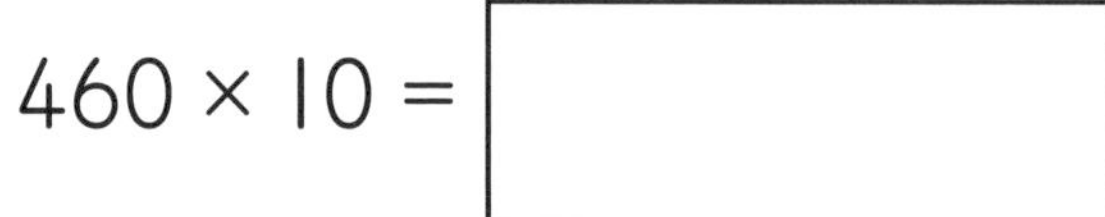

460 × 10 =

② 460を100倍した数

460 × 100 =

③ 460を1000倍した数

460 × 1000 =

④ 460を10でわった数

460 ÷ 10 =

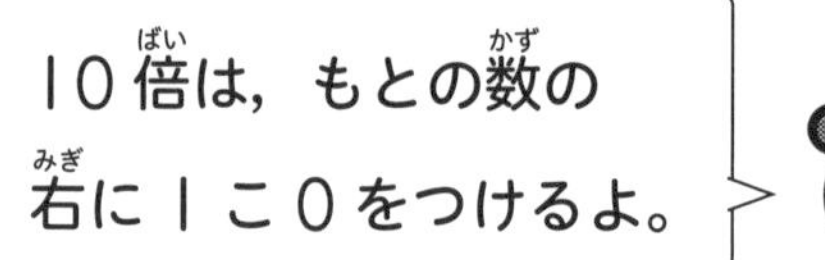

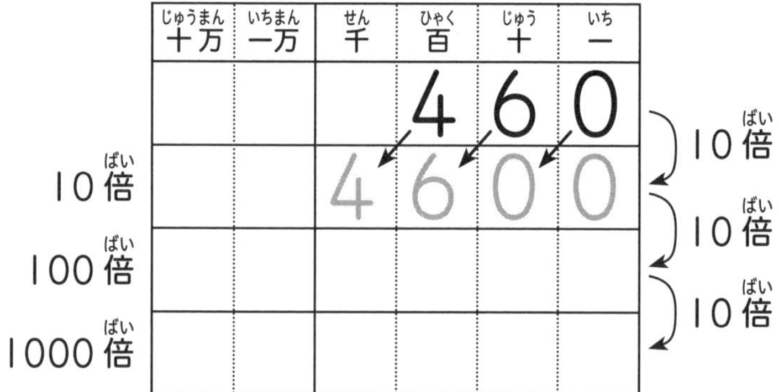

十万
一万
千
百
十
一
4 6 0
10倍
4 6 0 0
100倍
1000倍
10倍
10倍
10倍

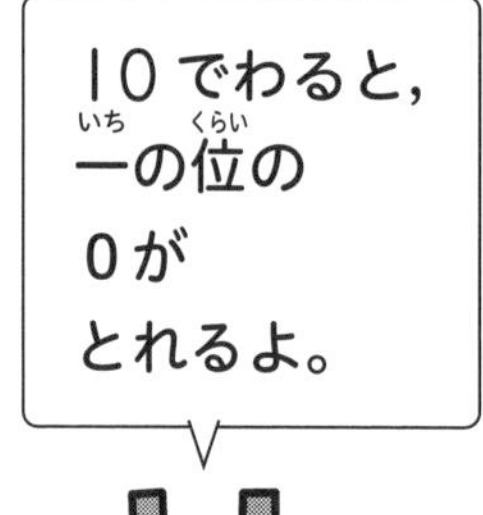

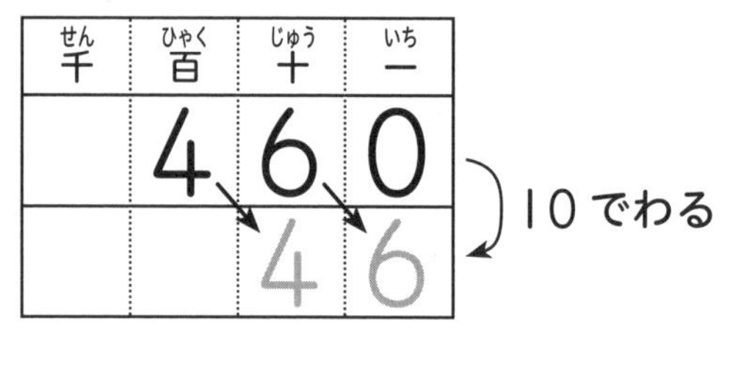

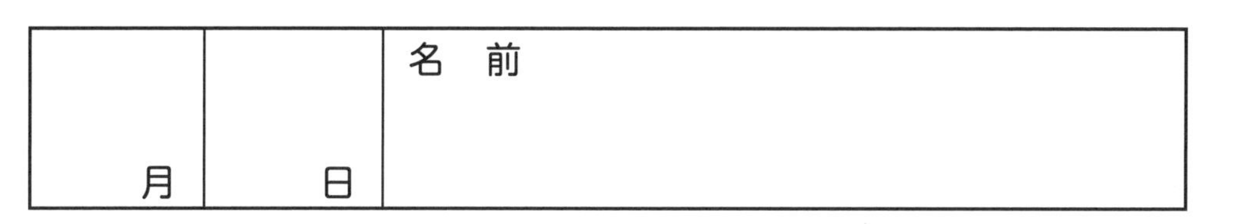

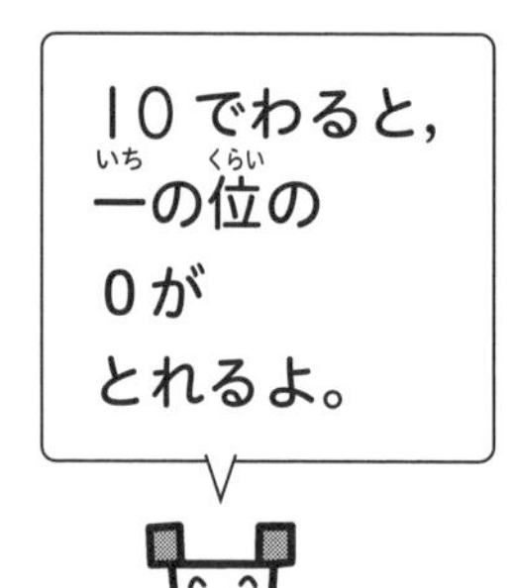

10000より大きい数（14）

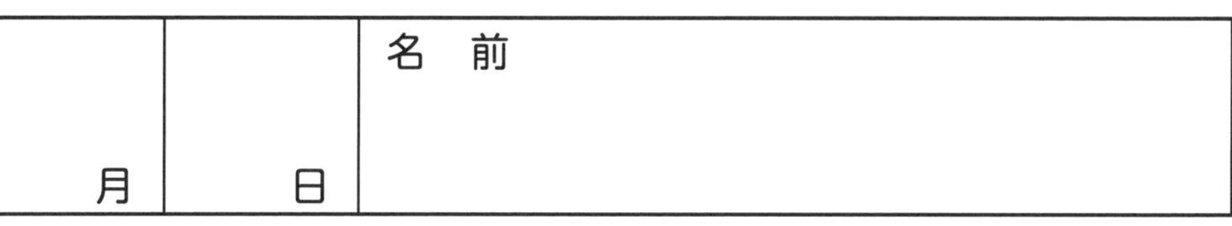

● 計算をしましょう。

① $7000 + 5000 =$ □

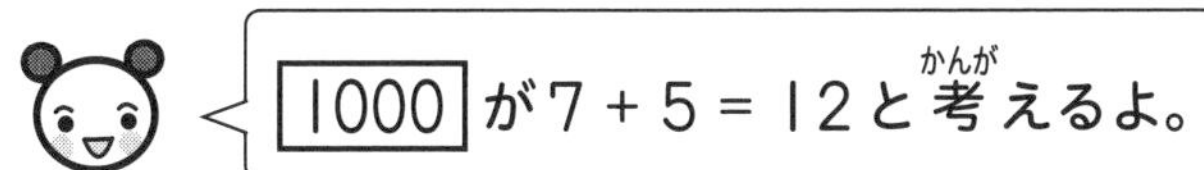

② $32000 + 8000 =$ □

③ $90000 - 40000 =$ □

④ $15000 - 6000 =$ □

● 計算をしましょう。

① 4万＋3万＝ □

1万の何こ分かで考えたらいいね。

② 9万＋15万＝ □

③ 10万－7万＝ □

④ 53万－19万＝ □

円と球（1）

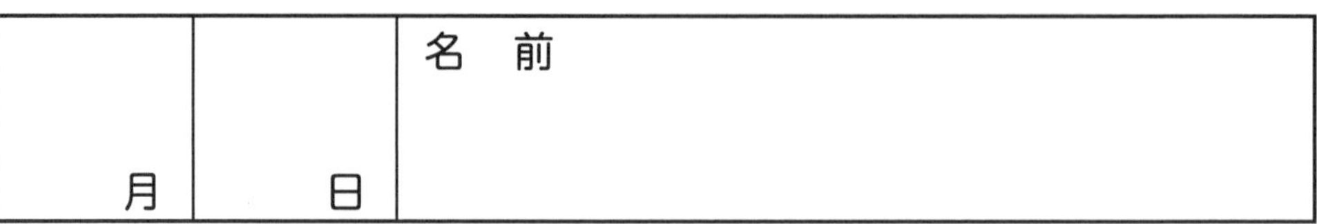

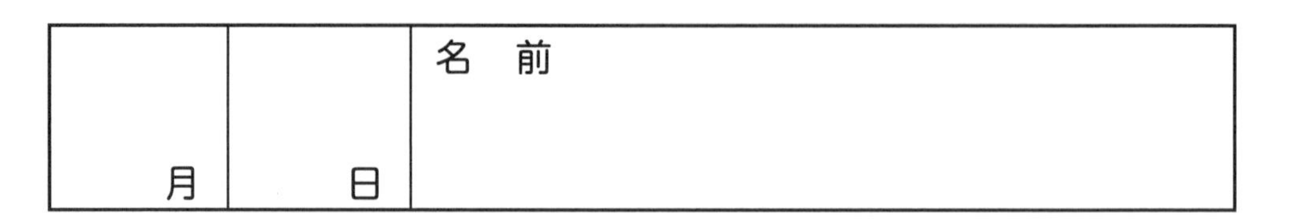

● □の中にあてはまることばを□からえらんで書きましょう。

|つの点から長さが同じになるようにかいたまるい形を，［円］といいます。

① 円の真ん中の点を円の□といいます。

② 円の真ん中から円のまわりまでひいた直線を□といいます。

③ |つの円では，半径はみんな□長さです。

同じ ・ 半径 ・ 中心

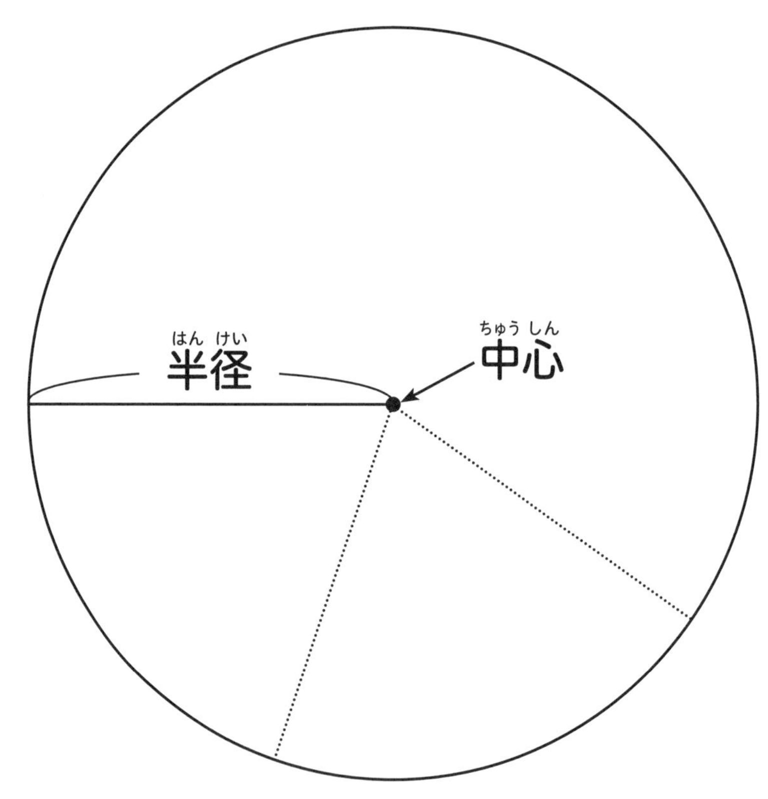

右の円の半径をはかってみよう。どこも同じ長さになっているかな。

円と球 (2)

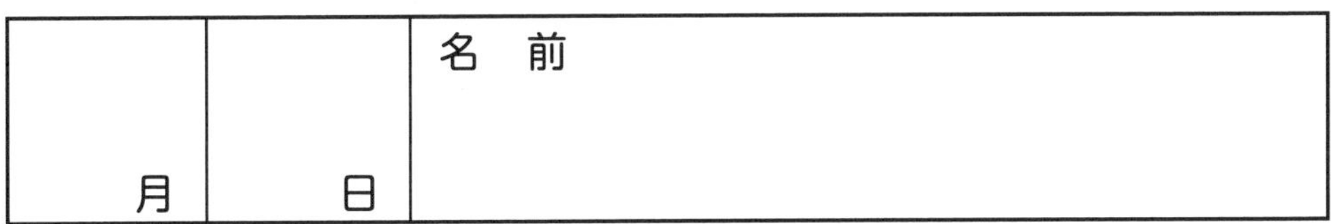

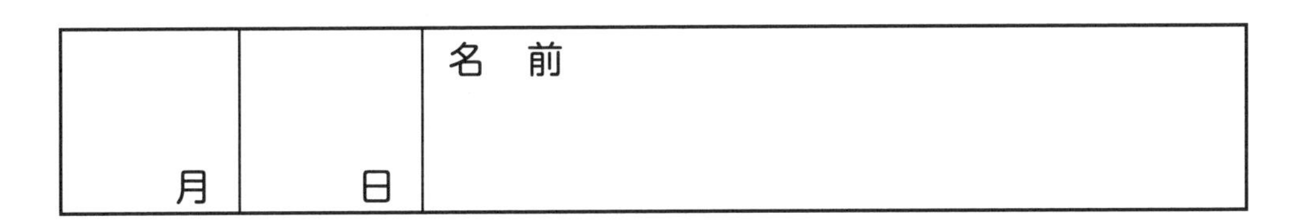

● □の中にあてはまることばを ⬚ からえらんで書きましょう。

① 円の中心を通り，まわりからまわりまでひいた直線を □ といいます。

② 直径の長さは，半径の長さの □ です。

③ 直径どうしは，円の □ で交わります。

直径 ・ 2倍 ・ 中心 ・ 半径

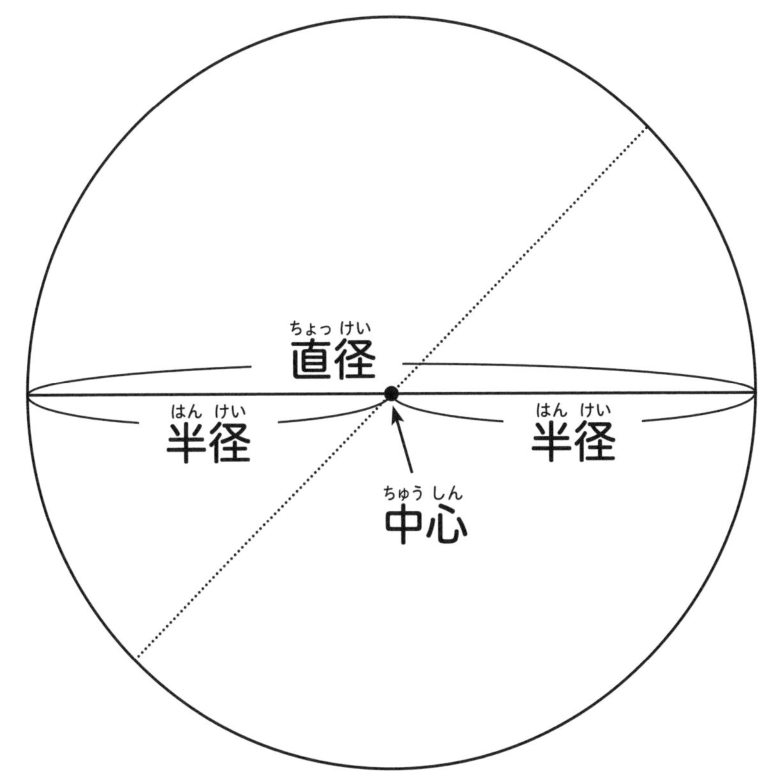

円の半径と直径の長さをはかってたしかめてみよう。

円と球（3）

● 下の円で，直径はア～エのどれですか。

長さをはかり，いちばん長い直線を見つけましょう。

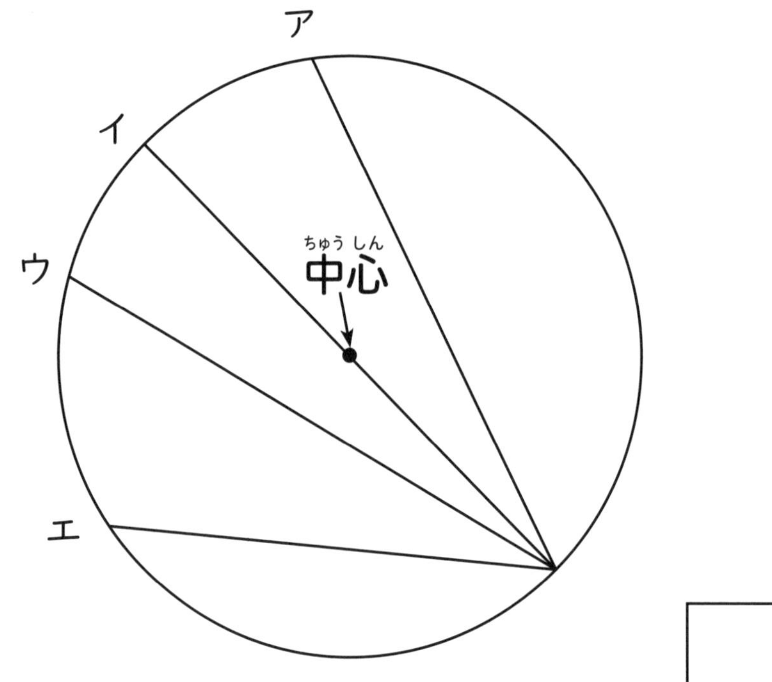

直径は，円の中心を通っているよ。

● 円の半径と直径の長さをものさしを使って調べましょう。

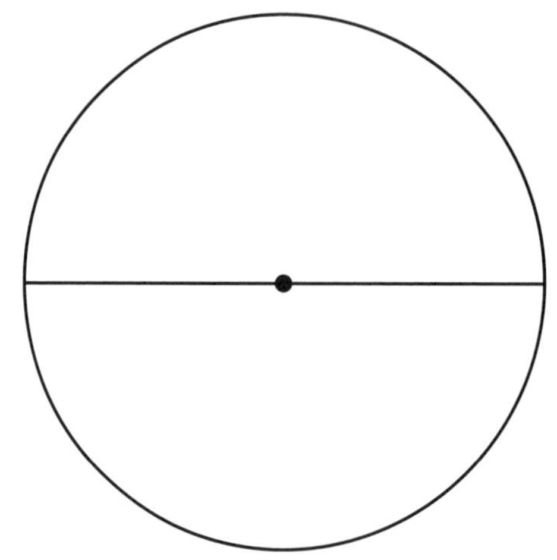

半径 □ cm

直径 □ cm

直径の長さは，半径の長さの □ 倍

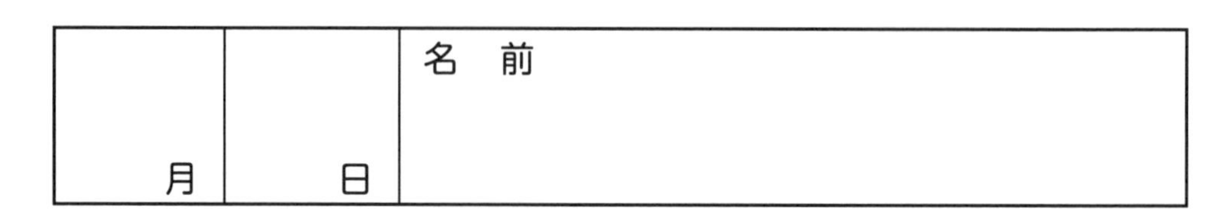

円と球（4）

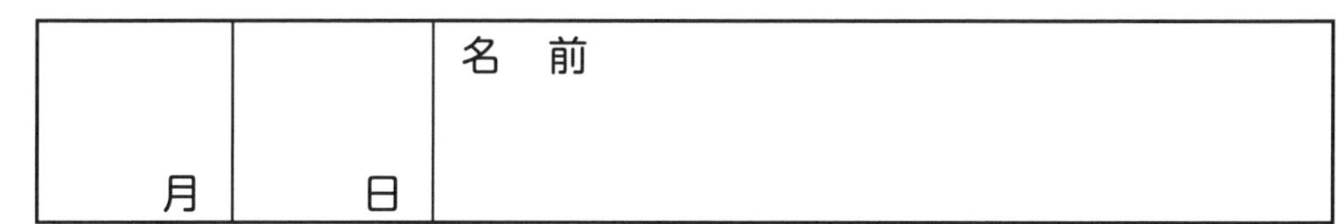

● コンパスを使って円をかきましょう。

① 半径 4cm の円

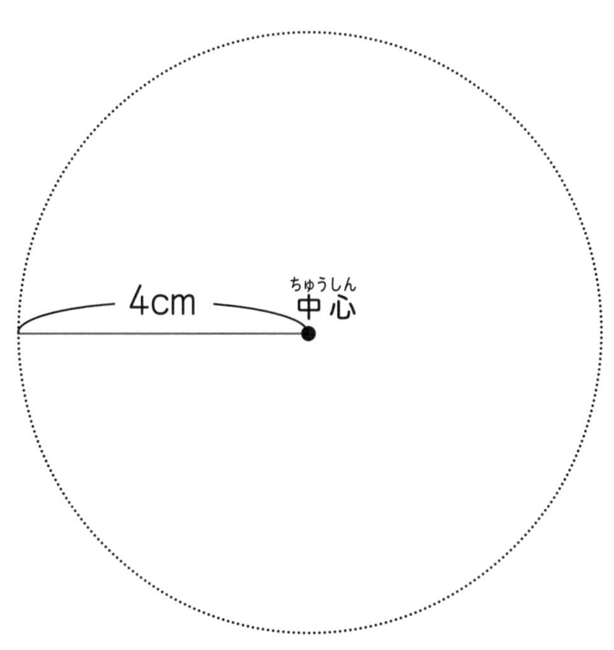

② 直径 10cm の円

直径 10cm の円は，半径 5cm の円になるね。

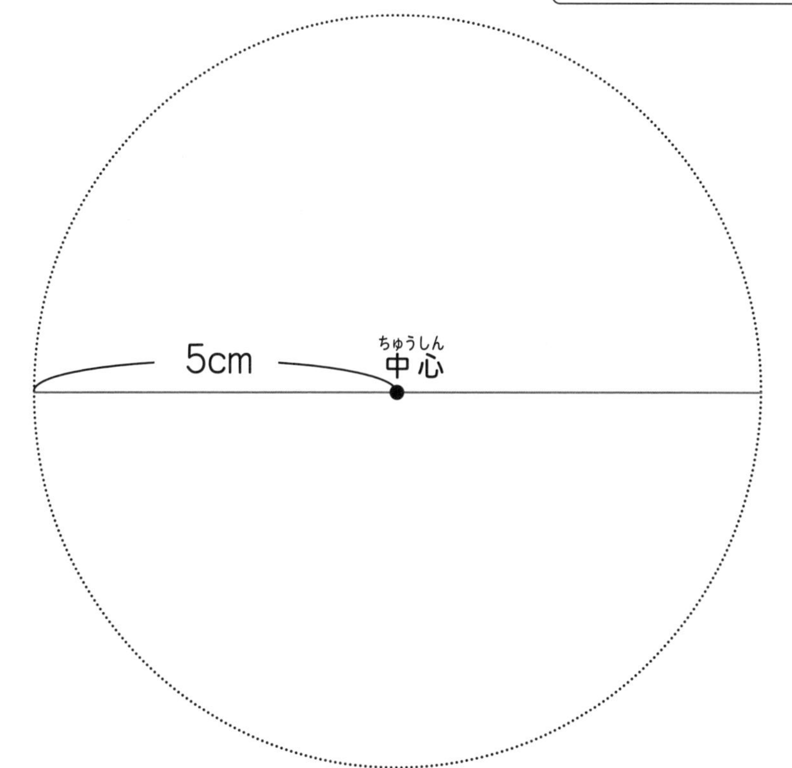

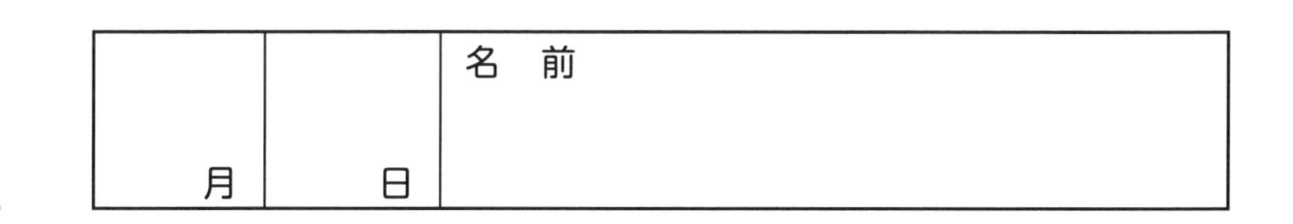

円と球（5）

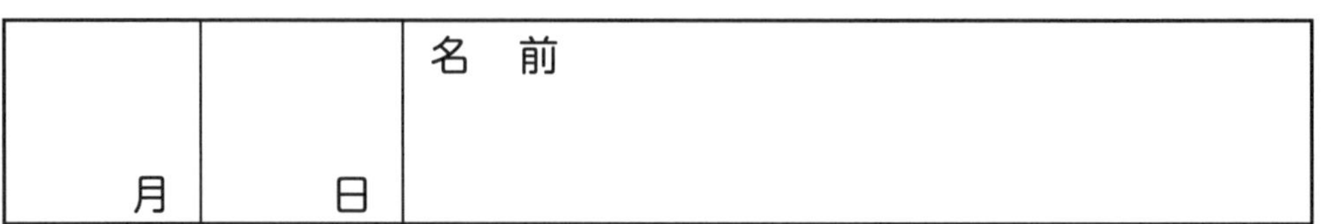

● ㋐～㋒の直線で，いちばん長いのはどれですか。
コンパスを使って調べましょう。

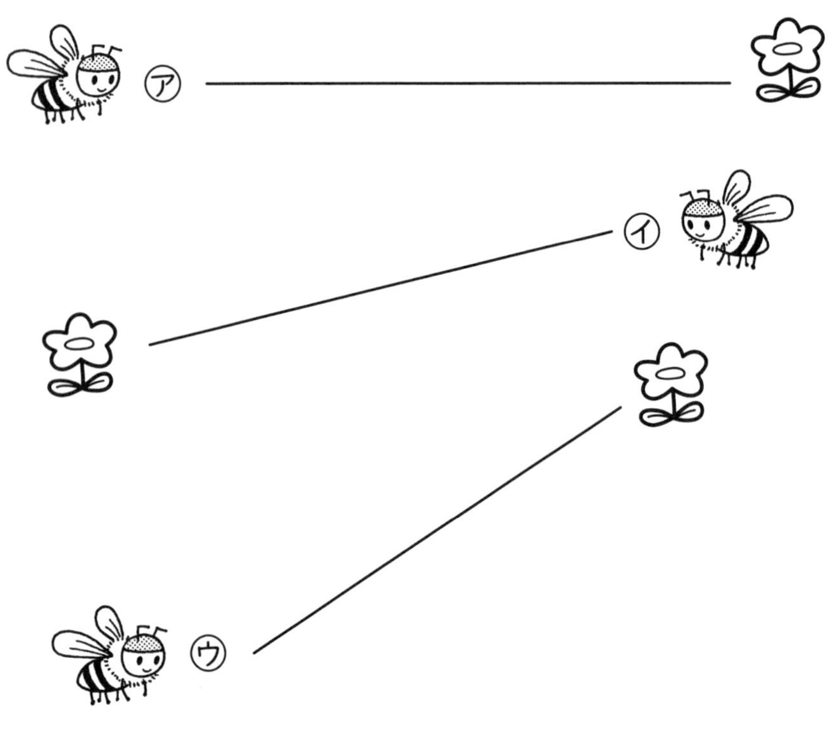

● コンパスを使って，上の図と同じもようを
かきましょう。

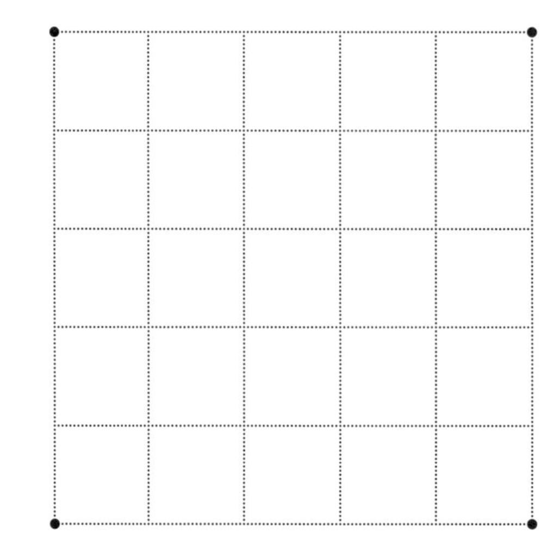

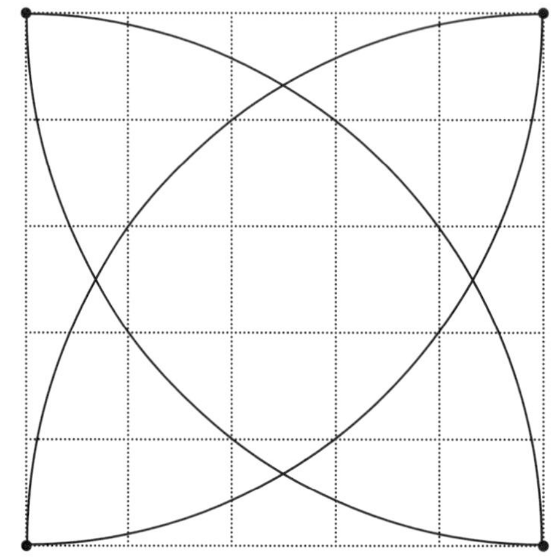

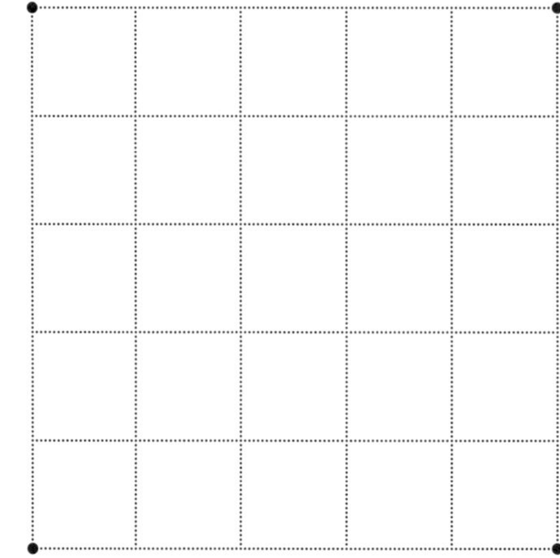

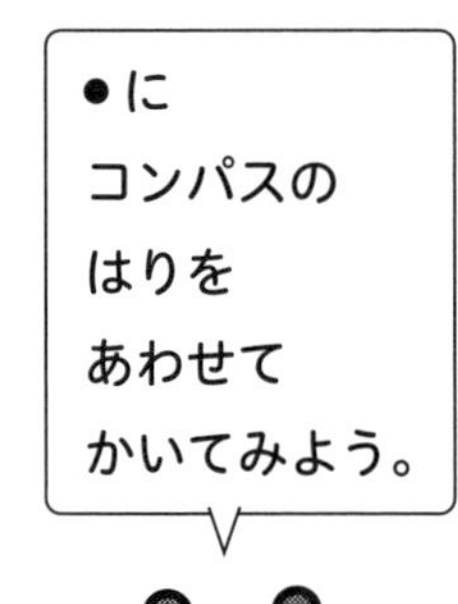

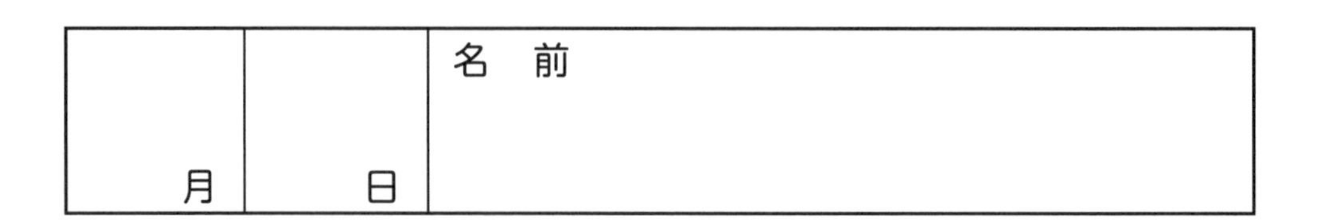

円と球（6）

月	日	名　前

どこから見ても円に見える形を
球 といいます。

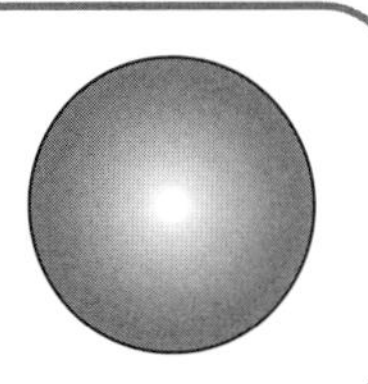

● 球について調べましょう。

① 下の図は，球を真ん中で半分に切ったところです。
ア～ウにあてはまることばを書きましょう。

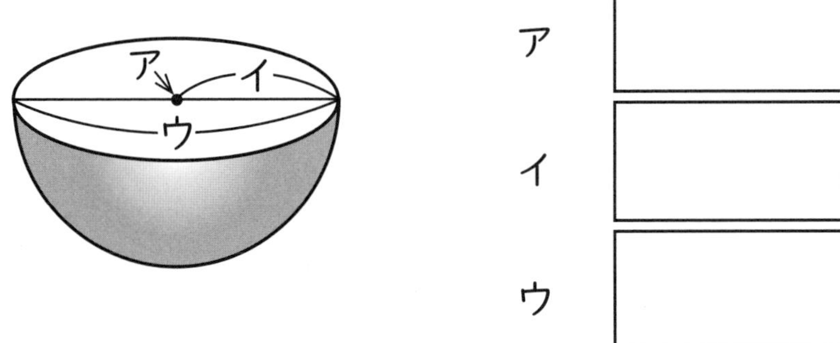

② 球をカ，キ，クで切ります。
切り口がいちばん大きくなるのはどれですか。

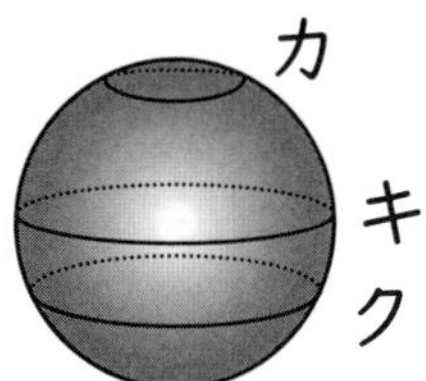

● 箱の中に同じ大きさのボールがぴったり
3こ入っています。

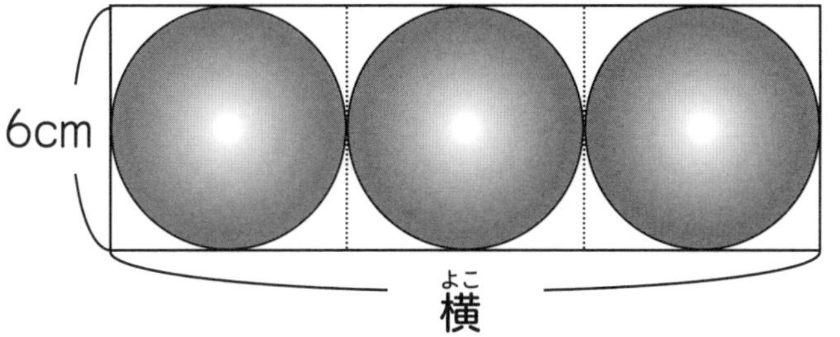

① ボールの直径は何 cm ですか。

cm

② 箱の横の長さは何 cm ですか。

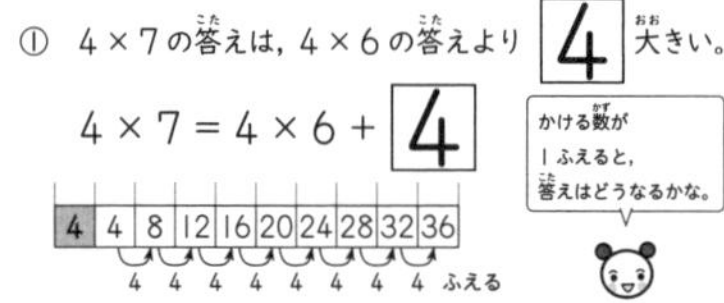

cm

解答

児童に実施させる前に，必ず指導される方が問題を解いてください。本書の解答は，あくまでも１つの例です。指導される方の作られた解答をもとに，本書の解答例を参考に児童の多様な考えに寄り添って○つけをお願いします。

P.4

九九の表とかけ算（1） かけ算のきまり

月　日　名前

● 九九の表を見て，□にあてはまる数を書きましょう。

かける数 / かけられる数

	1	2	3	4	5	6	7	8	9
1	1	2	3	4	5	6	7	8	9
2	2	4	6	8	10	12	14	16	18
3	3	6	9	12	15	18	21	24	27
4	4	8	12	16	20	24	28	32	36
5	5	10	15	20	25	30	35	40	45
6	6	12	18	24	30	36	42	48	54
7	7	14	21	28	35	42	49	56	63
8	8	16	24	32	40	48	56	64	72
9	9	18	27	36	45	54	63	72	81

① 4×7の答えは，4×6の答えより［4］大きい。

4×7＝4×6＋［4］

かける数が１ふえると，答えはどうなるかな。

4 | 4 | 8 | 12 | 16 | 20 | 24 | 28 | 32 | 36

② 5×8の答えは，5×9の答えより［5］小さい。

5×8＝5×9－［5］

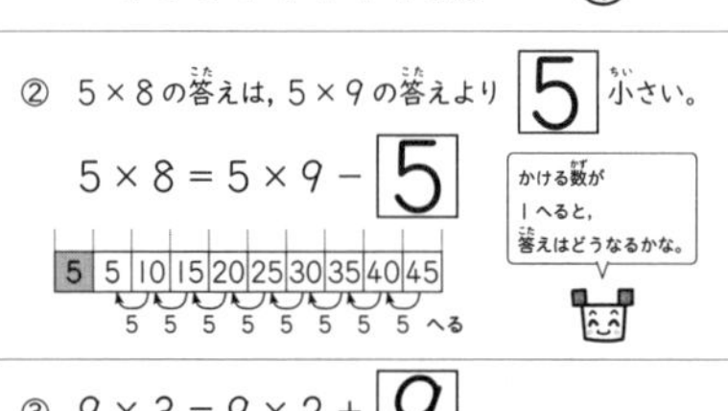

③ 9×3＝9×2＋［9］

④ 6×4＝6×5－［6］

P.5

九九の表とかけ算（2） かけ算のきまり

月　日　名前

● □にあてはまる数を書きましょう。

① 3×5＝5×［3］

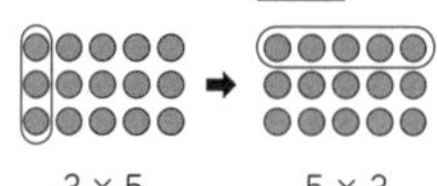

② 7×4＝4×［7］

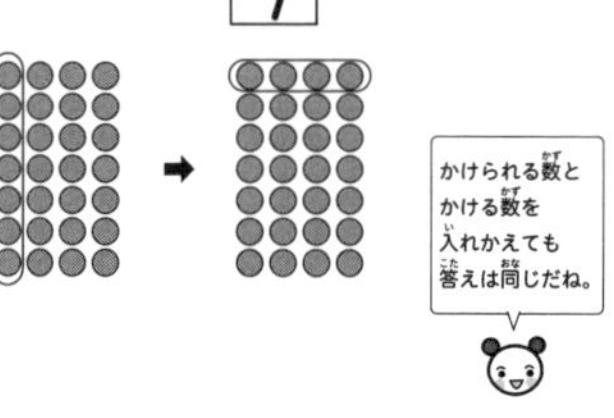

● □にあてはまる数を書きましょう。

① 6×3＝3×［6］

② 4×9＝9×［4］

③ 5×8＝8×［5］

④ 9×7＝［7］×9

⑤ 3×5＝［5］×3

P.6

九九の表とかけ算（3） かけ算のきまり

月　日　名前

● 9×6の答えを，下の図のように，かけられる数の9を2つに分けてもとめましょう。

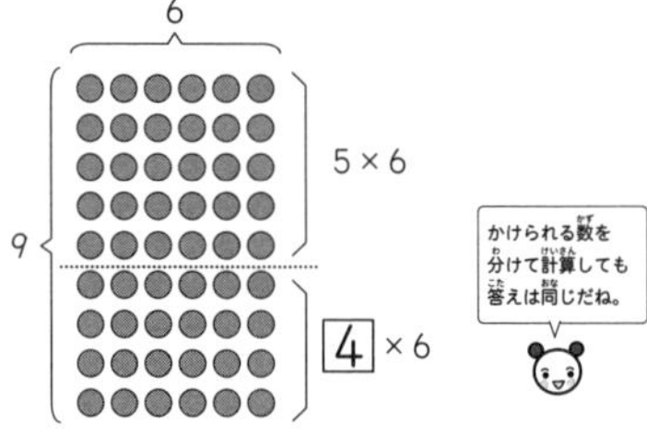

かけられる数を分けて計算しても答えは同じだね。

9×6〈 5×6＝［30］ ／ ［4］×6＝［24］

あわせて［54］

● かけられる数を2つに分けて計算しましょう。

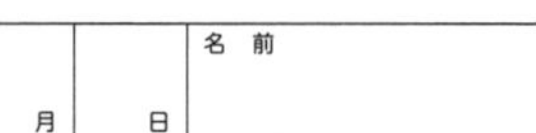

①

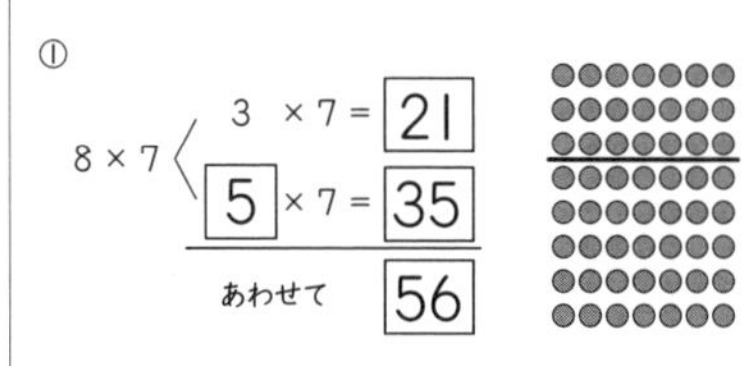

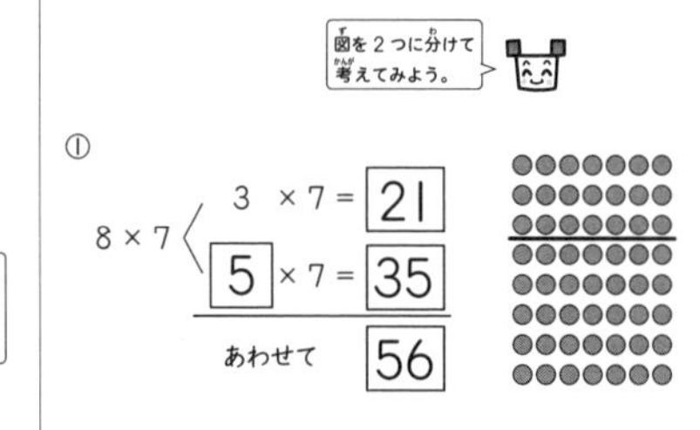

8×7〈 3×7＝［21］ ／ ［5］×7＝［35］

あわせて［56］

②

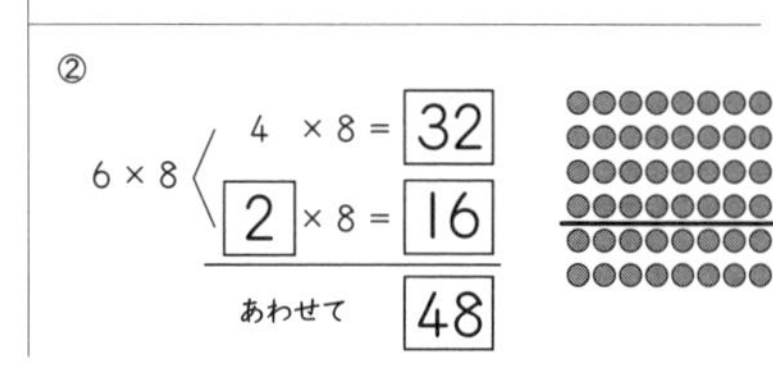

6×8〈 4×8＝［32］ ／ ［2］×8＝［16］

あわせて［48］

P.7

九九の表とかけ算（4） かけ算のきまり

月　日　名前

● 7×8の答えを，下の図のように，かける数の8を2つに分けてもとめましょう。

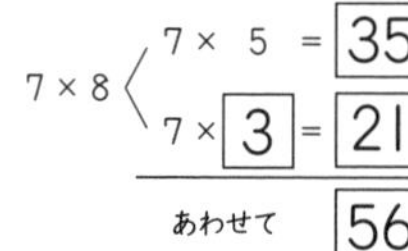

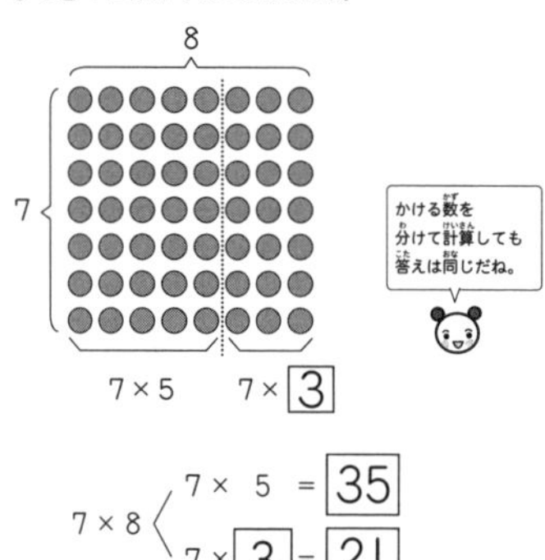

7×8〈 7×5＝［35］ ／ 7×［3］＝［21］

あわせて［56］

● かける数を2つに分けて計算しましょう。

図を２つに分けて考えてみよう。

①

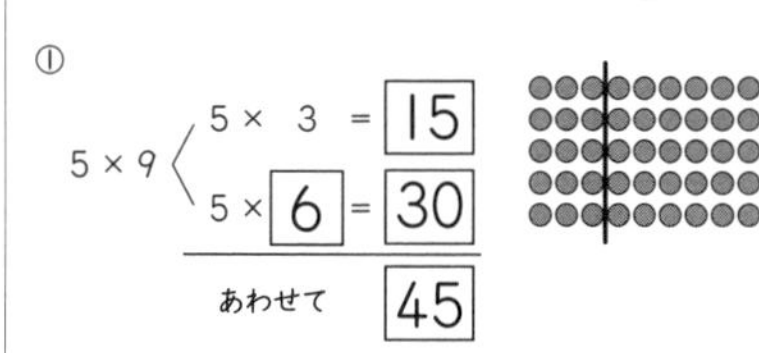

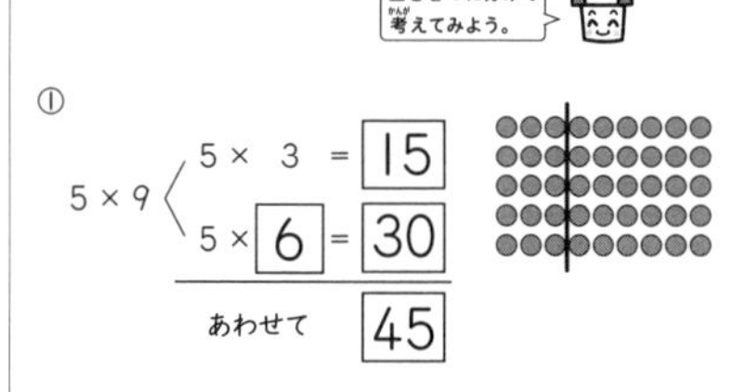

5×9〈 5×3＝［15］ ／ 5×［6］＝［30］

あわせて［45］

②

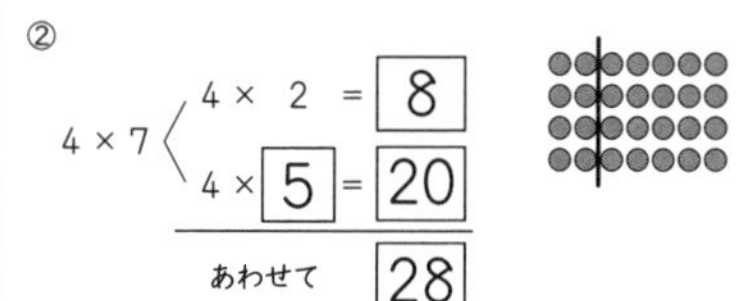

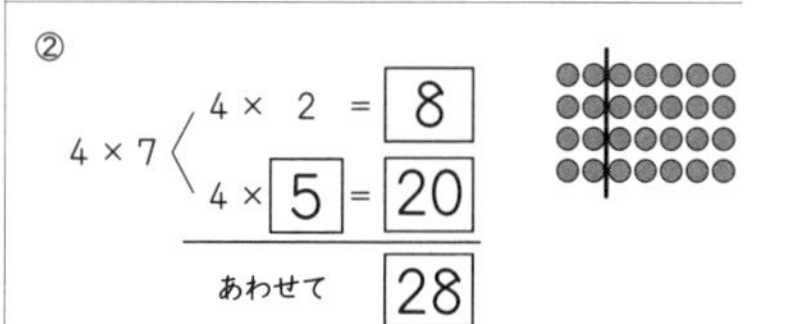

4×7〈 4×2＝［8］ ／ 4×［5］＝［20］

あわせて［28］

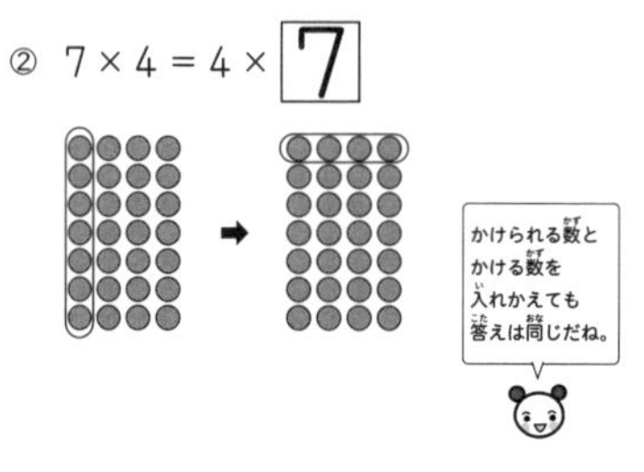

児童に実施させる前に，必ず指導される方が問題を解いてください。本書の解答は，あくまでも１つの例です。指導される方の作られた解答をもとに，本書の解答例を参考に児童の多様な考えに寄り添って○つけをお願いします。

解答

P.8

九九の表とかけ算 (5)　10 のかけ算

名前　月　日

● □にあてはまる数を書きましょう。

① 8 × 10 = 8 × 9 + [8]

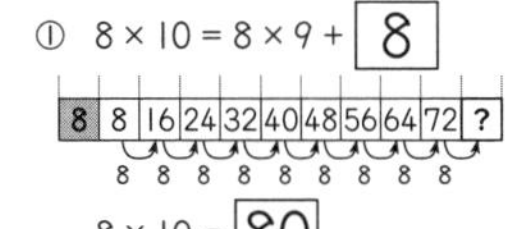

8 × 10 = [80]

8 のだんは，かける数が 1 ふえると，答えは 8 大きくなるね。

②
3 × 10 ＜ 3 × 5 = [15]
3 × [5] = [15]
あわせて [30]

③
10 × 9 ＜ 8 × 9 = [72]
[2] × 9 = [18]
あわせて [90]

● 計算をしましょう。

① 7 × 10 = [70]
② 2 × 10 = [20]
③ 5 × 10 = [50]
④ 10 × 6 = [60]
⑤ 10 × 4 = [40]

P.9

九九の表とかけ算 (6)　0 のかけ算

名前　月　日

● みうさんとゆうたさんが，まとあてゲームをしました。
ゆうたさんのとく点を調べましょう。

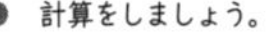

みうさん

	あたった回数（回）	とく点（点）	
0 点	3	0	0×3
3 点	5	15	3×5
5 点	2	10	5×2
合計	10	25	

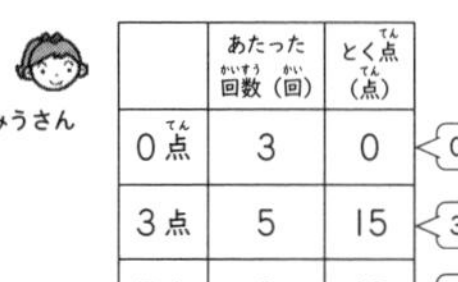

ゆうたさん

	あたった回数（回）	とく点（点）	
0 点	2	[0]	0×2
3 点	8	[24]	3×8
5 点	0	[0]	5×0
合計	10	[24]	

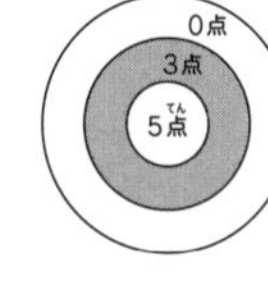

どんな数に 0 をかけても，0 にどんな数をかけても，答えは 0 だね。

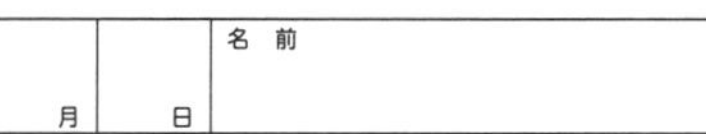

● 計算をしましょう。

① 9 × 0 = [0]
② 3 × 0 = [0]
③ 0 × 0 = [0]
④ 0 × 7 = [0]
⑤ 0 × 10 = [0]

P.10

九九の表とかけ算 (7)

名前　月　日

● □にあてはまる数を（　）に書きましょう。

① 4 × □ = 24　□ =（6）
② 6 × □ = 18　□ =（3）
③ 9 × □ = 63　□ =（7）
④ □ × 7 = 49　□ =（7）
⑤ □ × 8 = 24　□ =（3）

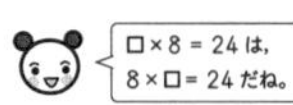

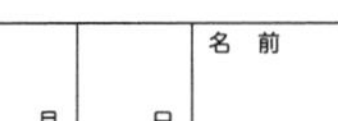

下の表は，九九の表の一部分です。
あいているところに数を書きましょう。

12	15	18	21
16	20	[24]	28
20	[25]	30	[35]
24	30	[36]	42

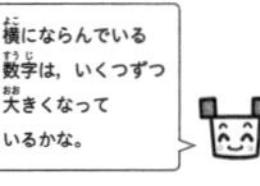

P.11

時こくと時間 (1)　時こくをもとめる

名前　月　日

● 次の時こくをもとめましょう。

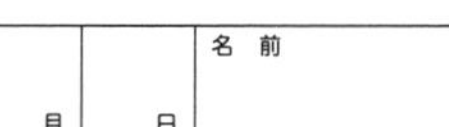

① 午前 8 時 50 分から 30 分後の時こく

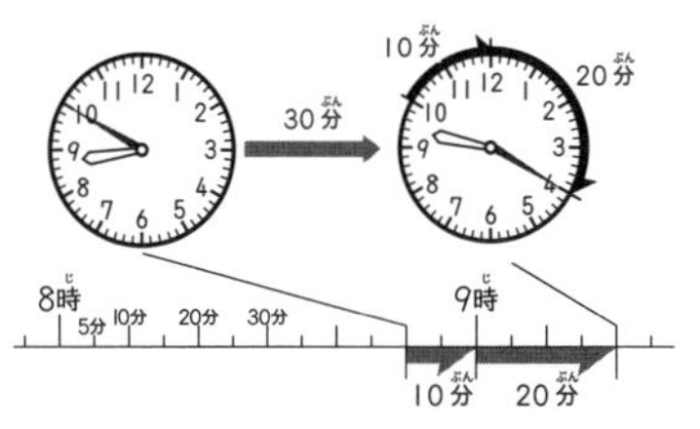

午前 [9] 時 [20] 分

② 午後 1 時 40 分から 35 分後の時こく

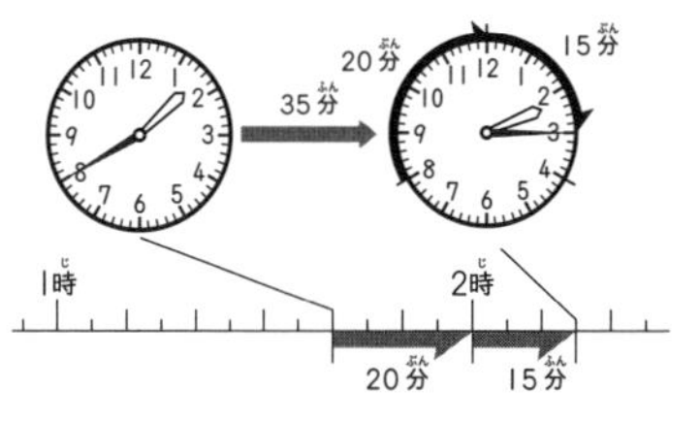

午後 [2] 時 [15] 分

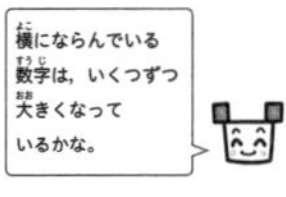

解答

児童に実施させる前に，必ず指導される方が問題を解いてください。本書の解答は，あくまでも１つの例です。指導される方の作られた解答をもとに，本書の解答例を参考に児童の多様な考えに寄り添って○つけをお願いします。

P.12

時こくと時間 (2)　時こくをもとめる

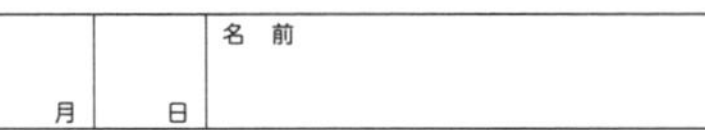

● 次の時こくをもとめましょう。

時計にはりをかきこんでみよう。

① 午前 10 時 15 分から 30 分前の時こく

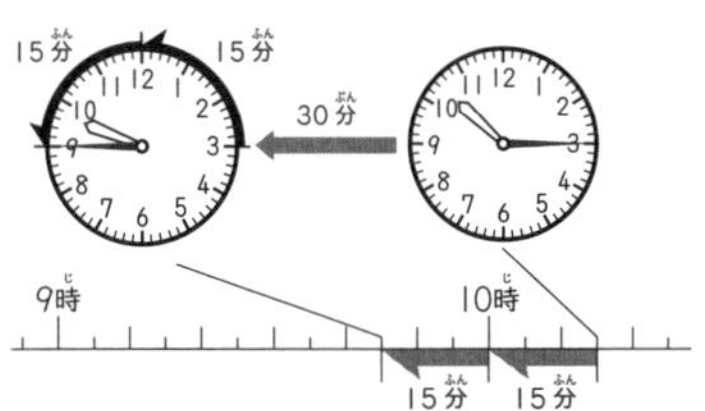

午前 9 時 45 分

② 午後 5 時 10 分から 45 分前の時こく

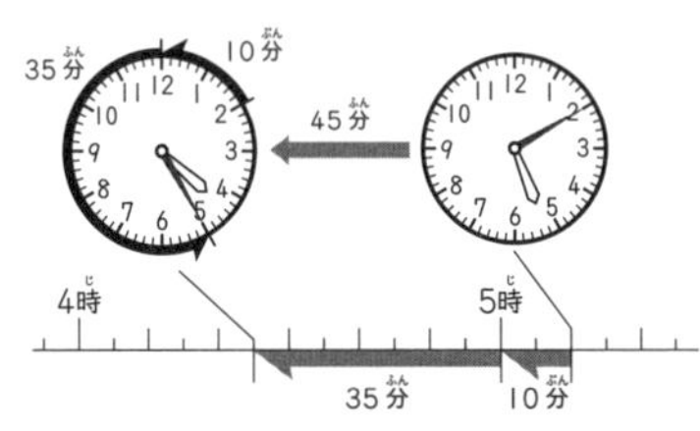

午後 4 時 25 分

P.13

時こくと時間 (3)　時こくをもとめる

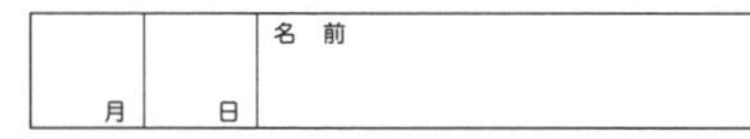

● 次の時こくをもとめましょう。

① 午前 6 時 45 分から 25 分後の時こく

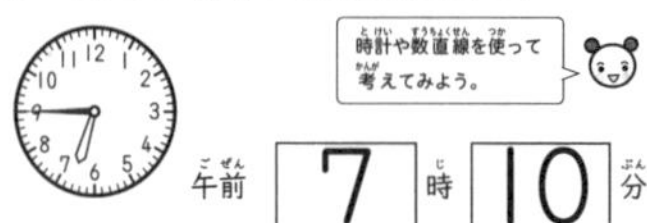

午前 7 時 10 分

6時　7時

② 午後 4 時 35 分から 50 分後の時こく

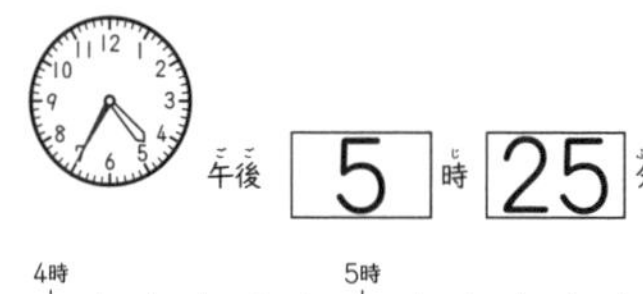

午後 5 時 25 分

4時　5時

● 次の時こくをもとめましょう。

① 午前 9 時 20 分から 40 分前の時こく

午前 8 時 40 分

8時　9時

② 午後 2 時 15 分から 25 分前の時こく

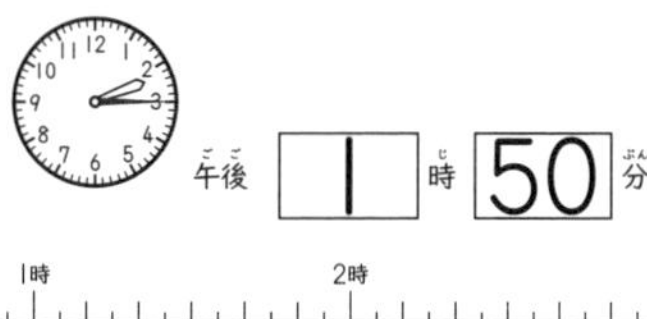

午後 1 時 50 分

1時　2時

P.14

時こくと時間 (4)　時間をもとめる

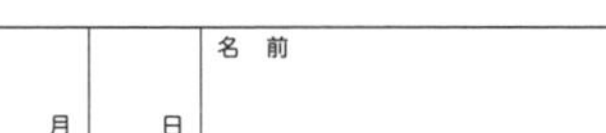

● 次の時間をもとめましょう。

① 午前 8 時 20 分から午前 9 時 10 分までの時間

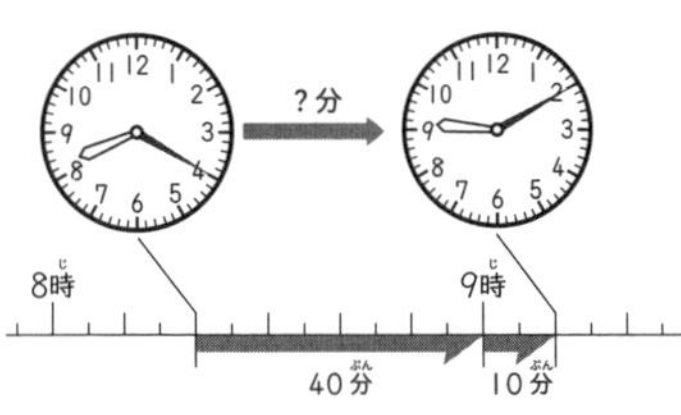

50 分間

② 午後 2 時 35 分から午後 3 時 10 分までの時間

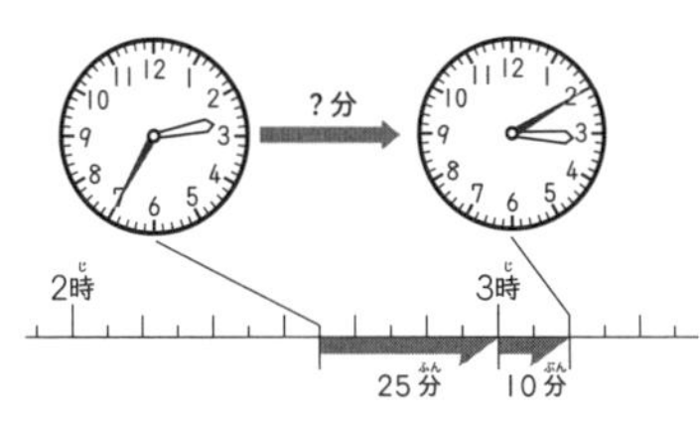

35 分間

P.15

時こくと時間 (5)　時間をもとめる

月
日
名前

● 次の時間をもとめましょう。

① 午前 10 時 15 分から午前 11 時 5 分までの時間

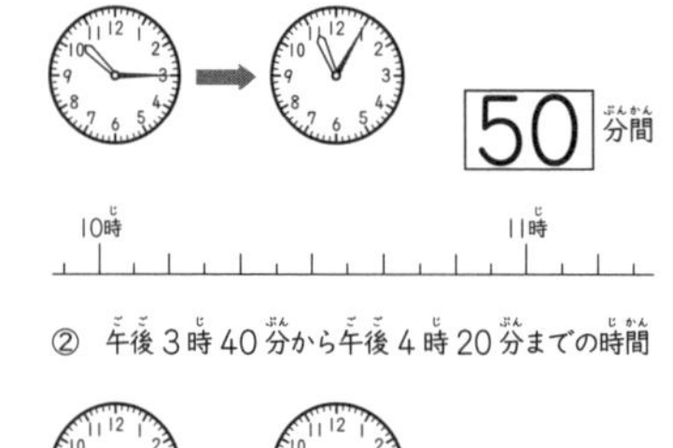

50 分間

10時　11時

② 午後 3 時 40 分から午後 4 時 20 分までの時間

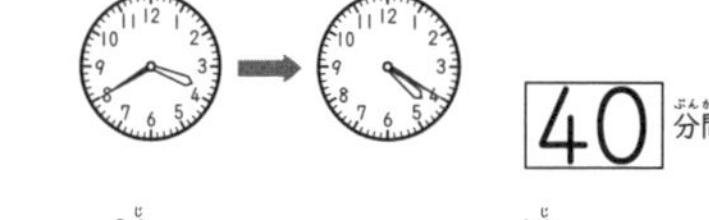

40 分間

3時　4時

● 次の時間をもとめましょう。

① 午前 9 時から午後 4 時までの時間

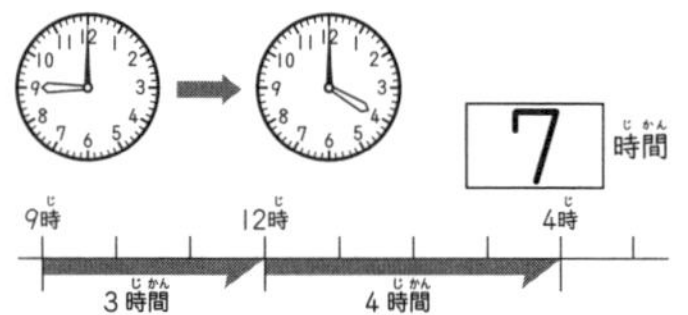

7 時間

② 午前 6 時から午後 2 時 30 分までの時間

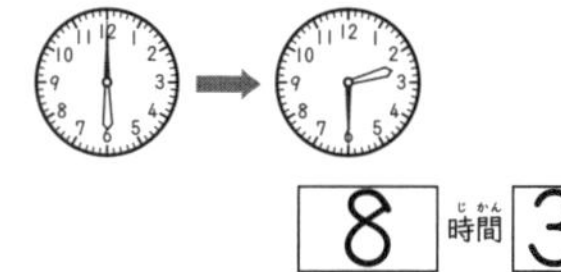

8 時間 30 分

6時　12時　2時

P.16

時こくと時間 (6) 時間をもとめる

月 日 名前

● 次の時間は，それぞれ何時間何分ですか。

① 50分と20分をあわせた時間

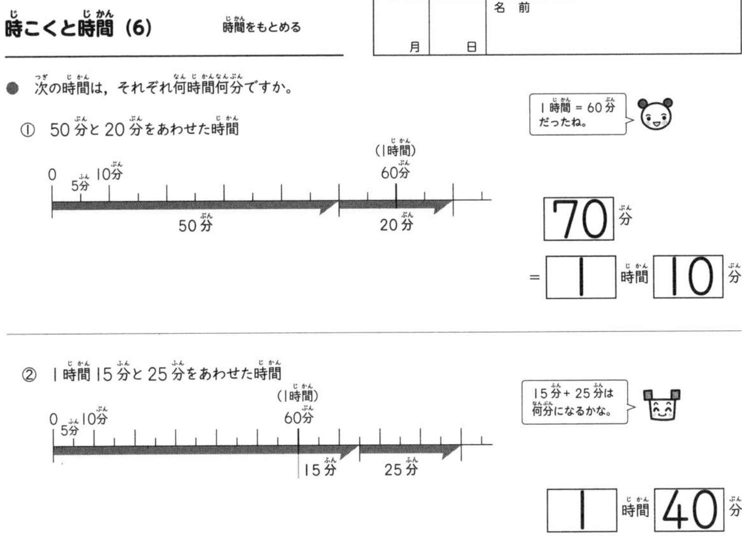

70 分
＝ 1 時間 10 分

② 1時間15分と25分をあわせた時間

1 時間 40 分

16

P.17

時こくと時間 (7)

月 日 名前

● ゆうたさんは，家を午前7時40分に出て，50分後にサッカー場に着きました。
サッカー場に着いた時こくは何時何分ですか。

答え 午前 8 時 30 分

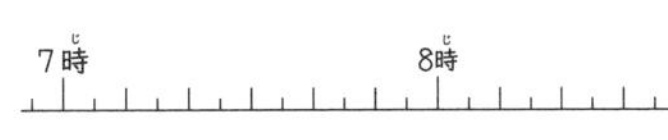

● さきさんの家から駅まで25分かかります。
午後3時10分までに駅に着くためには，何時何分までに家を出なければいけませんか。

答え 午後 2 時 45 分

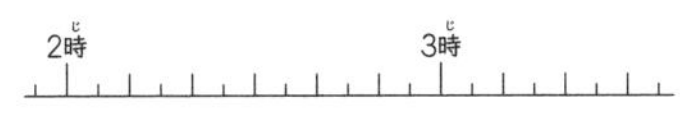

17

P.18

時こくと時間 (8)

月 日 名前

● ゆきさんは，午後5時40分から午後6時30分まで犬のさんぽに行きました。
犬のさんぽをしていた時間は何分ですか。

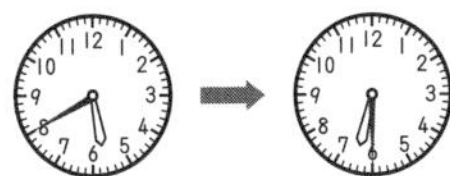

答え 50 分間

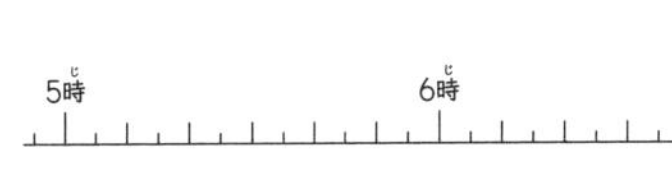

● はるとさんは，午前に45分，午後に35分読書をしました。
あわせて何時間何分読書をしましたか。

答え 1 時間 20 分

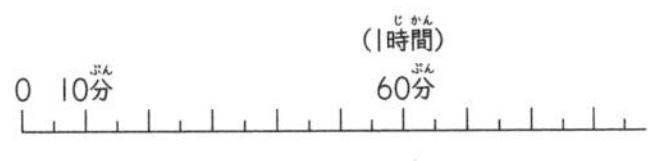

18

P.19

時こくと時間 (9) 短い時間

月 日 名前

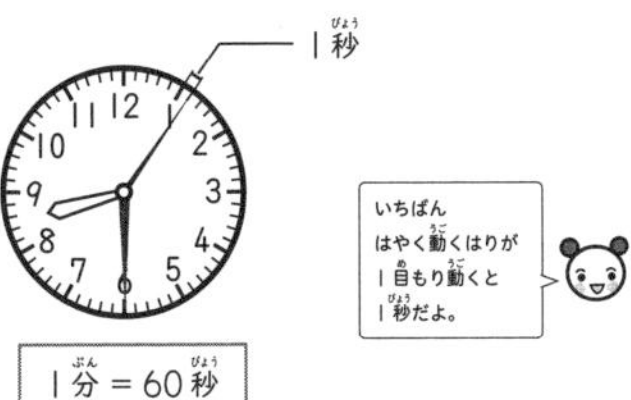

● □にあてはまる時間のたんい（時間，分，秒）を書きましょう。

① 25mを泳ぐのにかかった時間 … 30 秒

② 1日の学校にいる時間 …………… 7 時間

③ きゅう食の時間 ………………… 40 分

● □にあてはまる数を書きましょう。

1時間＝60分
1分＝60秒

① 1分20秒＝ 80 秒

② 3分＝ 180 秒

③ 90秒＝ 1 分 30 秒

④ 120秒＝ 2 分

⑤ 1時間10分＝ 70 分

19

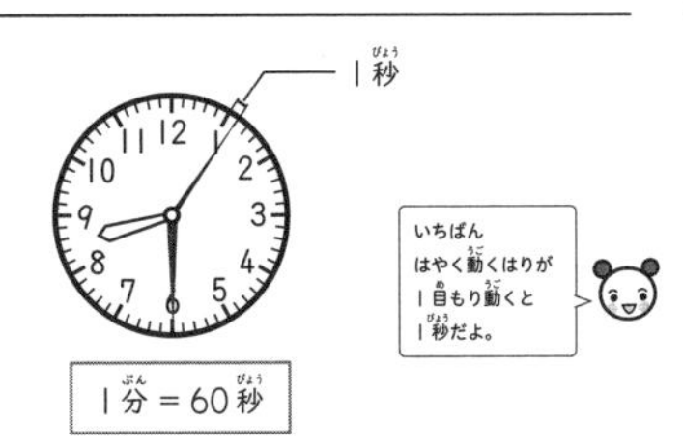

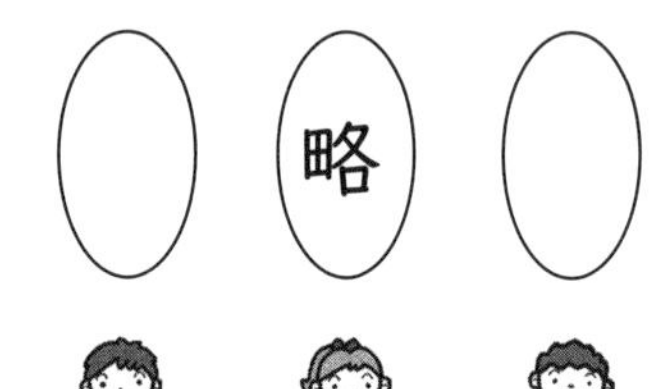

解答

児童に実施させる前に，必ず指導される方が問題を解いてください。本書の解答は，あくまでも1つの例です。指導される方の作られた解答をもとに，本書の解答例を参考に児童の多様な考えに寄り添って○つけをお願いします。

P.20

わり算（1）　1人分はいくつ

月　日　名前

● おにぎりが８こあります。
４人で同じ数ずつ分けます。
１人分は何こになるか，お皿に分けましょう。

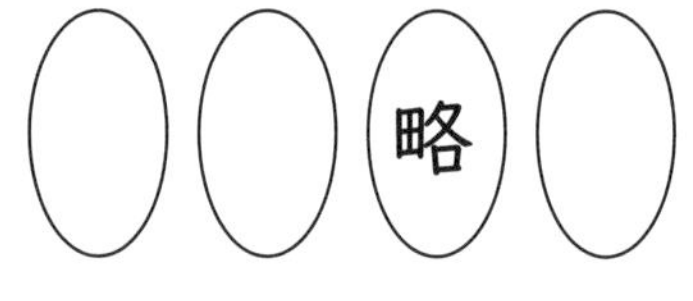

略

１人分は 2 こになります。

● クッキーが１２まいあります。
３人で同じ数ずつ分けます。
１人分は何こになるか，お皿に分けましょう。

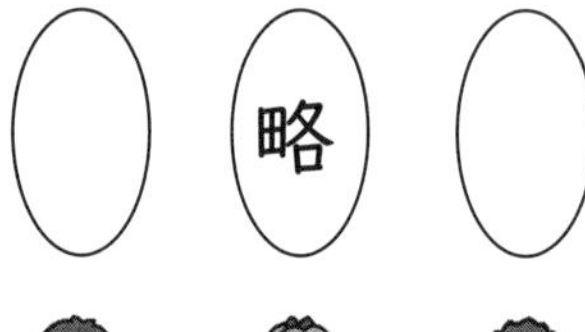

略

１人分は 4 まいになります。

20

P.21

わり算（2）　1人分はいくつ

月　日　名前

● りんごが６こあります。３人で同じ数ずつ分けます。１人分は何こになりますか。

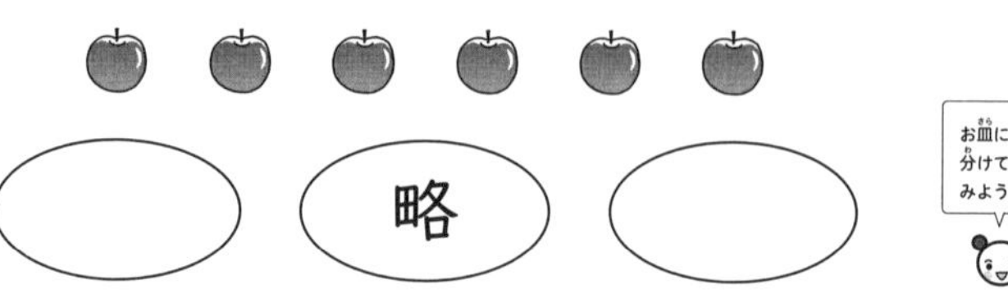

略

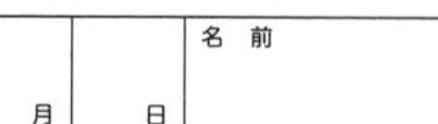

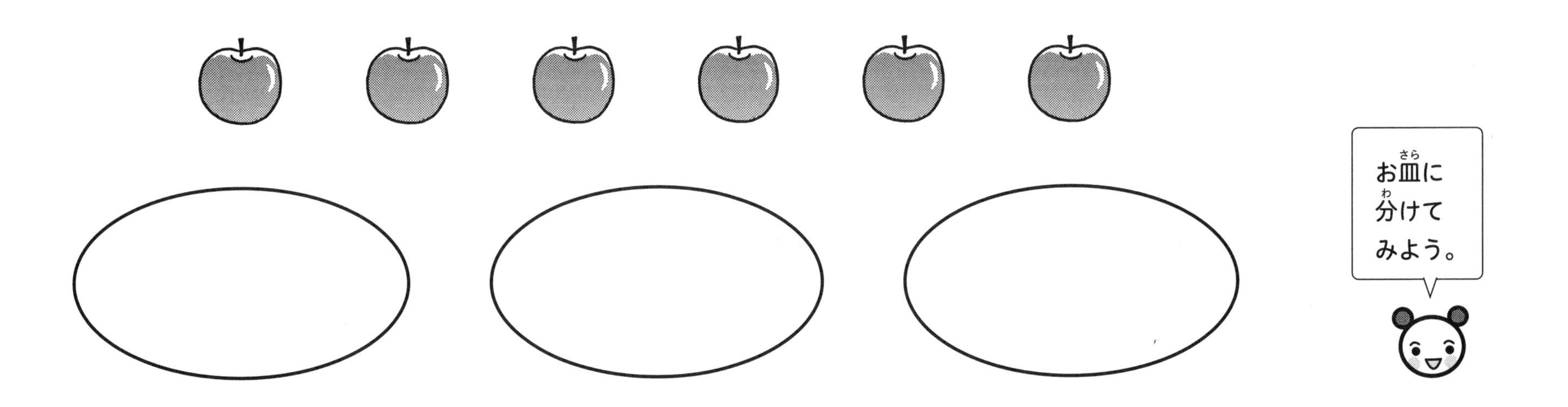

６このりんごを ３人で同じ数ずつ分けると，１人分は 2 こになります。

式　全部の数 6 ÷（わる） 人数 3 =（は） １人分の数 2

６÷３のような計算をわり算といいます。

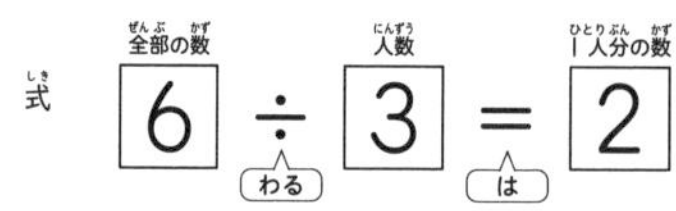

21

P.22

わり算（3）　1人分はいくつ

月　日　名前

● 絵をかいて答えをもとめ，わり算の式に表しましょう。

① あめが１０こあります。
５人で同じ数ずつ分けます。
１人分は何こになりますか。

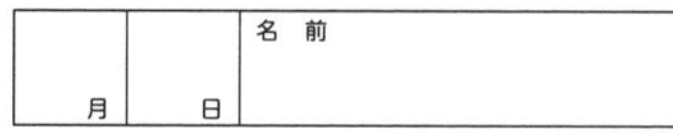

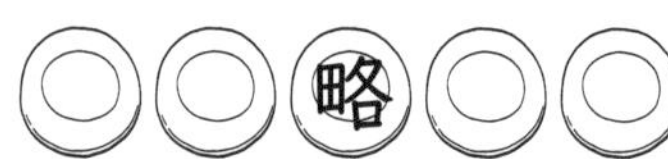

略

式　全部の数 10（こ） ÷ 人数 5（人） = １人分の数 2（こ）

答え 2 こ

② ドーナツが８こあります。
２人で同じ数ずつ分けます。
１人分は何こになりますか。

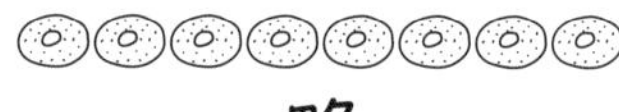

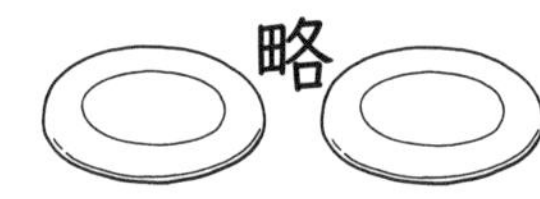

略

式　全部の数 8（こ） ÷ 人数 2（人） = １人分の数 4（こ）

答え 4 こ

22

P.23

わり算（4）　1つ分はいくつ

月　日　名前

● 絵をかいて答えをもとめ，わり算の式に表しましょう。

① みかんが１２こあります。
４つの箱に同じ数ずつ分けます。
１箱分は何こになりますか。

略

式　全部の数 12 ÷ 箱の数 4 = １箱分の数 3

答え 3 こ

② きゅうりが１５本あります。
５つのふくろに同じ数ずつ分けます。
１ふくろ分は何本になりますか。

略

式　全部の数 15 ÷ ふくろの数 5 = １ふくろ分の数 3

答え 3 本

23

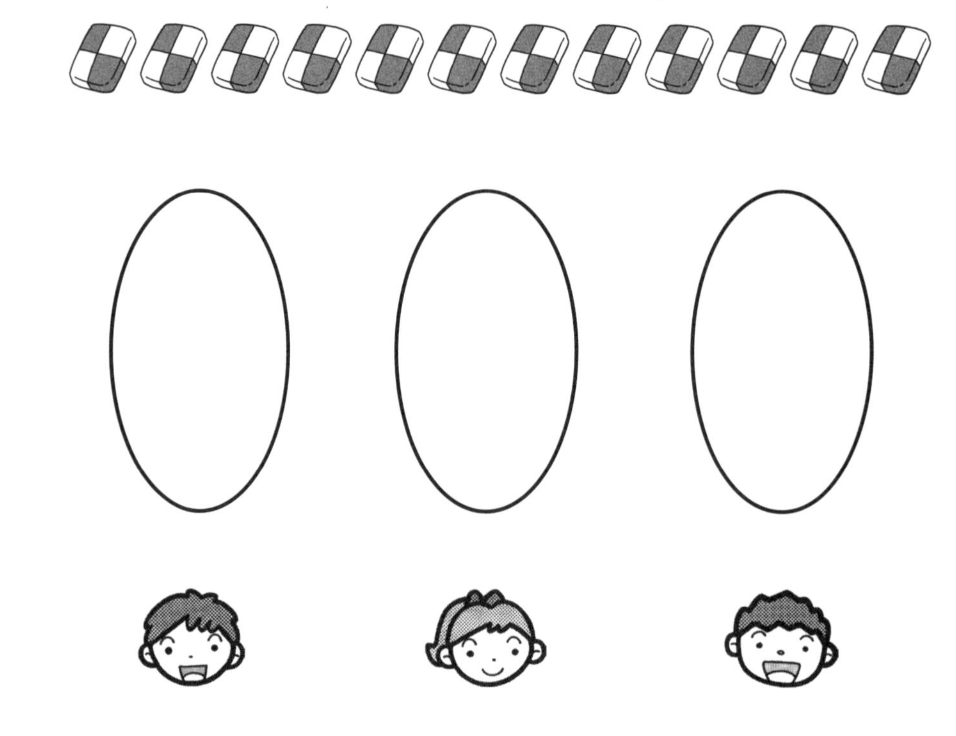

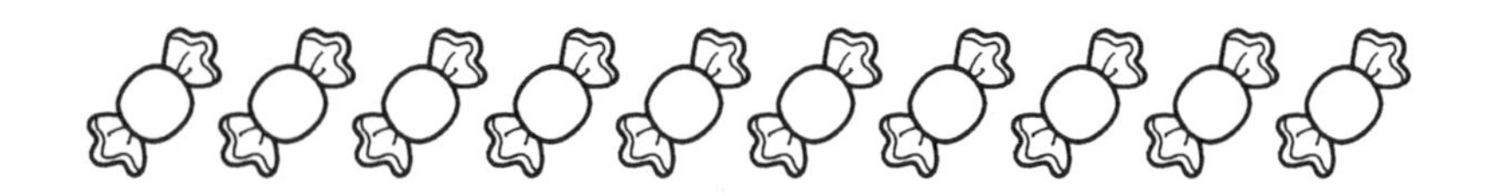

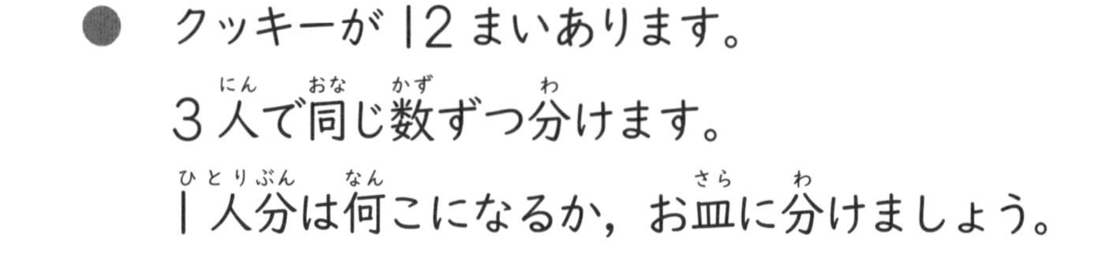

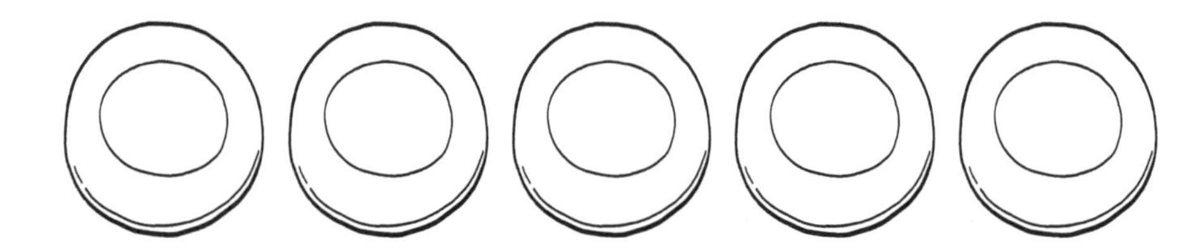

P.24

わり算（5） １人分の数をもとめる

月 日 名前

いちごが 15 こあります。
3人で同じ数ずつ分けます。
１人分は何こになりますか。

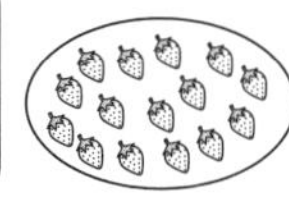

式

全部の数 15 ÷ 人数 3 ＝ １人分の数 5

図を使わずに １人分の数 を見つける方ほうを考えよう。

１人分の数が	１人分の数		人数		全部の数
１このとき	1	×	3	＝	3
２このとき	2	×	3	＝	6
３このとき	3	×	3	＝	9
４このとき	4	×	3	＝	12
５このとき	5	×	3	＝	15

15 ÷ 3 の答えは，
３のだんの九九を使って
もとめることができます。

答え 5 こ

24

P.25

わり算（6） １つ分の数をもとめる

月 日 名前

● えんぴつが 24 本あります。
４つの箱に同じ数ずつ分けます。
１箱分は何本になりますか。

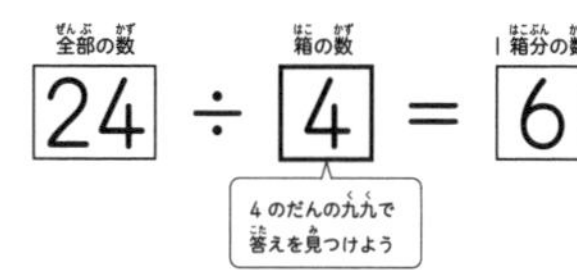

式

全部の数 24 ÷ 箱の数 4 ＝ １箱分の数 6

４のだんの九九で答えを見つけよう

４のだんで答えが
24 になる九九を
見つけよう。
4 × 1 ＝ 4
4 × 2 ＝ 8
4 × 3 ＝ 12
4 × 4 ＝ 16
4 × 5 ＝ 20
4 × 6 ＝ 24
⋮

答え 6 本

● ジュースが 30dL あります。
６つのコップに同じかさ（りょう）ずつ分けます。１つ分は何 dL になりますか。

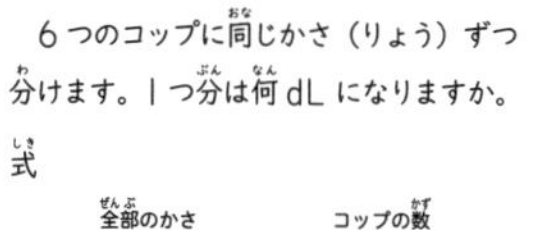

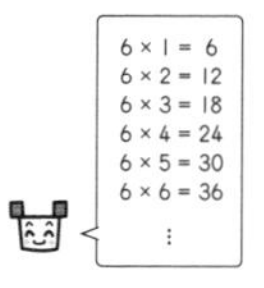

式

全部のかさ 30 ÷ コップの数 6 ＝ １つ分のかさ 5

わる数のだんの九九で答えを見つけよう

6 × 1 ＝ 6
6 × 2 ＝ 12
6 × 3 ＝ 18
6 × 4 ＝ 24
6 × 5 ＝ 30
6 × 6 ＝ 36
⋮

答え 5 dL

25

P.26

わり算（7） 分けられる数はいくつ

月 日 名前

● 絵を使って答えをもとめ，わり算の式に表しましょう。

① たいやきが 10 こあります。
１人に２こずつ分けます。
何人に分けられますか。

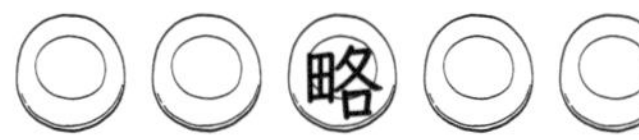

略

式

全部の数 10（こ） ÷ １人分の数 2（こ） ＝ 人数 5（人）

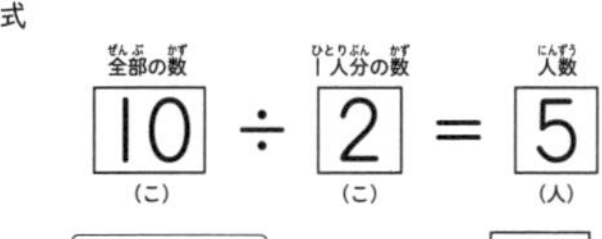

人数をもとめる計算もわり算です。

答え 5 人

② ミニトマトが９こあります。
３こずつお皿に分けます。
お皿は何まいいりますか。

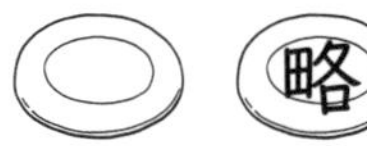

略

式

全部の数 9（こ） ÷ １皿分の数 3（こ） ＝ お皿の数 3（まい）

答え 3 まい

26

P.27

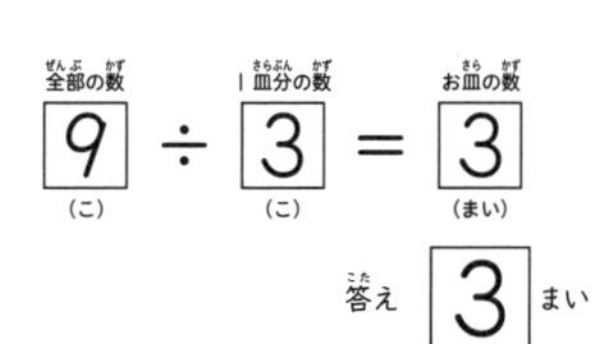

わり算（8） 分けられる数をもとめる

月 日 名前

● 色紙が 28 まいあります。
１人に７まいずつ分けます。
何人に分けられますか。

式

全部の数 28 ÷ １人分の数 7 ＝ 人数 4

７のだんの九九で答えを見つけよう

７のだんで答えが
28 になる九九を
見つけよう。
7 × 1 ＝ 7
7 × 2 ＝ 14
7 × 3 ＝ 21
7 × 4 ＝ 28
⋮

答え 4 人

● 35cm のテープがあります。
5cm ずつ切ります。
5cm のテープは何本できますか。

式

全部の長さ 35 ÷ １本分の長さ 5 ＝ 本数 7

わる数のだんの九九で答えを見つけよう

5 × 1 ＝ 5
5 × 2 ＝ 10
5 × 3 ＝ 15
5 × 4 ＝ 20
5 × 5 ＝ 25
5 × 6 ＝ 30
5 × 7 ＝ 35
5 × 8 ＝ 40
5 × 9 ＝ 45

答え 7 本

27

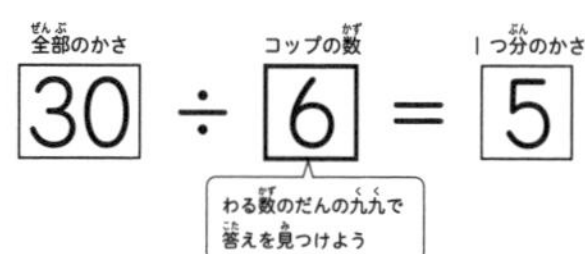

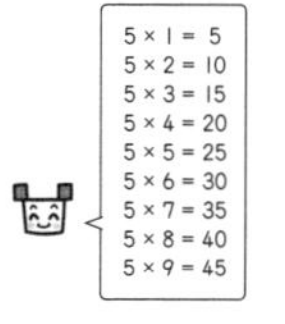

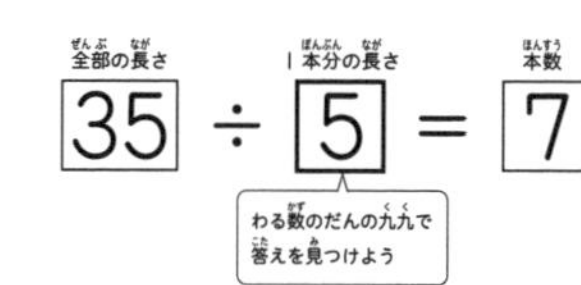

児童に実施させる前に，必ず指導される方が問題を解いてください。本書の解答は，あくまでも１つの例です。指導される方の作られた解答をもとに，本書の解答例を参考に児童の多様な考えに寄り添って〇つけをお願いします。

P.28

わり算 (9)　2つの分け方

月　日　名前

● 下の㋐と㋑の２つの問題を図や式に表してくらべましょう。

㋐ みかんが８こあります。
２人で同じ数ずつ分けます。
１人分は何こになりますか。

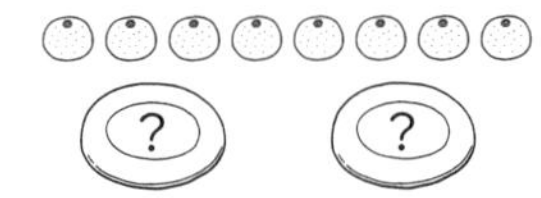

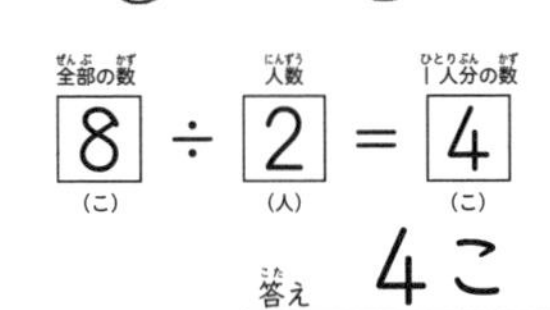

式 全部の数 8 (こ) ÷ 人数 2 (人) ＝ １人分の数 4 (こ)

答え 4こ

㋑ みかんが８こあります。
１人に２こずつ分けます。
何人に分けられますか。

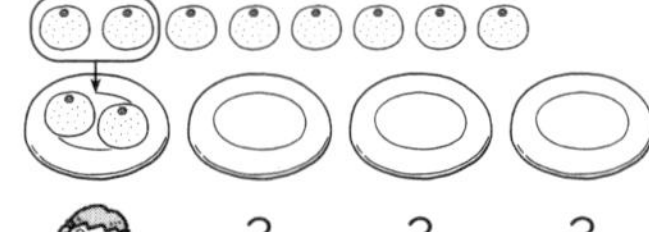

? ? ?

式 全部の数 8 (こ) ÷ １人分の数 2 (こ) ＝ 人数 4 (人)

答え 4人

28

P.29

わり算 (10)　2つの分け方

月　日　名前

● 下の㋐と㋑の２つの問題の□にあてはまることばを□からえらんで書きましょう。

㋐ はがきが24まいあります。
４人で同じ数ずつ分けます。
１人分 は何まいになりますか。

㋑ はがきが24まいあります。
１人に４まいずつ分けます。
何人 に分けられますか。

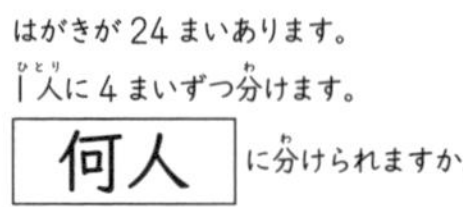

何人 ・ １人分

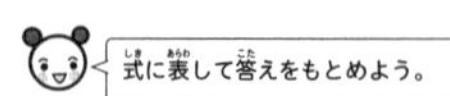

㋐ 24 ÷ 4 ＝ 6

答え 6まい

㋑ 24 ÷ 4 ＝ 6

答え 6人

29

P.30

わり算 (11)　0や1のわり算

月　日　名前

● 箱の中のチョコレートを４人で同じ数ずつ分けます。
１人分は何こになりますか。

① 8こ入っているとき

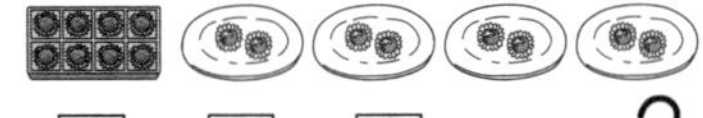

式 8 ÷ 4 ＝ 2　答え 2こ

② 4こ入っているとき

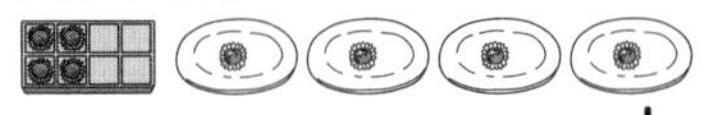

式 4 ÷ 4 ＝ 1　答え 1こ

③ 入っていないとき

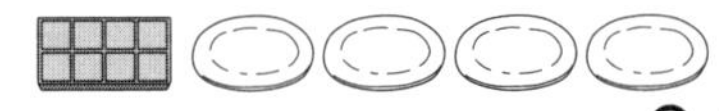

式 0 ÷ 4 ＝ 0　答え 0こ

● 計算をしましょう。

① 5 ÷ 5 ＝ 1
② 0 ÷ 3 ＝ 0
③ 9 ÷ 1 ＝ 9
④ 0 ÷ 2 ＝ 0
⑤ 10 ÷ 10 ＝ 1

30

P.31

わり算 (12)　○÷2，○÷3

月　日　名前

① 10 ÷ 2 ＝ 5
② 6 ÷ 2 ＝ 3
③ 14 ÷ 2 ＝ 7
④ 2 ÷ 2 ＝ 1
⑤ 18 ÷ 2 ＝ 9
⑥ 16 ÷ 2 ＝ 8
⑦ 4 ÷ 2 ＝ 2
⑧ 12 ÷ 2 ＝ 6
⑨ 8 ÷ 2 ＝ 4

2×1＝2
2×2＝4
2×3＝6
2×4＝8
2×5＝10
2×6＝12
2×7＝14
2×8＝16
2×9＝18

① 6 ÷ 3 ＝ 2
② 15 ÷ 3 ＝ 5
③ 27 ÷ 3 ＝ 9
④ 21 ÷ 3 ＝ 7
⑤ 3 ÷ 3 ＝ 1
⑥ 18 ÷ 3 ＝ 6
⑦ 9 ÷ 3 ＝ 3
⑧ 12 ÷ 3 ＝ 4
⑨ 24 ÷ 3 ＝ 8

3×1＝3
3×2＝6
3×3＝9
3×4＝12
3×5＝15
3×6＝18
3×7＝21
3×8＝24
3×9＝27

31

P.32

わり算（13） ○÷4，○÷5

月　日　名前

① 36 ÷ 4 = 9
② 28 ÷ 4 = 7
③ 12 ÷ 4 = 3
④ 20 ÷ 4 = 5
⑤ 8 ÷ 4 = 2
⑥ 24 ÷ 4 = 6
⑦ 32 ÷ 4 = 8
⑧ 4 ÷ 4 = 1
⑨ 16 ÷ 4 = 4

4 × 1 = 4
4 × 2 = 8
4 × 3 = 12
4 × 4 = 16
4 × 5 = 20
4 × 6 = 24
4 × 7 = 28
4 × 8 = 32
4 × 9 = 36

① 15 ÷ 5 = 3
② 45 ÷ 5 = 9
③ 30 ÷ 5 = 6
④ 5 ÷ 5 = 1
⑤ 35 ÷ 5 = 7
⑥ 20 ÷ 5 = 4
⑦ 10 ÷ 5 = 2
⑧ 40 ÷ 5 = 8
⑨ 25 ÷ 5 = 5

3 × 1 = 3
3 × 2 = 6
3 × 3 = 9
3 × 4 = 12
3 × 5 = 15
3 × 6 = 18
3 × 7 = 21
3 × 8 = 24
3 × 9 = 27

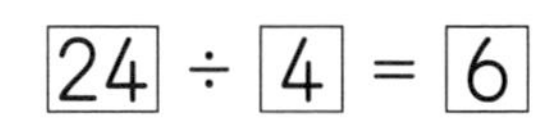

P.33

わり算（14） ○÷6，○÷7

月　日　名前

① 24 ÷ 6 = 4
② 48 ÷ 6 = 8
③ 6 ÷ 6 = 1
④ 30 ÷ 6 = 5
⑤ 42 ÷ 6 = 7
⑥ 18 ÷ 6 = 3
⑦ 54 ÷ 6 = 9
⑧ 12 ÷ 6 = 2
⑨ 36 ÷ 6 = 6

6 × 1 = 6
6 × 2 = 12
6 × 3 = 18
6 × 4 = 24
6 × 5 = 30
6 × 6 = 36
6 × 7 = 42
6 × 8 = 48
6 × 9 = 54

① 56 ÷ 7 = 8
② 21 ÷ 7 = 3
③ 42 ÷ 7 = 6
④ 63 ÷ 7 = 9
⑤ 14 ÷ 7 = 2
⑥ 28 ÷ 7 = 4
⑦ 49 ÷ 7 = 7
⑧ 7 ÷ 7 = 1
⑨ 35 ÷ 7 = 5

7 × 1 = 7
7 × 2 = 14
7 × 3 = 21
7 × 4 = 28
7 × 5 = 35
7 × 6 = 42
7 × 7 = 49
7 × 8 = 56
7 × 9 = 63

P.34

わり算（15） ○÷8，○÷9

月　日　名前

① 64 ÷ 8 = 8
② 24 ÷ 8 = 3
③ 56 ÷ 8 = 7
④ 40 ÷ 8 = 5
⑤ 8 ÷ 8 = 1
⑥ 32 ÷ 8 = 4
⑦ 72 ÷ 8 = 9
⑧ 16 ÷ 8 = 2
⑨ 48 ÷ 8 = 6

8 × 1 = 8
8 × 2 = 16
8 × 3 = 24
8 × 4 = 32
8 × 5 = 40
8 × 6 = 48
8 × 7 = 56
8 × 8 = 64
8 × 9 = 72

① 54 ÷ 9 = 6
② 18 ÷ 9 = 2
③ 81 ÷ 9 = 9
④ 27 ÷ 9 = 3
⑤ 63 ÷ 9 = 7
⑥ 45 ÷ 9 = 5
⑦ 9 ÷ 9 = 1
⑧ 72 ÷ 9 = 8
⑨ 36 ÷ 9 = 4

9 × 1 = 9
9 × 2 = 18
9 × 3 = 27
9 × 4 = 36
9 × 5 = 45
9 × 6 = 54
9 × 7 = 63
9 × 8 = 72
9 × 9 = 81

P.35

わり算（16）

月　日　名前

● 計算をしましょう。

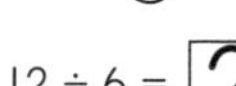

① 48 ÷ 8 = 6　② 12 ÷ 6 = 2
③ 27 ÷ 9 = 3　④ 15 ÷ 3 = 5
⑤ 16 ÷ 4 = 4　⑥ 56 ÷ 7 = 8
⑦ 14 ÷ 2 = 7　⑧ 45 ÷ 5 = 9
⑨ 36 ÷ 6 = 6　⑩ 32 ÷ 8 = 4

● 計算をしましょう。

① 54 ÷ 9 = 6　② 21 ÷ 3 = 7
③ 48 ÷ 6 = 8　④ 8 ÷ 2 = 4
⑤ 28 ÷ 7 = 4　⑥ 36 ÷ 4 = 9
⑦ 25 ÷ 5 = 5　⑧ 56 ÷ 8 = 7
⑨ 42 ÷ 6 = 7　⑩ 18 ÷ 9 = 2

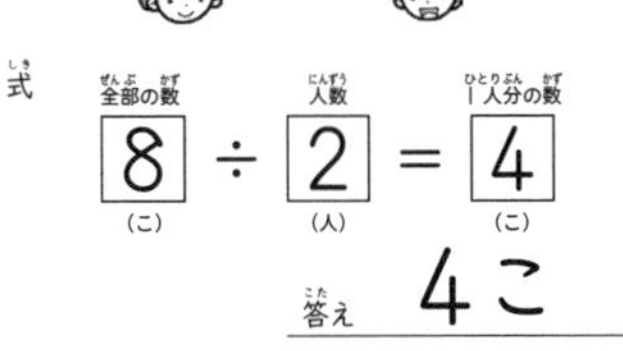

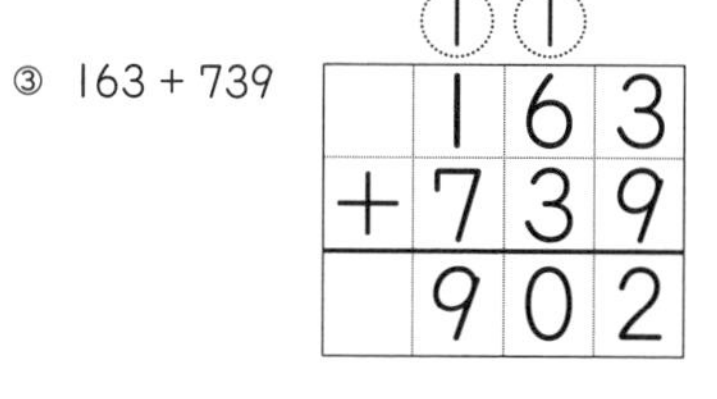

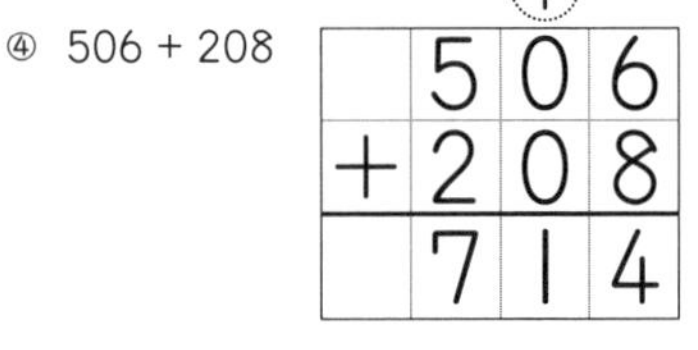

児童に実施させる前に，必ず指導される方が問題を解いてください。本書の解答は，あくまでも１つの例です。指導される方の作られた解答をもとに，本書の解答例を参考に児童の多様な考えに寄り添って○つけをお願いします。

P.36

わり算（17）

月　日　名前

● 計算をしましょう。

① 49 ÷ 7 = 7　② 40 ÷ 5 = 8

③ 27 ÷ 3 = 9　④ 63 ÷ 9 = 7

⑤ 24 ÷ 4 = 6　⑥ 21 ÷ 7 = 3

⑦ 16 ÷ 2 = 8　⑧ 24 ÷ 8 = 3

⑨ 24 ÷ 6 = 4　⑩ 18 ÷ 3 = 6

● 計算をしましょう。

① 28 ÷ 4 = 7　② 45 ÷ 5 = 9

③ 32 ÷ 4 = 8　④ 64 ÷ 8 = 8

⑤ 12 ÷ 3 = 4　⑥ 42 ÷ 7 = 6

⑦ 10 ÷ 2 = 5　⑧ 18 ÷ 6 = 3

⑨ 63 ÷ 7 = 9　⑩ 72 ÷ 9 = 8

36

P.37

わり算（18）　答えが２けたになるわり算

月　日　名前

● ４こで 80 円のあめがあります。
あめ１こ分は何円ですか。

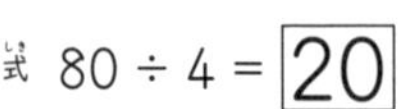

式　80 ÷ 4 = 20

答え　20円

● ３こで 96 円のあめがあります。
あめ１こ分は何円ですか。

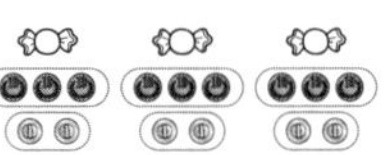

式　96 ÷ 3 = 32

答え　32円

■ 計算をしましょう。

① 90 ÷ 3 = 30

② 50 ÷ 5 = 10

③ 40 ÷ 1 = 40

■ 計算をしましょう。

① 48 ÷ 2 = 24

② 55 ÷ 5 = 11

③ 84 ÷ 4 = 21

37

P.38

たし算とひき算の筆算（1）　くり上がりなし　くり上がり１回

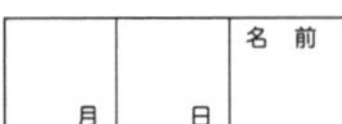

月　日　名前

● 筆算でしましょう。

① 263 + 315　② 437 + 258　③ 542 + 176

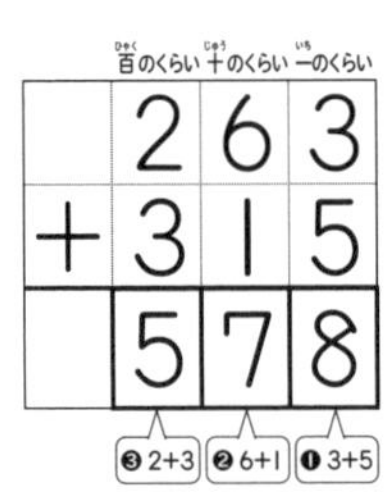

		①	
	4	3	7
+	2	5	8
	6	9	5

7+8=15

	①		
	5	4	2
+	1	7	6
	7	1	8

4+7=11　2+6

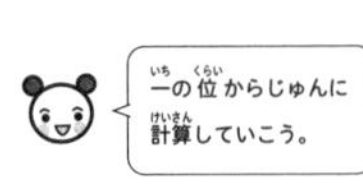

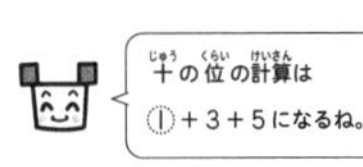

十の位は
4 + 7 = 11 で
百の位に１くり上げる。

38

P.39

たし算とひき算の筆算（2）　くり上がり１回

月　日　名前

● 筆算でしましょう。

① 307 + 163

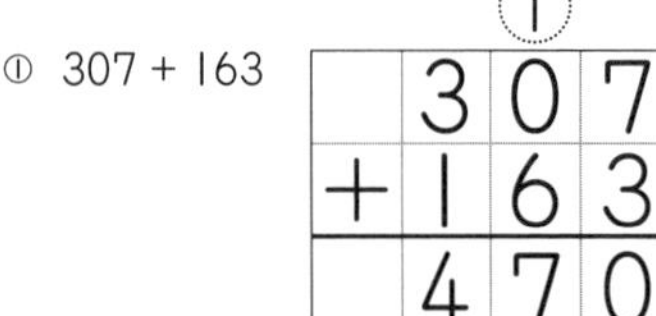

② 52 + 654

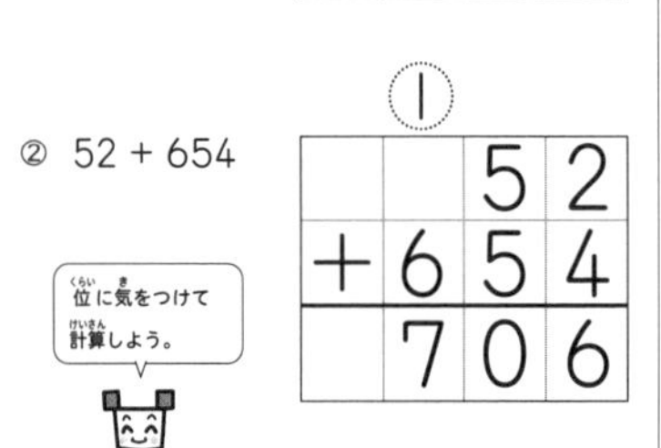

③ 740 + 95

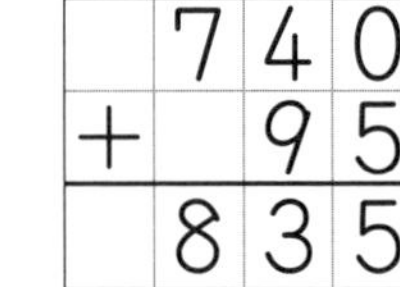

④ 506 + 208

		①	
	5	0	6
+	2	0	8
	7	1	4

39

児童に実施させる前に，必ず指導される方が問題を解いてください。本書の解答は，あくまでも１つの例です。指導される方の作られた解答をもとに，本書の解答例を参考に児童の多様な考えに寄り添って○つけをお願いします。

P.40

たし算とひき算の筆算（3） くり上がり２回

月	日	名前

● 筆算でしましょう。

① 564 + 279

	(1)	(1)	
	5	6	4
+	2	7	9
	8	4	3

(1)+5+2　(1)+6+7　4+9

② 308 + 493

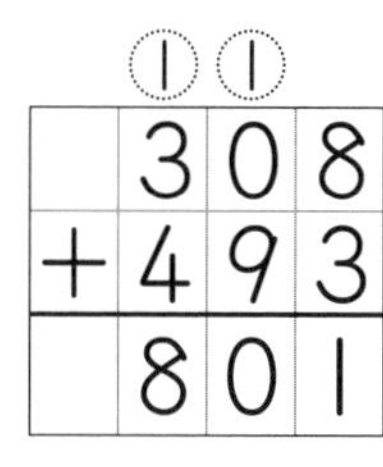

③ 726 + 85

	(1)	(1)	
	7	2	6
+		8	5
	8	1	1

P.41

たし算とひき算の筆算（4） くり上がり２回

月	日	名前

● 筆算でしましょう。

① 642 + 258

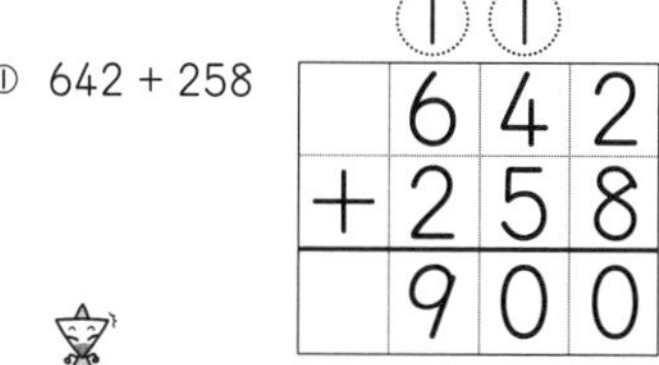

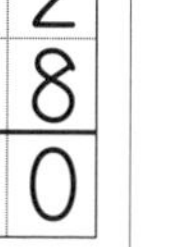

③ 163 + 739

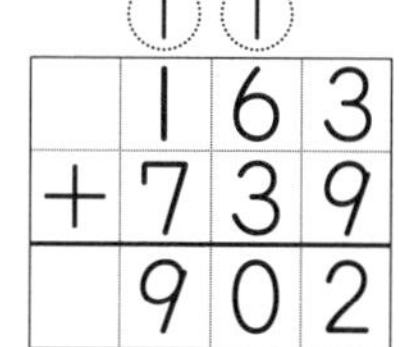

② 77 + 546

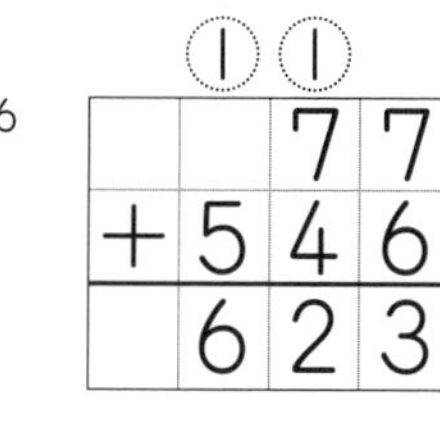

④ 895 + 5

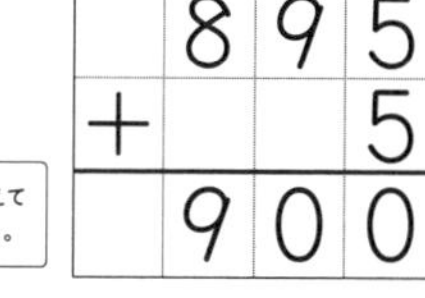

P.42

たし算とひき算の筆算（5） くり上がり１回・２回

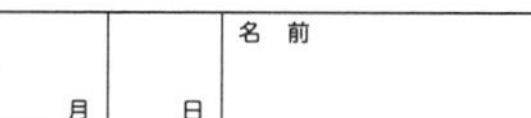

● 筆算でしましょう。

① 262 + 708

		(1)	
	2	6	2
+	7	0	8
	9	7	0

② 198 + 465

	(1)	(1)	
	1	9	8
+	4	6	5
	6	6	3

③ 63 + 538

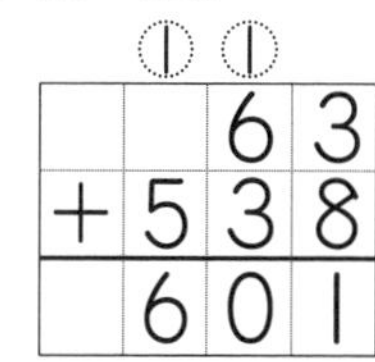

④ 406 + 94

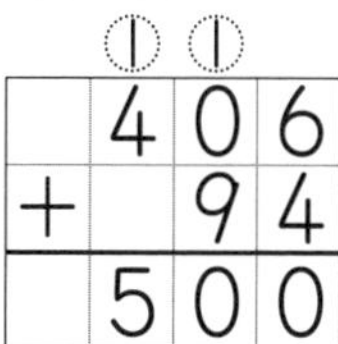

⑤ 759 + 153

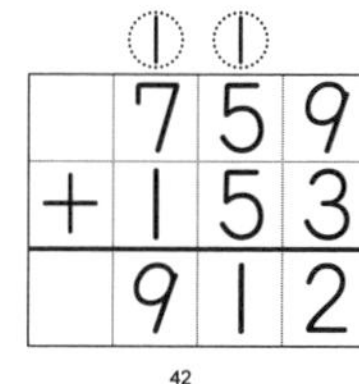

P.43

たし算とひき算の筆算（6） 答えが４けた

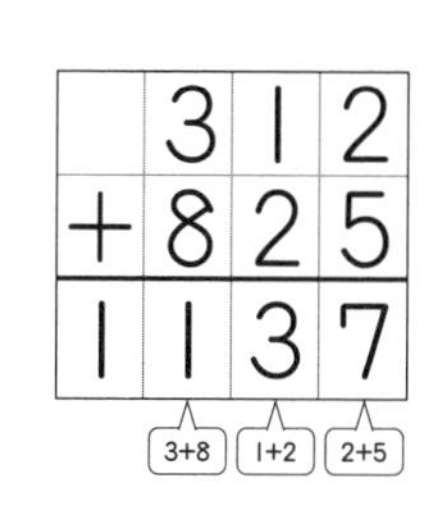

月	日	名前

● 筆算でしましょう。

① 312 + 825

	3	1	2
+	8	2	5
1	1	3	7

3+8　1+2　2+5

② 647 + 562

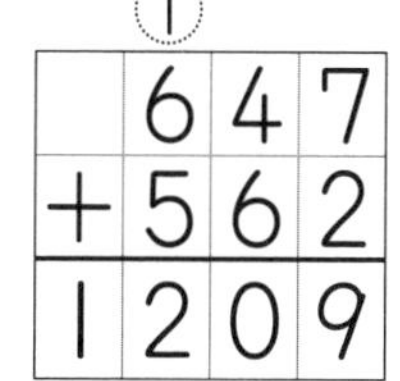

③ 708 + 496

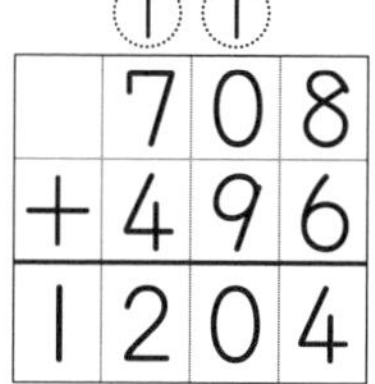

千の位にくり上がりがある計算だね。
くり上がりが何回あっても計算のしかたは同じだね。

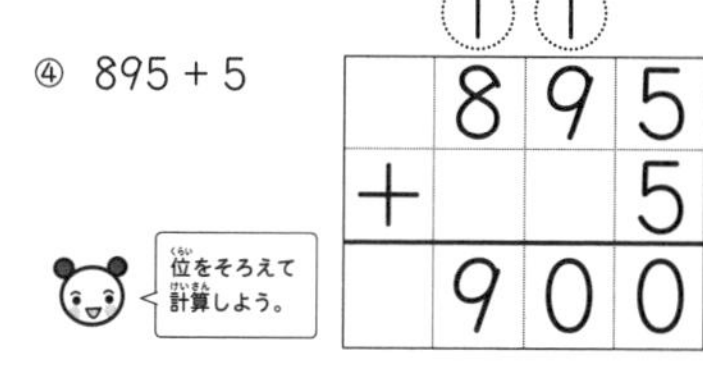

解答

児童に実施させる前に，必ず指導される方が問題を解いてください。本書の解答は，あくまでも１つの例です。指導される方の作られた解答をもとに，本書の解答例を参考に児童の多様な考えに寄り添って○つけをお願いします。

P.44

たし算とひき算の筆算（7） 答えが４けた

月	日	名前

● 筆算でしましょう。

① 624 + 377

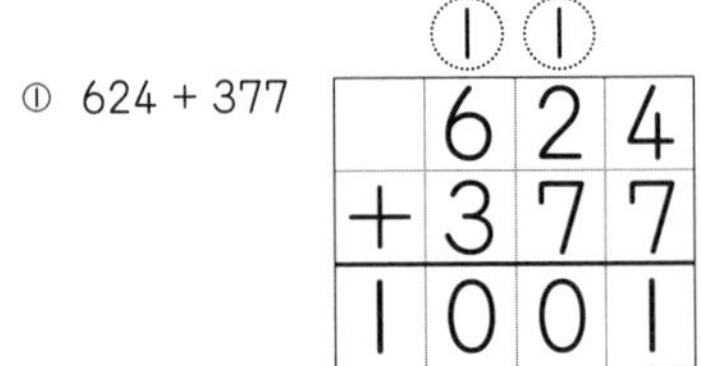

② 518 + 590

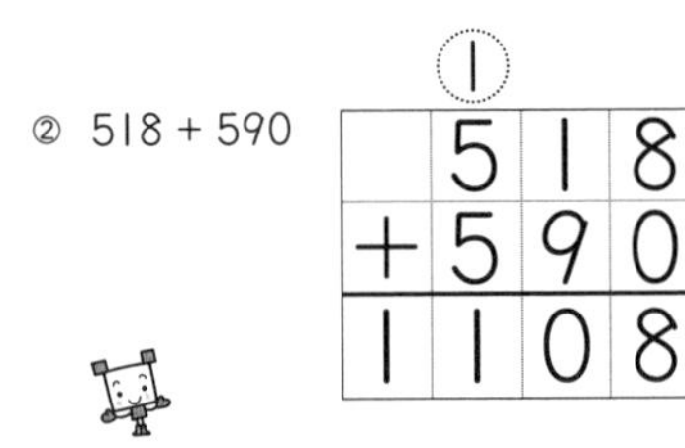

③ 942 + 58

	①	①	
	9	4	2
+		5	8
1	0	0	0

④ 806 + 426

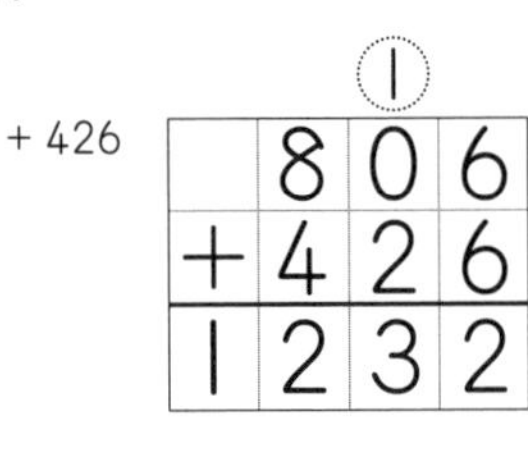

P.45

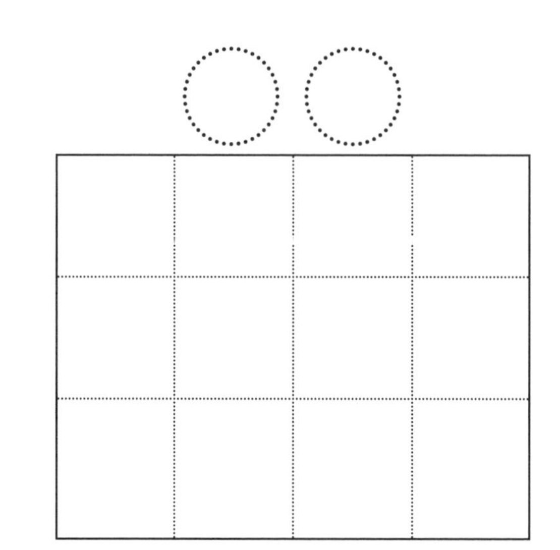

たし算とひき算の筆算（8） いろいろな計算

月	日	名前

● 筆算でしましょう。

① 231 + 574

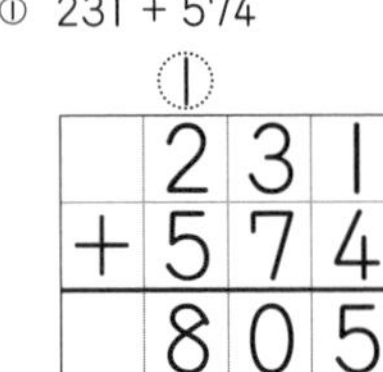

② 869 + 71

	①	①	
	8	6	9
+		7	1
	9	4	0

③ 343 + 257

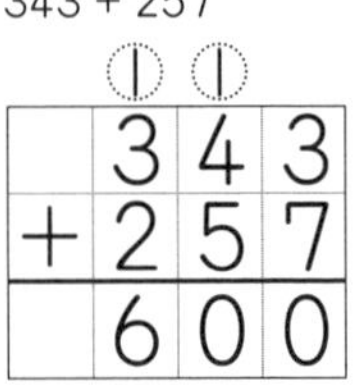

④ 406 + 695

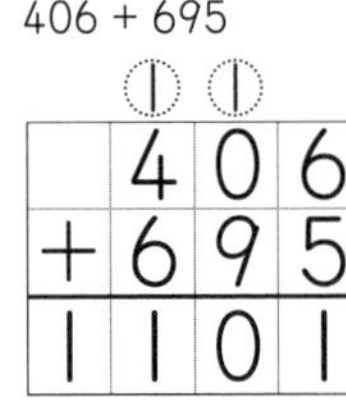

⑤ 75 + 925

	①	①	
		7	5
+	9	2	5
1	0	0	0

P.46

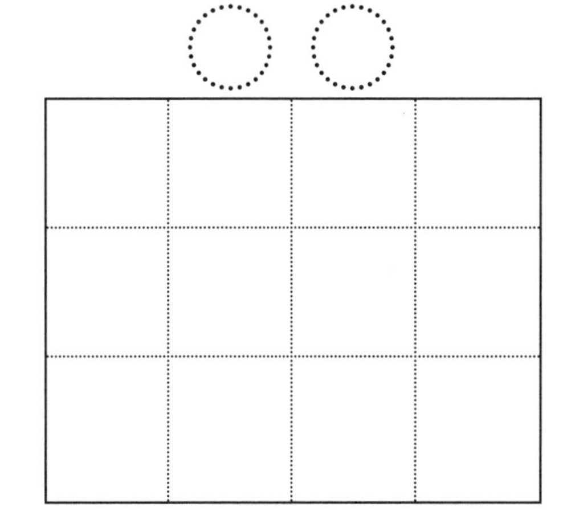

たし算とひき算の筆算（9） くり下がりなし くり下がり１回

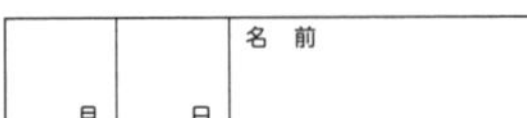

● 筆算でしましょう。

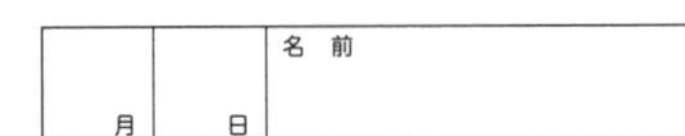

① 476 − 324　② 592 − 238　③ 765 − 492

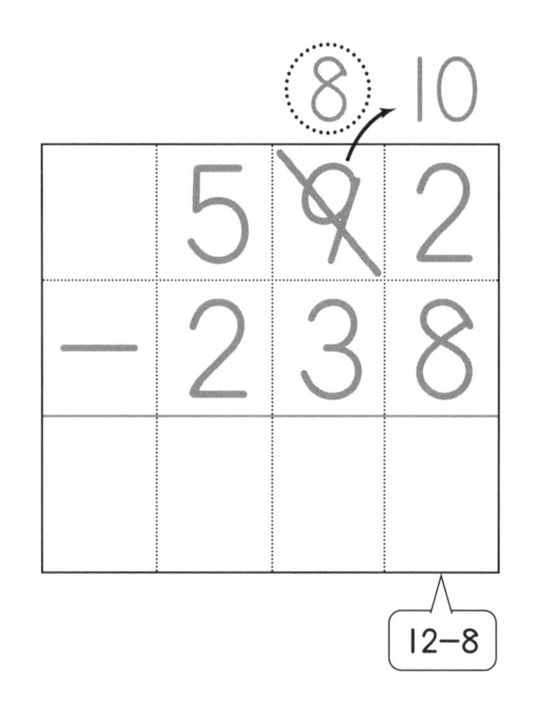

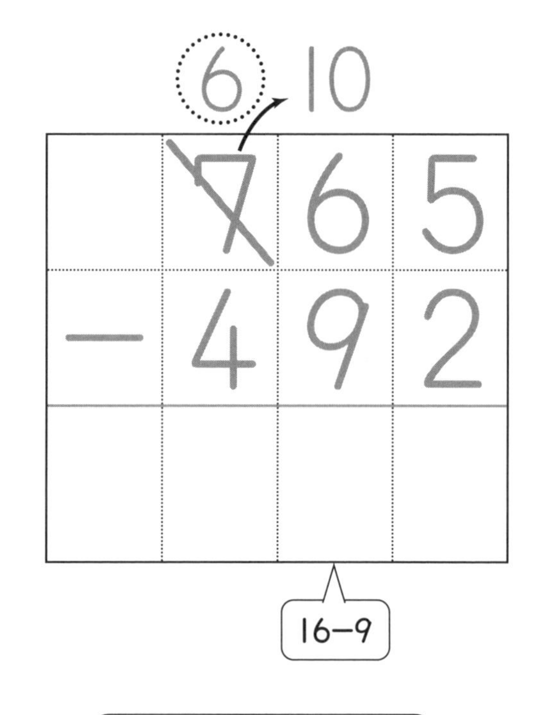

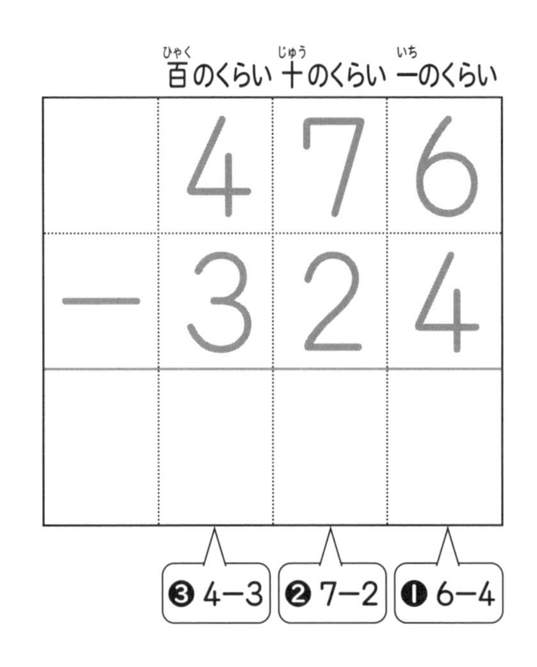

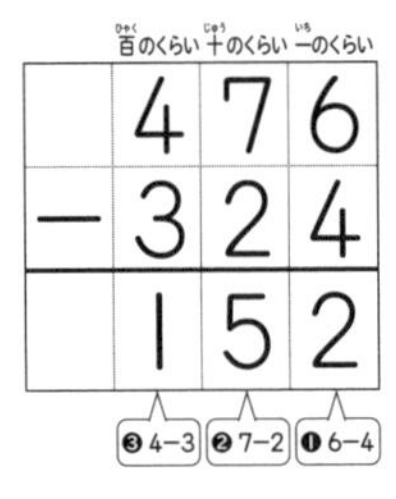

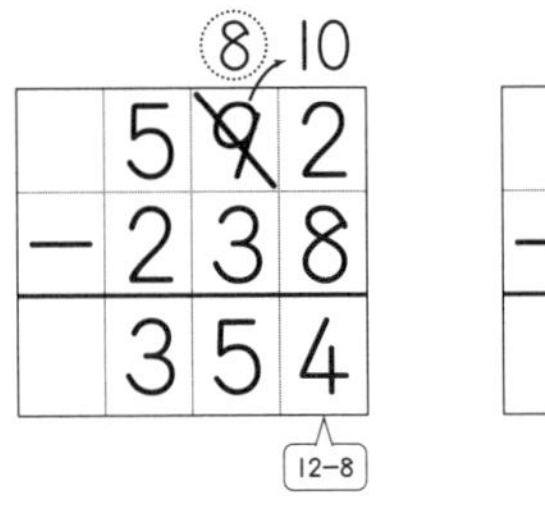

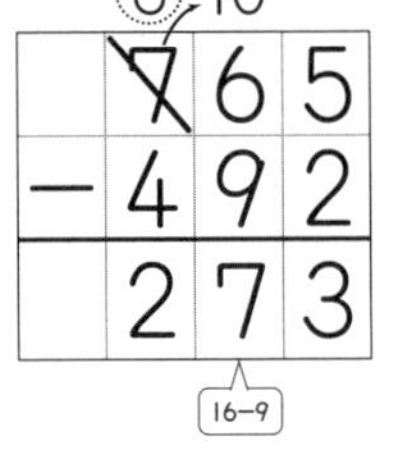

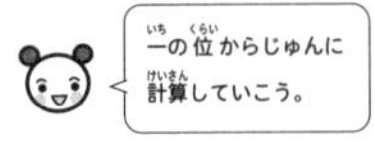

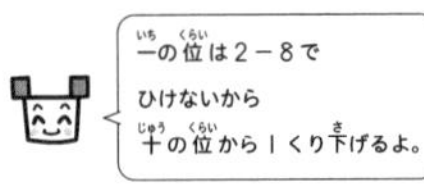

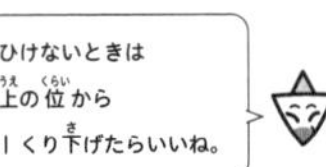

P.47

たし算とひき算の筆算（10） くり下がり１回

月	日	名前

● 筆算でしましょう。

① 429 − 356

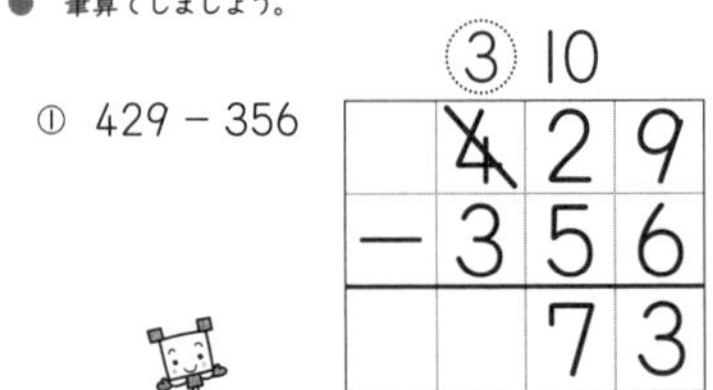

② 307 − 187

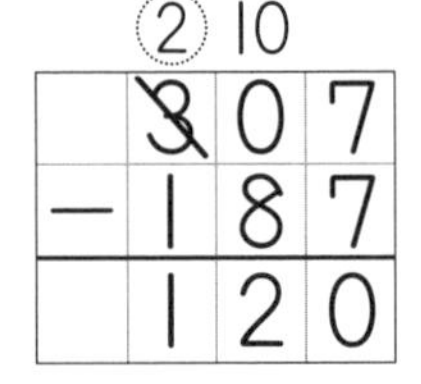

③ 813 − 504

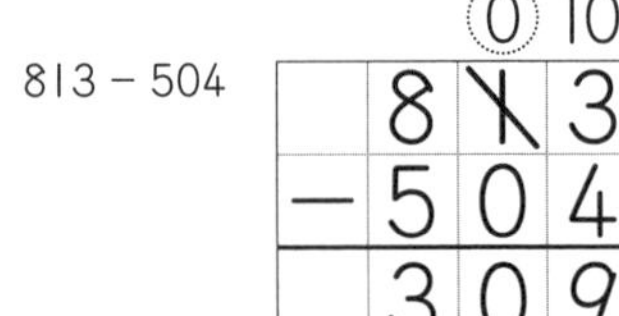

④ 272 − 65

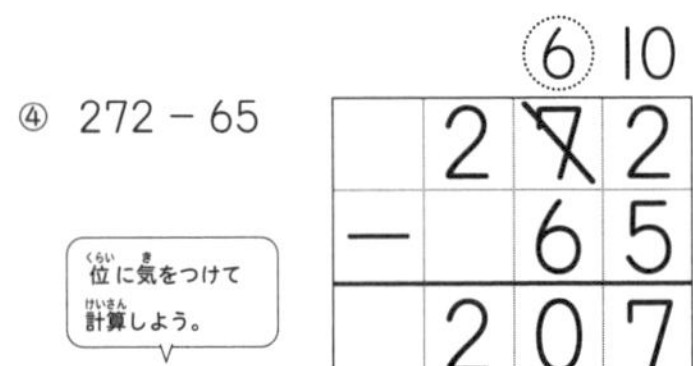

位に気をつけて計算しよう。

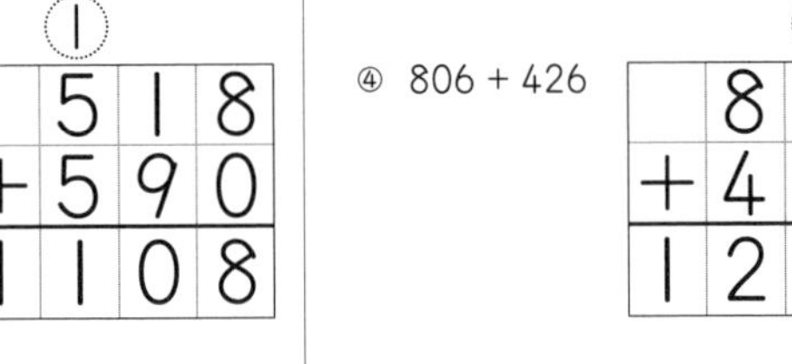

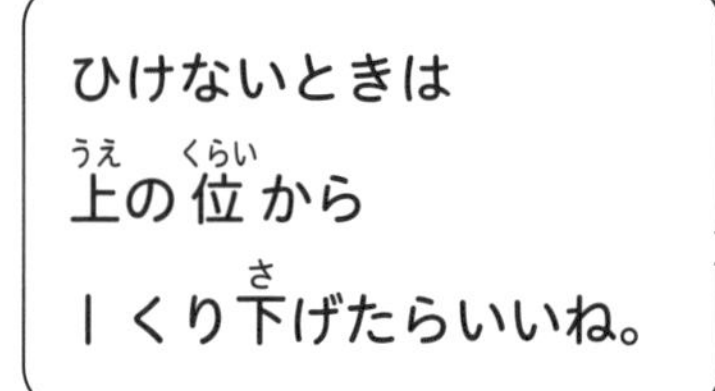

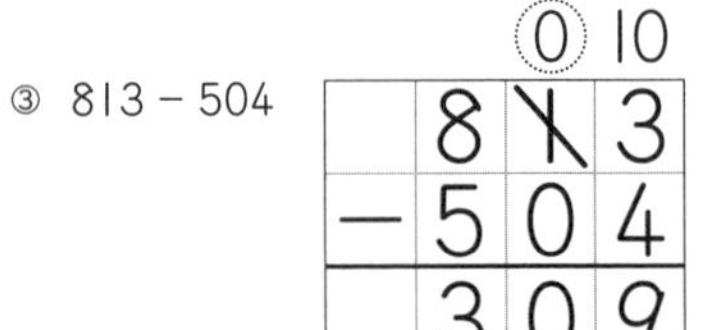

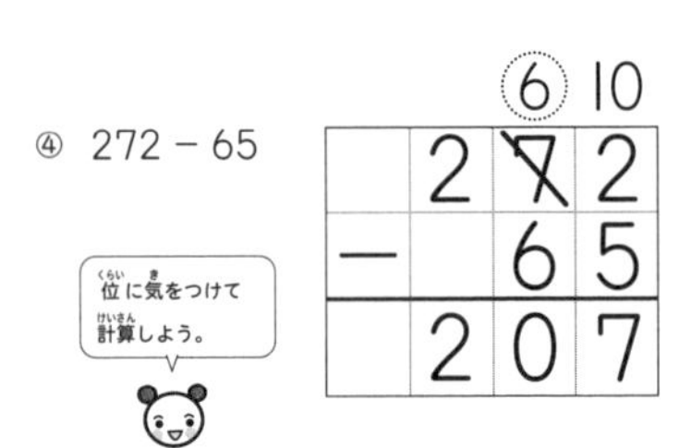

P.48

たし算とひき算の筆算（11）くり下がり２回

名前 月 日

● 筆算でしましょう。

① 542 − 276 = 266

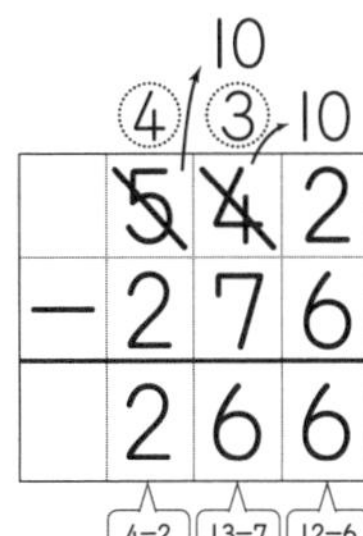

4−2　13−7　12−6

② 415 − 398 = 17

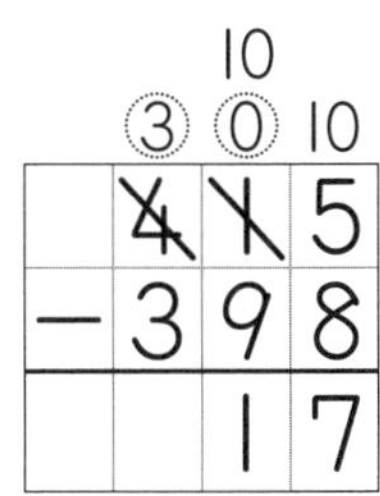

③ 356 − 79 = 277

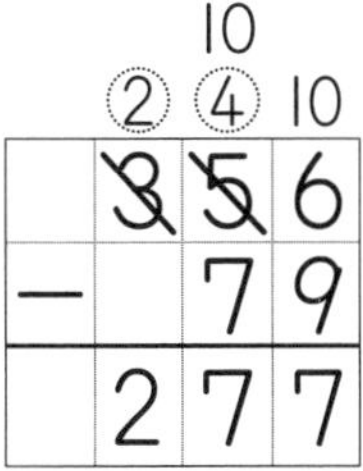

一の位からじゅんに位ごとに計算するよ。
ひけないときは上の位から１くり下げて計算しよう。

48

P.49

たし算とひき算の筆算（12）くり下がり２回

名前 月 日

● 筆算でしましょう。

① 430 − 172 = 258

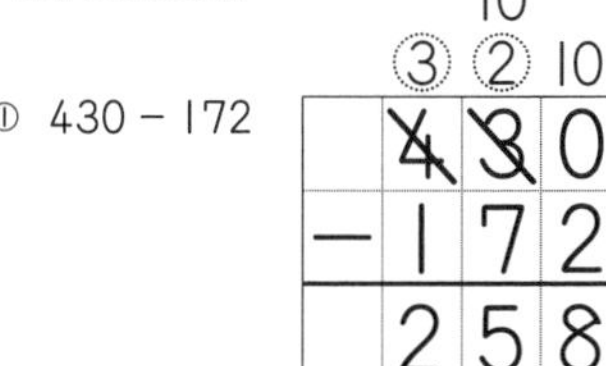

② 614 − 528 = 86

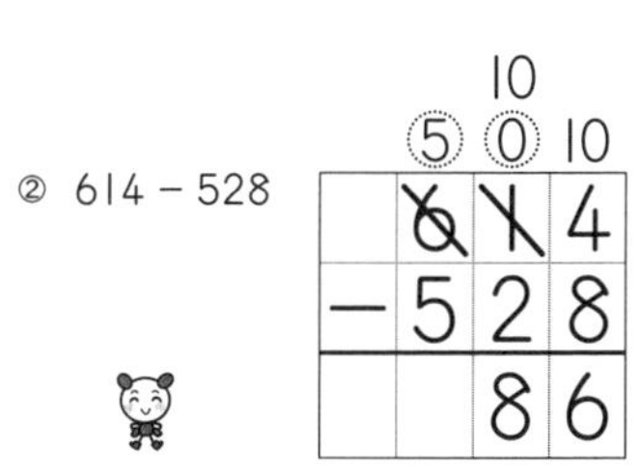

③ 590 − 93 = 497

④ 715 − 219 = 496

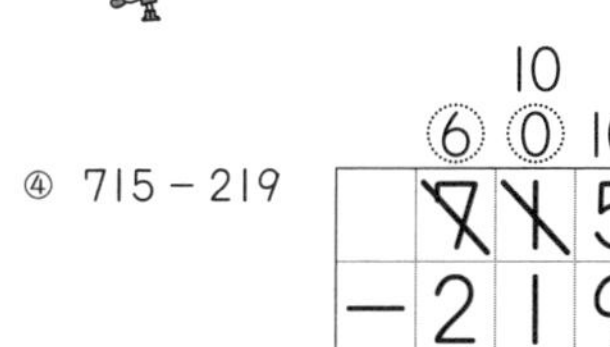

49

P.50

たし算とひき算の筆算（13）いろいろな計算

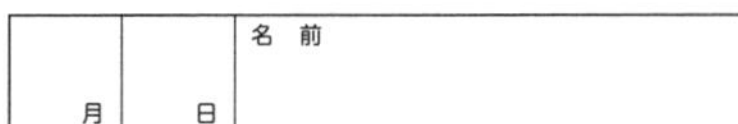

名前 月 日

● 筆算でしましょう。

① 317 − 264 = 53

② 520 − 383 = 137

③ 271 − 86 = 185

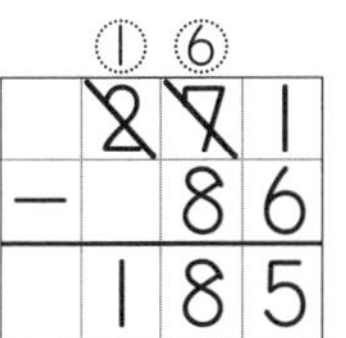

④ 470 − 379 = 91

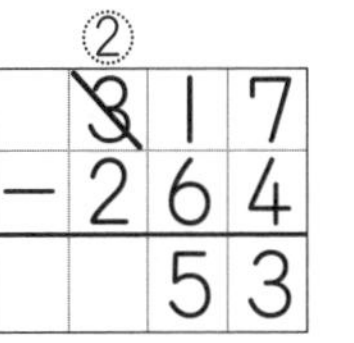

⑤ 710 − 690 = 20

50

P.51

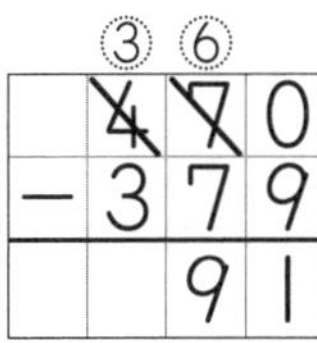

たし算とひき算の筆算（14）ひかれる数の十の位が０のひき算

名前 月 日

● 筆算でしましょう。

① 304 − 158 = 146

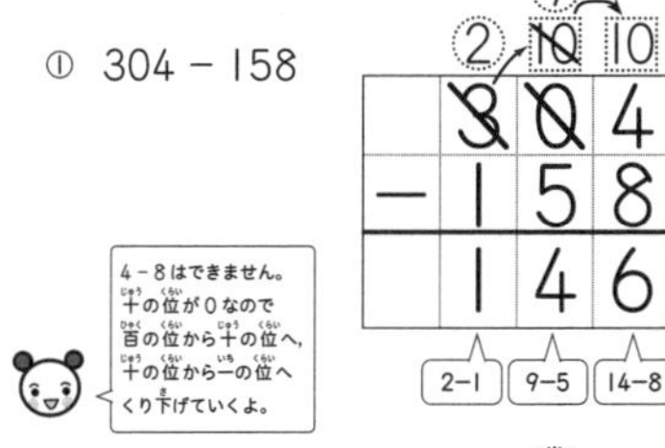

2−1　9−5　14−8

4−8はできません。
十の位が０なので
百の位から十の位へ，
十の位から一の位へ
くり下げていくよ。

② 602 − 519 = 83

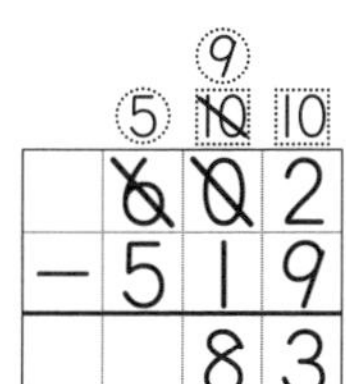

③ 206 − 87 = 119

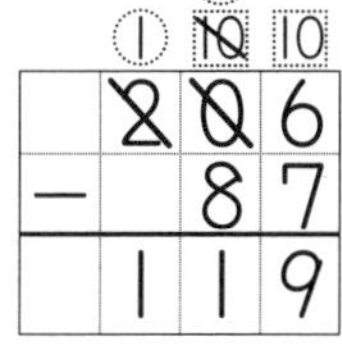

④ 805 − 28 = 777

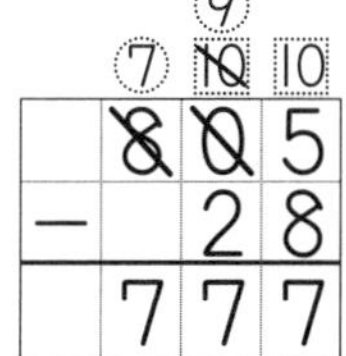

51

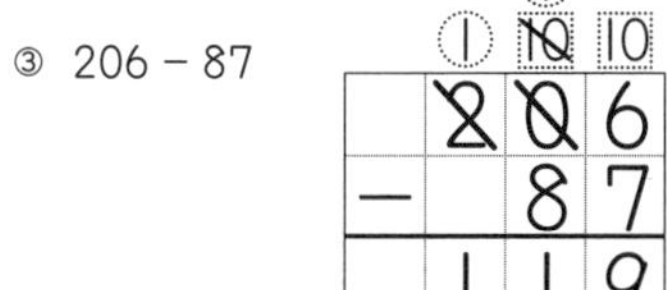

解答

児童に実施させる前に，必ず指導される方が問題を解いてください。本書の解答は，あくまでも１つの例です。指導される方の作られた解答をもとに，本書の解答例を参考に児童の多様な考えに寄り添って○つけをお願いします。

P.52

たし算とひき算の筆算（15） 何百，千からのひき算

月　日　名前

● 筆算でしましょう。

① 300 − 124

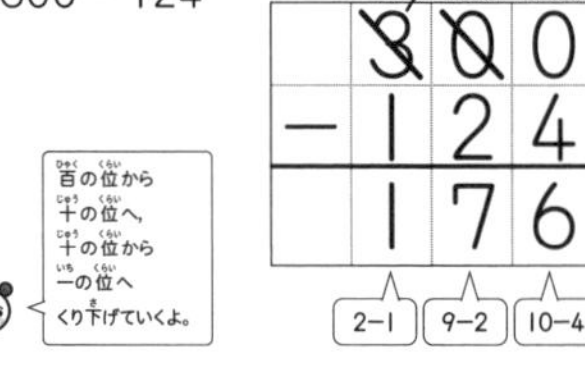

	3	0	0
−	1	2	4
	1	7	6

② 400 − 62

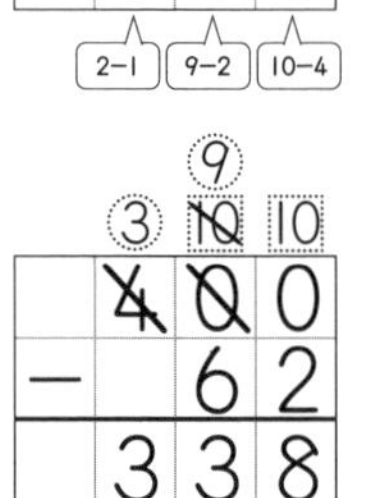

③ 1000 − 785

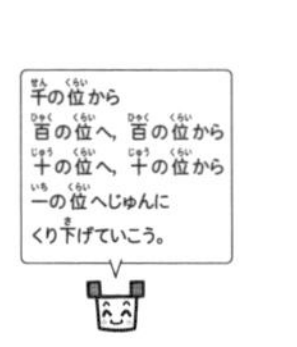

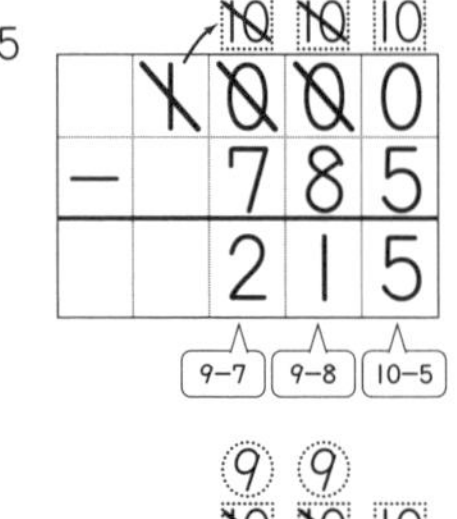

④ 1000 − 46

	1	0	0	0
−			4	6
		9	5	4

52

P.53

たし算とひき算の筆算（16） いろいろな計算

月　日　名前

● 筆算でしましょう。

① 600 − 417

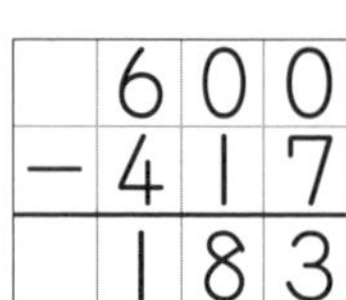

② 708 − 59

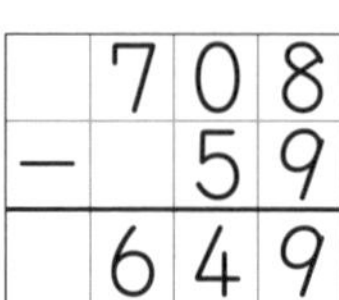

③ 800 − 768

	8	0	0
−	7	6	8
		3	2

④ 1000 − 924

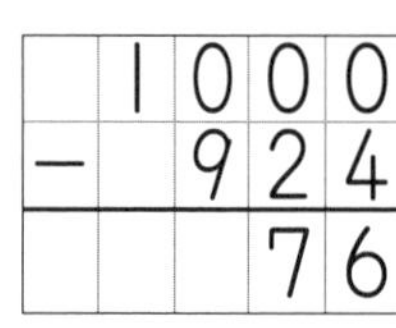

⑤ 1000 − 16

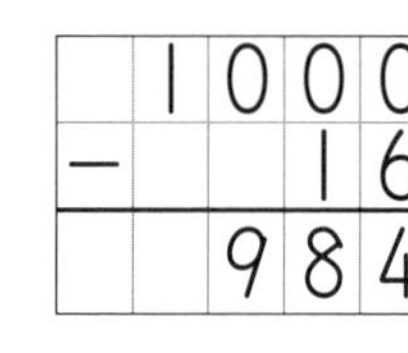

53

P.54

たし算とひき算の筆算（17） 4けたのたし算

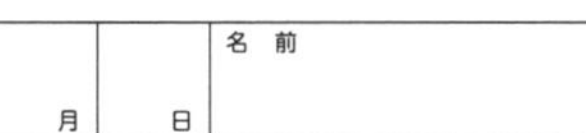

● 計算をしましょう。

①

一の位から
じゅんに
計算しよう。

	3	1	5	6
+	2	3	9	4
	5	5	5	0

②

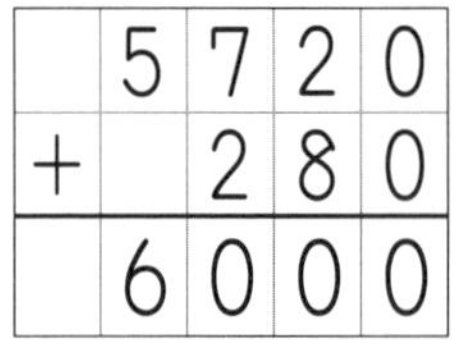

③

	2	9	3	5
+	6	4	6	8
	9	4	0	3

④

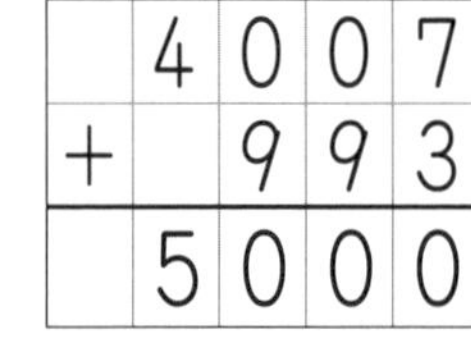

54

P.55

たし算とひき算の筆算（18） 4けたのひき算

● 計算をしましょう。

①

ひけないときは
上の位から
1くり下げてこよう。

	7	6	1	2
−	3	2	8	6
	4	3	2	6

②

	4	5	0	7
−	1	2	5	9
	3	2	4	8

③

	3	0	7	0
−		9	2	3
	2	1	4	7

④

55

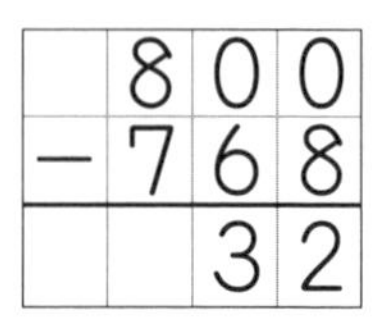

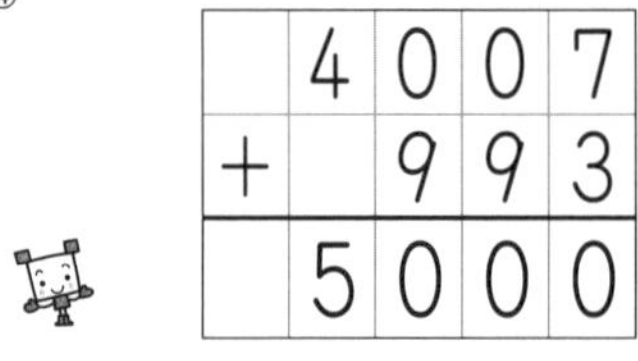

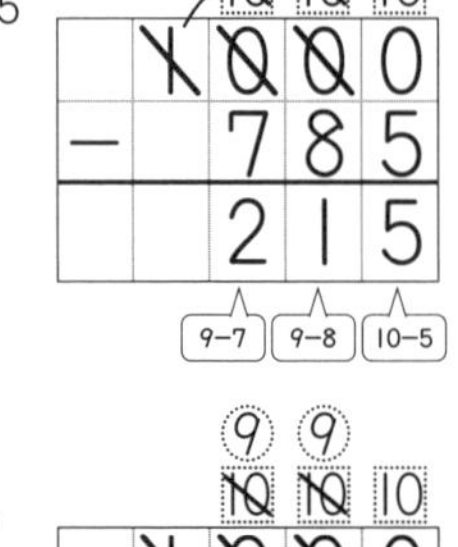

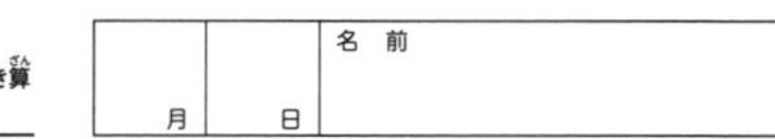

P.56

たし算とひき算の筆算（19） 文章題

月　日　名前

● かいとさんは，285円のはさみと，760円の筆箱を買いました。代金はあわせていくらになりますか。

式 285＋760＝1045

筆算でしてみよう

	2	8	5
＋	7	6	0
1	0	4	5

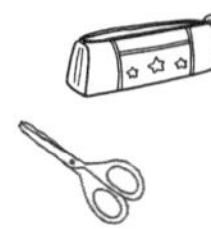

答え 1045円

● ゆかさんは，1000円持っています。315円のクッキーを買うと，のこりのお金はいくらになりますか。

式 1000－315＝685

筆算でしてみよう

1	0	0	0
－	3	1	5
	6	8	5

答え 685円

P.57

たし算とひき算の筆算（20） 文章題

月　日　名前

● 東小学校の子どもの数は647人です。西小学校の子どもの数は，東小学校より59人多いそうです。西小学校の子どもの数は何人ですか。

式 647＋59＝706

筆算でしてみよう

	6	4	7
＋		5	9
	7	0	6

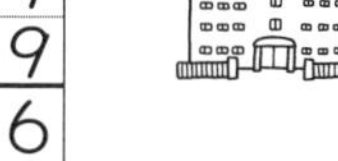

答え 706人

● 図書室に図かんが218さつあります。物語の本が503さつあります。どちらが何さつ多いですか。

式 503－218＝285

筆算でしてみよう

	5	0	3
－	2	1	8
	2	8	5

答え 物語が285さつ多い。

P.58

長さ（1）

月　日　名前

● 下のまきじゃくの⬇のめもりを読みましょう。

①

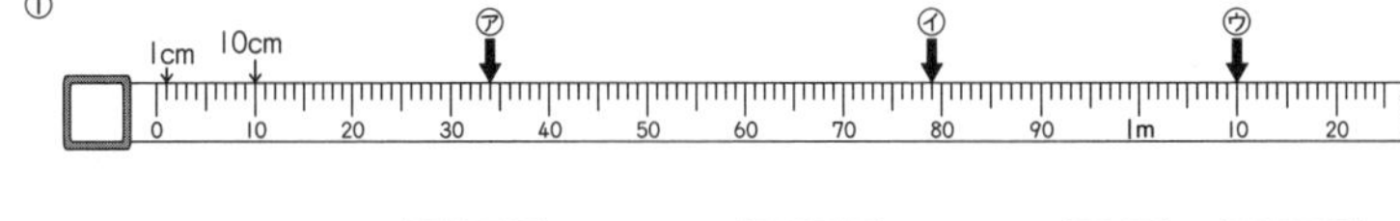

㋐ 34 cm　㋑ 79 cm　㋒ 1 m 10 cm

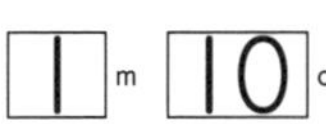

②

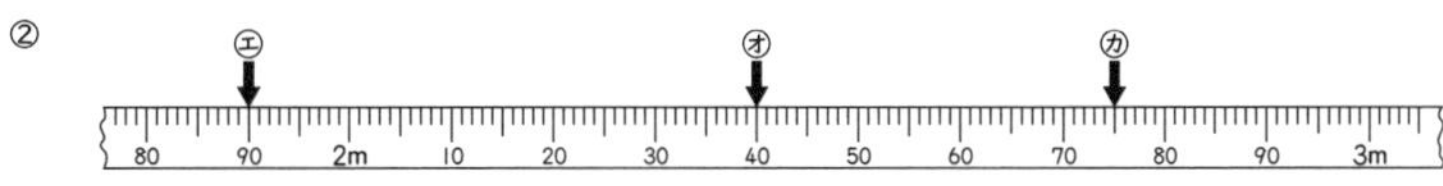

㋓ 1 m 90 cm　㋔ 2 m 40 cm　㋕ 2 m 75 cm

P.59

長さ（2）

月　日　名前

● 下のまきじゃくで，㋐～㋒の長さを表すめもりに，⬇をかきましょう。

1めもりは何cmかな。

① ㋐ 42cm　㋑ 96cm　㋒ 1m 5cm

ア イ ウ

0 10 20 30 40 50 60 70 80 90 1m 10 20

② ㋐ 7m 80cm　㋑ 8m 2cm　㋒ 8m 59cm

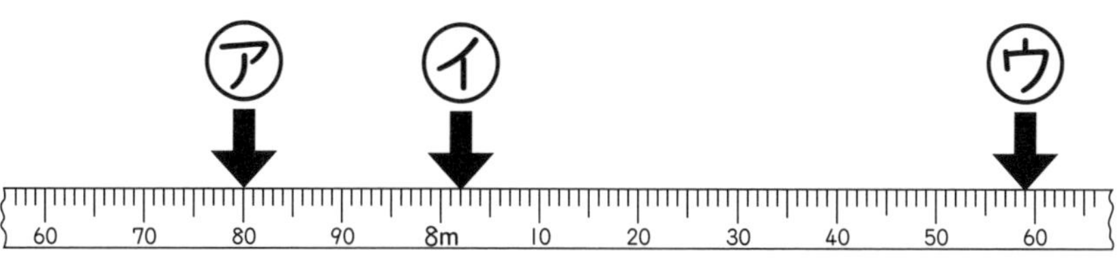

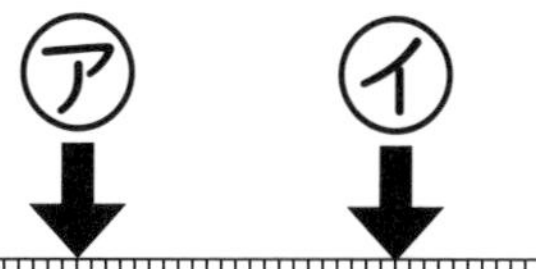

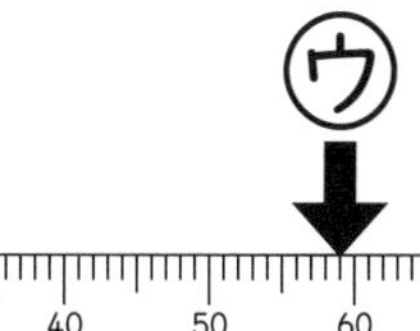

60 70 80 90 8m 10 20 30 40 50 60

解答

児童に実施させる前に，必ず指導される方が問題を解いてください。本書の解答は，あくまでも１つの例です。指導される方の作られた解答をもとに，本書の解答例を参考に児童の多様な考えに寄り添って○つけをお願いします。

P.60

長さ (3)

月	日	名前

長い長さを表すのに 1km（1 キロメートル）のたんいを使います。

1km = 1000m です。

1km は，人が ふつうのはやさで 15分くらい歩いた 長さだよ。

● □にあてはまる数を書きましょう。

① 1km = 1000 m
② 5km = 5000 m
③ 8km = 8000 m
④ 3000m = 3 km
⑤ 7000m = 7 km

■ 練習しましょう。

1km　2km　3km　4km　5km

60

P.61

長さ (4)

月	日	名前

● □にあてはまることばを □からえらんで書きましょう。

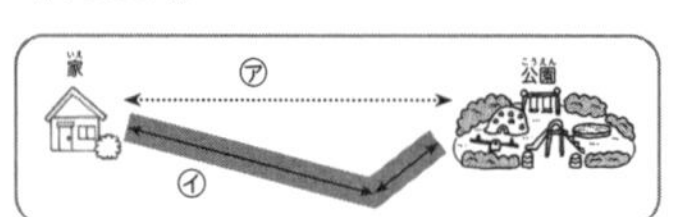

① ㋐のように，まっすぐにはかった長さを

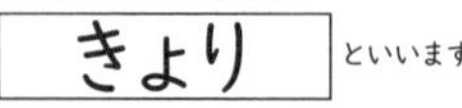

といいます。

② ㋑のように，道にそってはかった長さを

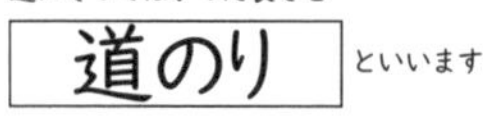

といいます。

きょり ・ 道のり

● 下の図を見て答えましょう。

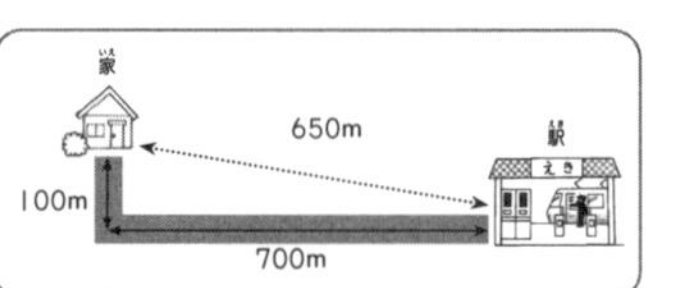

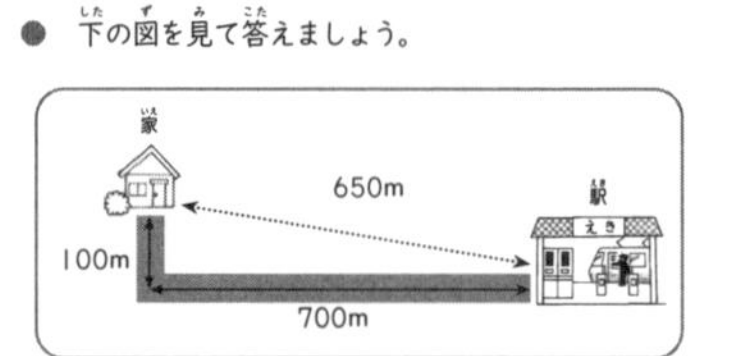

① 家から駅までのきょりは何mですか。 650 m

② 家から駅までの道のりは何mですか。

式 100 m + 700 m = 800 m

答え 800 m

61

P.62

長さ (5)

月	日	名前

● □にあてはまる数を書きましょう。

表を使って考えてみよう。

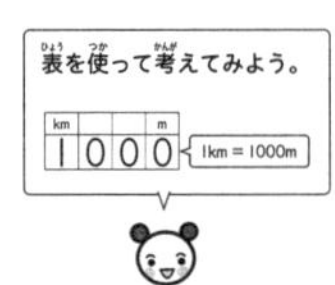

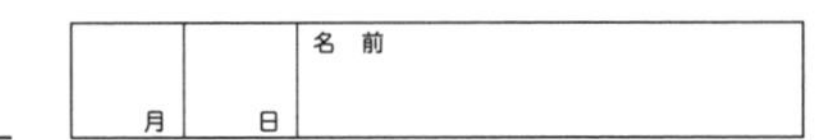

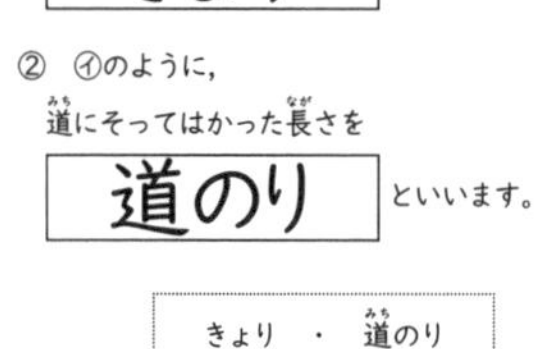

① 1800m = 1 km 800 m

km			m
1	8	0	0

② 7250m = 7 km 250 m

km			m
7	2	5	0

③ 4060m = 4 km 60 m

km			m
4	0	6	0

④ 3km 400m = 3400 m

km			m
3	4	0	0

⑤ 5km 70m = 5070 m

km			m
5	0	7	0

62

P.63

長さ (6)

月	日	名前

● 下の図を見て答えましょう。

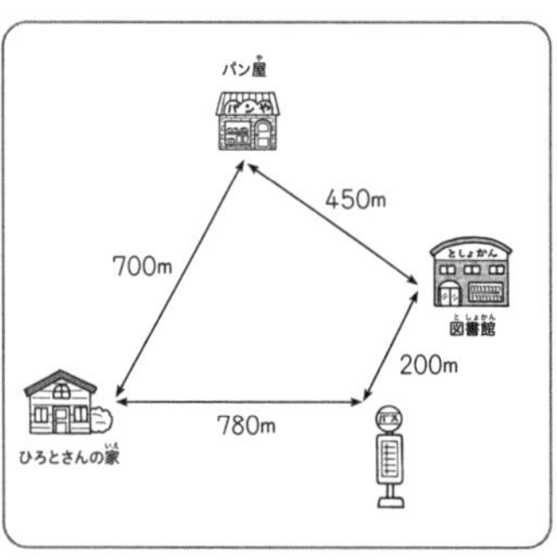

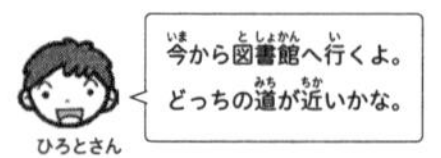

① バスていの前を通って図書館へ行きます。
ひろとさんの家から図書館までの道のりは何mですか。

式 780 m + 200 m = 980 m

答え 980 m

② パン屋の前を通って図書館へ行きます。
ひろとさんの家から図書館までの道のりは何mですか。
また，何 km 何mですか。

式 700 m + 450 m = 1150 m

答え 1150 m

1 km 150 m

63

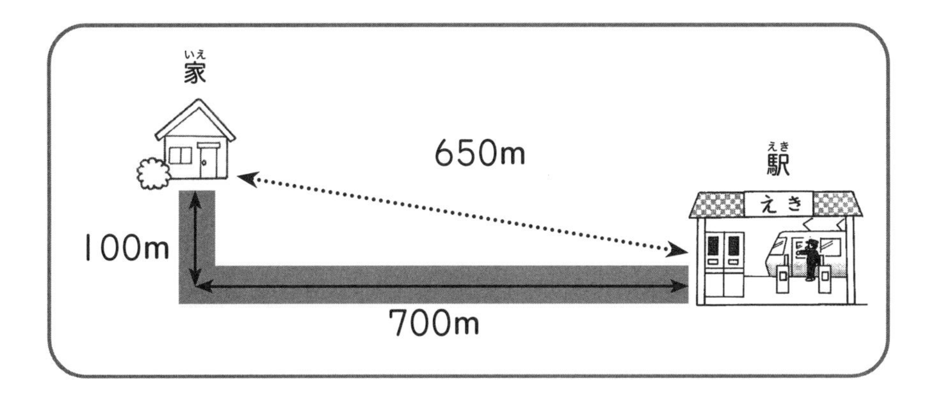

P.64

長さ (7)

月　日　名前

● 次の計算をしましょう。

① 1km 200m ＋ 1km 500m ＝ 2 km 700 m

② 2km 280m ＋ 120m ＝ 2 km 400 m

③ 5km 800m － 2km 600m ＝ 3 km 200 m

④ 7km 400m － 400m ＝ 7 km

⑤ 1km － 500m ＝ 500 m

P.65

長さ (8)

月　日　名前

● 下の①～④の長さをはかります。
㋐～㋓のどの道具ではかるとよいですか。

① 教科書のたての長さ　㋐

② 体育館のたての長さ　㋒

③ 木のまわりの長さ　㋓

④ つくえの横の長さ　㋑

㋐ 30cm のものさし　㋑ 1m のものさし
㋒ 50m のまきじゃく　㋓ 10m のまきじゃく

● □にあてはまる長さのたんい（km，m，cm，mm）を書きましょう。

① ジャングルジムの高さ　2 m

② 算数の教科書のあつさ　6 mm

③ ハイキングコースの道のり　3 km

④ 東京スカイツリーの高さ　634 m

⑤ くつのサイズ（長さ）　20 cm

P.66

あまりのあるわり算 (1)

月　日　名前

● みかんが９こあります。
1人に２こずつ分けます。
何人に分けられて，何こあまりますか。

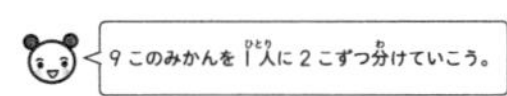

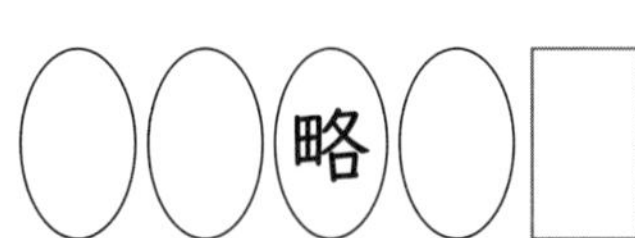

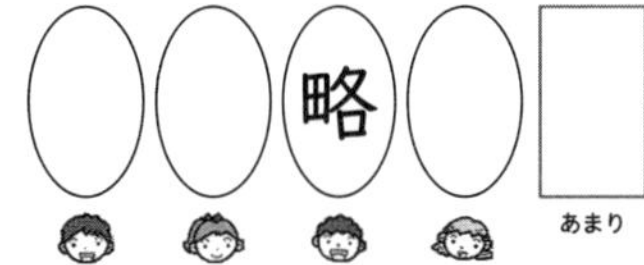

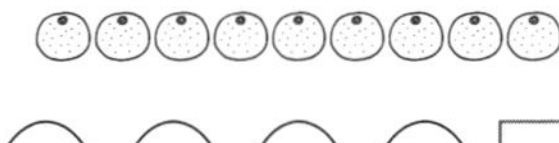

答え 4 人に分けられて，1 こあまる。

● りんごが８こあります。
1ふくろに３こずつ分けます。
ふくろはいくつできて，何こあまりますか。

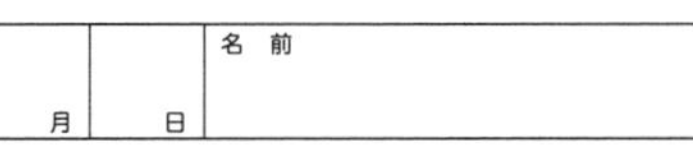

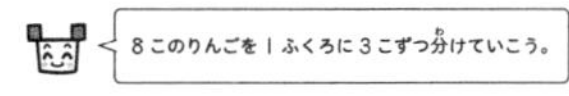

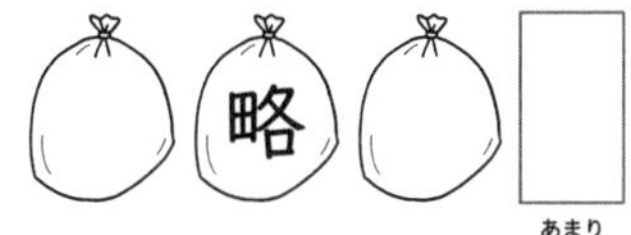

答え 2 ふくろできて，2 こあまる。

P.67

あまりのあるわり算 (2)

月　日　名前

● キャラメルが15こあります。1人に４こずつ分けます。
何人に分けられて，何こあまりますか。

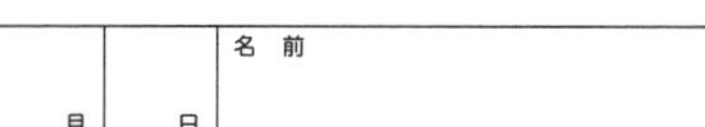

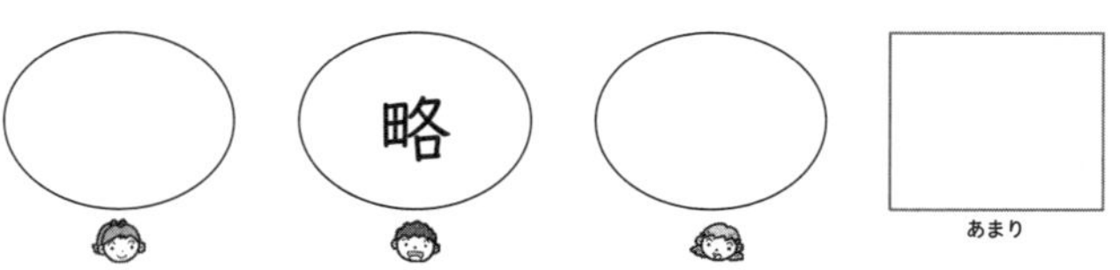

15このキャラメルを1人に4こずつ分けると，3 人に分けられて，3 こあまります。

式に表してみよう。

全部の数 15 ÷ 1人分の数 4 ＝ 人数 3 あまり あまりの数 3

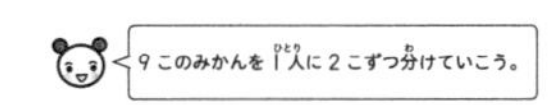

解答

児童に実施させる前に，必ず指導される方が問題を解いてください。本書の解答は，あくまでも１つの例です。指導される方の作られた解答をもとに，本書の解答例を参考に児童の多様な考えに寄り添って○つけをお願いします。

P.68

あまりのあるわり算 (3)

		名前
月	日	

● 絵を使って答えをもとめ，わり算の式に表しましょう。

① クッキーが 16 こあります。
1人に 3 こずつ分けます。
何人に分けられて，何こあまりますか。

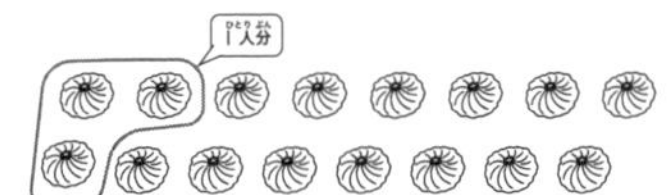

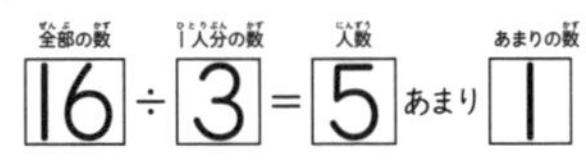

式
全部の数 16 ÷ 1人分の数 3 = 人数 5 あまり あまりの数 1

答え 5 人に分けられて，1 こあまる。

② じゃがいもが 27 こあります。
1箱に 7 こずつ分けます。
箱はいくつできて，何こあまりますか。

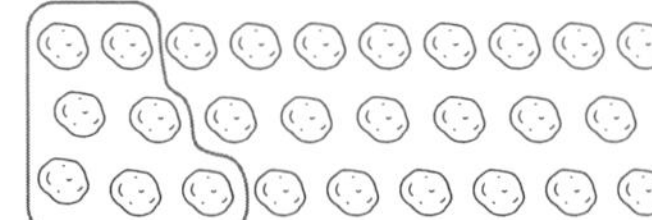

式
全部の数 27 ÷ 1箱分の数 7 = 箱の数 3 あまり あまりの数 6

答え 3 箱できて，6 こあまる。

68

P.69

あまりのあるわり算 (4)

		名前
月	日	

● 絵を使って答えをもとめ，わり算の式に表しましょう。

① あめが 10 こあります。
3人で同じ数ずつ分けます。
1人分は何こになって，何こあまりますか。

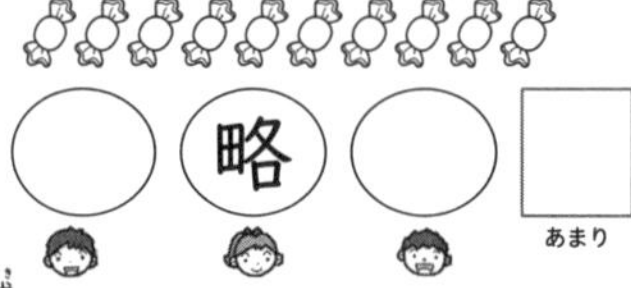

式
全部の数 10 ÷ 人数 3 = 1人分の数 3 あまり あまりの数 1

答え 1人分は 3 こになって，1 こあまる。

② いちごが 17 こあります。
5 まいのお皿に同じ数ずつ分けます。
1 皿分は何こになって，何こあまりますか。

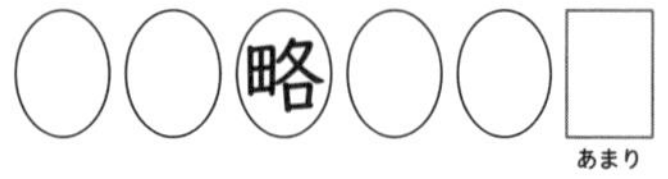

式
全部の数 17 ÷ お皿の数 5 = 1皿分の数 3 あまり あまりの数 2

答え 1 皿分は 3 こになって，2 こあまる。

69

P.70

あまりのあるわり算 (5)

		名前
月	日	

チューリップの花が 14 本あります。
1人に 3 本ずつ分けます。
何人に分けられて，何本あまりますか。

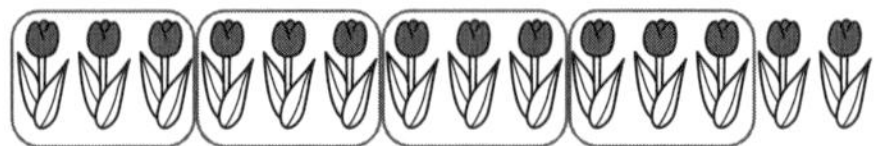

式

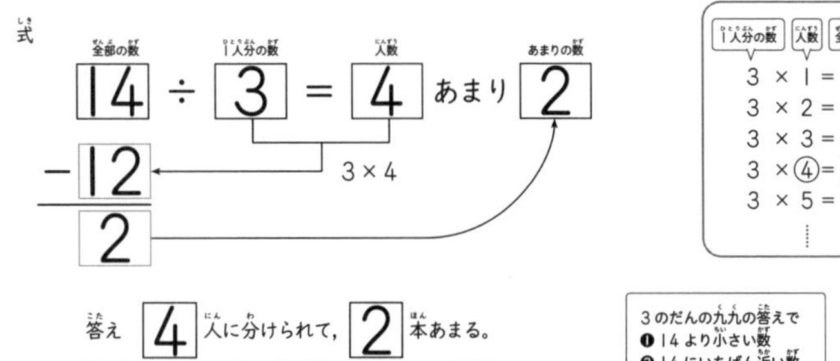

1人分の数 × 人数 = 全部の数
3 × 1 = 3
3 × 2 = 6
3 × 3 = 9
3 × ④ = 12
3 × 5 = 15
⋮

答え 4 人に分けられて，2 本あまる。

3 のだんの九九の答えで
❶ 14 より小さい数
❷ 14 にいちばん近い数
をさがそう。

70

P.71

あまりのあるわり算 (6)

		名前
月	日	

● クッキーが 40 まいあります。
1 つのふくろに 7 まいずつ分けます。
ふくろはいくつできて，
何まいあまりますか。

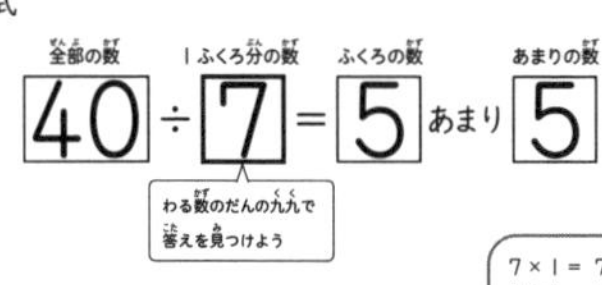

式
全部の数 40 ÷ 1ふくろ分の数 7 = ふくろの数 5 あまり あまりの数 5

わる数のだんの九九で答えを見つけよう

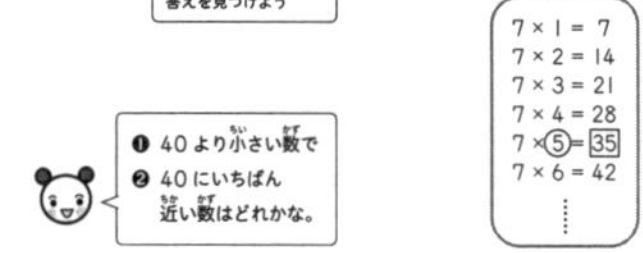

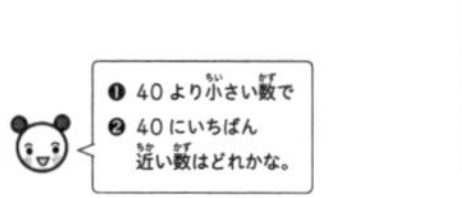

❶ 40 より小さい数で
❷ 40 にいちばん近い数はどれかな。

7 × 1 = 7
7 × 2 = 14
7 × 3 = 21
7 × 4 = 28
7 × ⑤ = 35
7 × 6 = 42
⋮

答え ふくろは 5 つできて，5 まいあまる。

● 子どもが 53 人います。
8 人ずつに分けて，はんをつくります。
はんはいくつできて，
何人あまりますか。

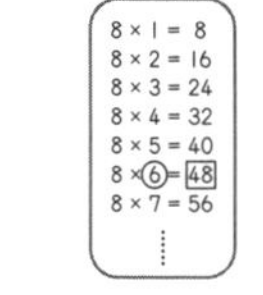

式
全部の数 53 ÷ 1つのはんの数 8 = はんの数 6 あまり あまりの数 5

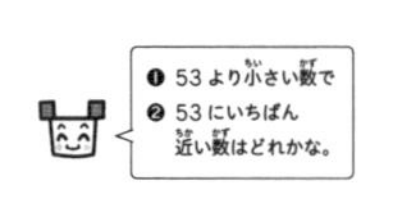

❶ 53 より小さい数で
❷ 53 にいちばん近い数はどれかな。

8 × 1 = 8
8 × 2 = 16
8 × 3 = 24
8 × 4 = 32
8 × 5 = 40
8 × ⑥ = 48
8 × 7 = 56
⋮

答え はんは 6 つできて，5 人あまる。

71

P.72

あまりのあるわり算（7）

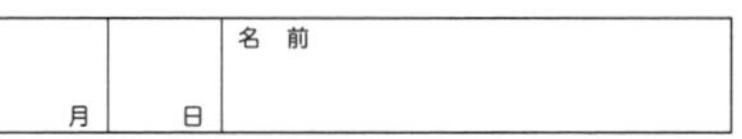

● 色紙が 32 まいあります。
5 人で同じ数ずつ分けます。
1 人分は何まいになって，
何まいあまりますか。

式

全部の数 32 ÷ 人数 5 ＝ 1人分の数 6 あまり あまりの数 2

わる数のだんの九九で答えを見つけよう

5 × 1 ＝ 5
5 × 2 ＝ 10
5 × 3 ＝ 15
5 × 4 ＝ 20
5 × 5 ＝ 25
5 × 6 ＝ 30
5 × 7 ＝ 35

❶ 32 より小さい数で
❷ 32 にいちばん近い数はどれかな。

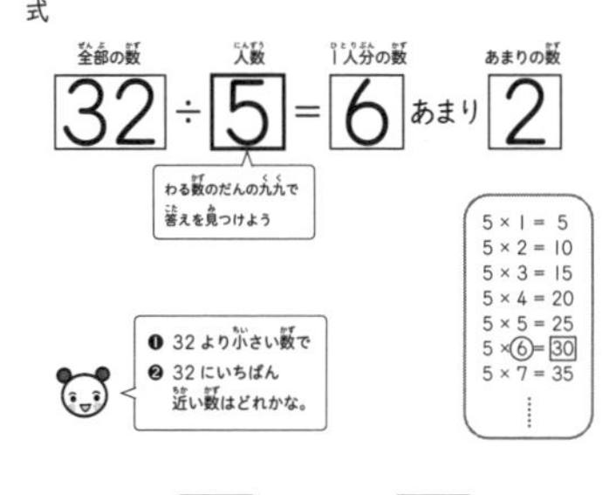

答え 1 人分は 6 まいになって，2 まいあまる。

● 金魚が 29 ひきいます。
6 つの水そうに同じ数ずつ分けます。
1 つの水そうは何びきになって，
何びきあまりますか。

式

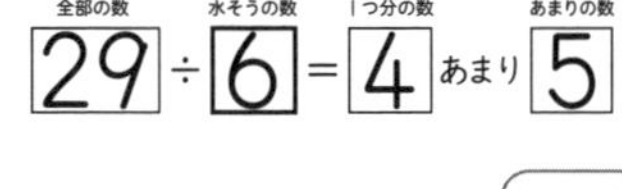

全部の数 29 ÷ 水そうの数 6 ＝ 1つ分の数 4 あまり あまりの数 5

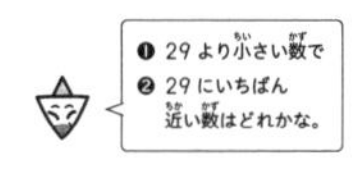

6 × 1 ＝ 6
6 × 2 ＝ 12
6 × 3 ＝ 18
6 × 4 ＝ 24
6 × 5 ＝ 30

答え 1 つの水そうは 4 ひきになって，5 ひきあまる。

72

P.73

あまりのあるわり算（8）

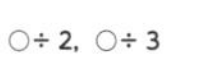

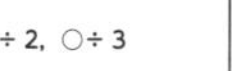

○÷2，○÷3

● 計算をしましょう。

① 17 ÷ 2 ＝ 8 あまり 1
－16 （2 × 8）
1

② 23 ÷ 3 ＝ 7 あまり 2
－21 （3 × 7）
2

③ 13 ÷ 3 ＝ 4 あまり 1
－12
1

● 計算をしましょう。

① 5 ÷ 2 ＝ 2 あまり 1

② 13 ÷ 2 ＝ 6 あまり 1

③ 17 ÷ 3 ＝ 5 あまり 2

④ 26 ÷ 3 ＝ 8 あまり 2

⑤ 19 ÷ 3 ＝ 6 あまり 1

73

P.74

あまりのあるわり算（9）

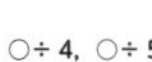

○÷4，○÷5

● 計算をしましょう。

① 27 ÷ 4 ＝ 6 あまり 3
－24 （4 × 6）
3

② 14 ÷ 5 ＝ 2 あまり 4
－10
4

③ 47 ÷ 5 ＝ 9 あまり 2
－45
2

● 計算をしましょう。

① 31 ÷ 4 ＝ 7 あまり 3

② 37 ÷ 4 ＝ 9 あまり 1

③ 18 ÷ 4 ＝ 4 あまり 2

④ 28 ÷ 5 ＝ 5 あまり 3

⑤ 42 ÷ 5 ＝ 8 あまり 2

74

P.75

あまりのあるわり算（10）

○÷6，○÷7

● 計算をしましょう。

① 40 ÷ 6 ＝ 6 あまり 4
－36 （6 × 6）
4

② 52 ÷ 7 ＝ 7 あまり 3
－49
3

③ 61 ÷ 7 ＝ 8 あまり 5
－56
5

● 計算をしましょう。

① 51 ÷ 6 ＝ 8 あまり 3

② 47 ÷ 6 ＝ 7 あまり 5

③ 22 ÷ 6 ＝ 3 あまり 4

④ 46 ÷ 7 ＝ 6 あまり 4

⑤ 20 ÷ 7 ＝ 2 あまり 6

75

解答

児童に実施させる前に，必ず指導される方が問題を解いてください。本書の解答は，あくまでも１つの例です。指導される方の作られた解答をもとに，本書の解答例を参考に児童の多様な考えに寄り添って○つけをお願いします。

P.76

あまりのあるわり算（11） ○÷8，○÷9

月　日　名前

● 計算をしましょう。

① 71 ÷ 8 = 8 あまり 7

$-$ 64 ← 8 × 8

7

② 35 ÷ 9 = 3 あまり 8

$-$ 27

8

③ 60 ÷ 9 = 6 あまり 6

$-$ 54

6

● 計算をしましょう。

① 53 ÷ 8 = 6 あまり 5

② 62 ÷ 8 = 7 あまり 6

③ 43 ÷ 9 = 4 あまり 7

④ 76 ÷ 9 = 8 あまり 4

⑤ 68 ÷ 9 = 7 あまり 5

76

P.77

あまりのあるわり算（12）

月　日　名前

● 計算をしましょう。

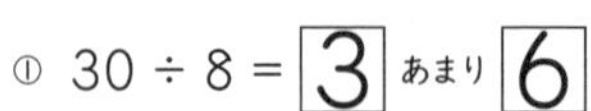

① 30 ÷ 8 = 3 あまり 6

② 59 ÷ 6 = 9 あまり 5

③ 34 ÷ 4 = 8 あまり 2

④ 67 ÷ 7 = 9 あまり 4

⑤ 22 ÷ 5 = 4 あまり 2

● 計算をしましょう。

① 52 ÷ 9 = 5 あまり 7

② 20 ÷ 3 = 6 あまり 2

③ 39 ÷ 8 = 4 あまり 7

④ 23 ÷ 6 = 3 あまり 5

⑤ 62 ÷ 7 = 8 あまり 6

77

P.78

あまりのあるわり算（13）

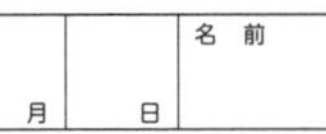

月　日　名前

● 計算をしましょう。

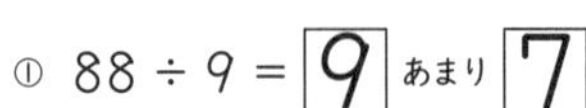

① 88 ÷ 9 = 9 あまり 7

② 53 ÷ 6 = 8 あまり 5

③ 38 ÷ 4 = 9 あまり 2

④ 41 ÷ 7 = 5 あまり 6

⑤ 77 ÷ 8 = 9 あまり 5

● 計算をしましょう。

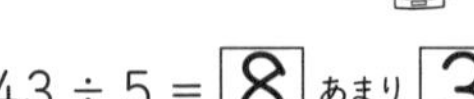

① 43 ÷ 5 = 8 あまり 3

② 15 ÷ 2 = 7 あまり 1

③ 70 ÷ 9 = 7 あまり 7

④ 65 ÷ 8 = 8 あまり 1

⑤ 45 ÷ 7 = 6 あまり 3

78

P.79

あまりのあるわり算（14）

月　日　名前

● 計算の答えのたしかめをしましょう。

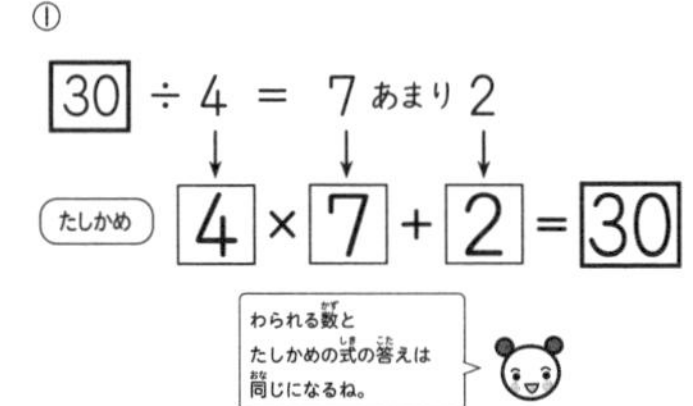

①

30 ÷ 4 = 7 あまり 2

たしかめ 4 × 7 + 2 = 30

わられる数と
たしかめの式の答えは
同じになるね。

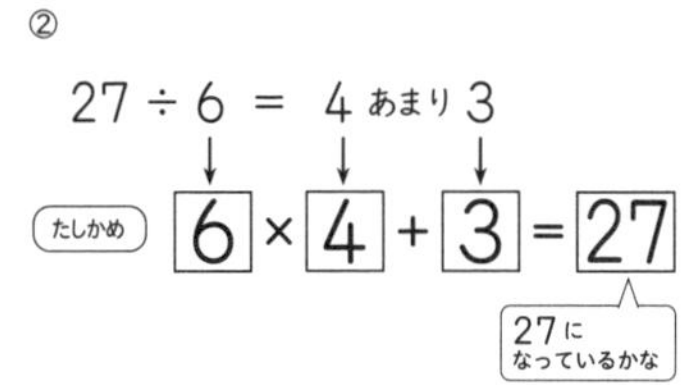

②

27 ÷ 6 = 4 あまり 3

たしかめ 6 × 4 + 3 = 27

● 計算をして，答えをたしかめましょう。

① 33 ÷ 7 = 4 あまり 5

たしかめ 7 × 4 + 5 = 33

② 61 ÷ 8 = 7 あまり 5

たしかめ 8 × 7 + 5 = 61

79

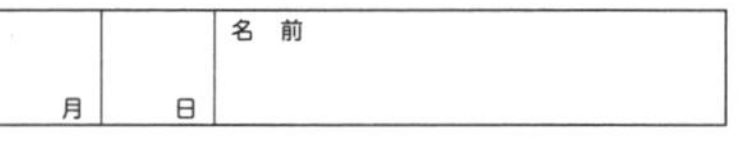

P.80

あまりのあるわり算（15） 文章題

月　日　名前

● ボールが 45 こあります。
6 つのかごに同じ数ずつ入れます。
1 かご何こずつで，何こあまりますか。

式

45÷6＝7 あまり 3

答え　1 かごは 7 こずつで，3 こあまる。

● 35m のリボンを 4m ずつ切ります。
4m のリボンは何本できて，
何 m あまりますか。

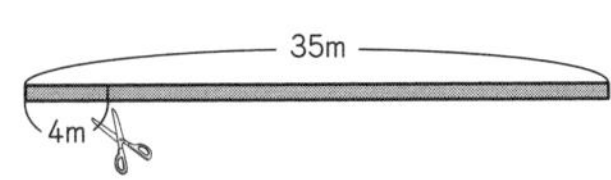

式

35÷4＝8 あまり 3

答え　8 本できて，3 m あまる。

P.81

あまりのあるわり算（16） 文章題

月　日　名前

● ドーナツが 18 こあります。
1 箱に 5 こずつ入れます。
全部のドーナツを入れるには，
箱はいくついりますか。

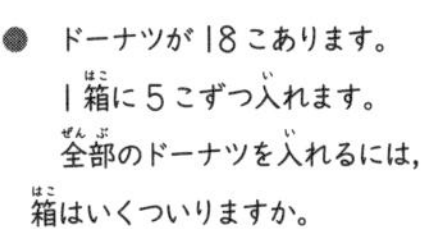

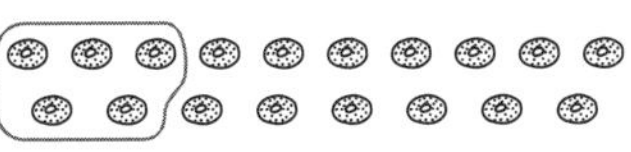

式

18÷5＝3 あまり 3
3＋1＝4

答え　4 つ（こ）

● どんぐりが 19 こあります。
1 つのおもちゃを作るのに
どんぐりを 7 こ使います。
おもちゃはいくつできますか。

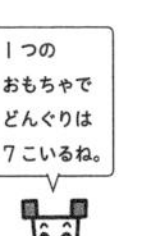

1 つの
おもちゃで
どんぐりは
7 こいるね。

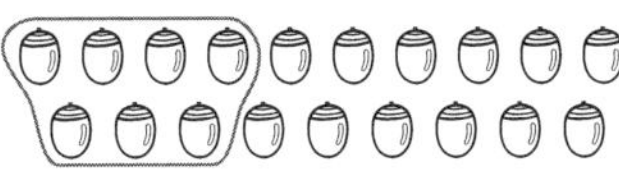

式

19÷7＝2 あまり 5

答え　2 つ（こ）

P.82

10000 より大きい数（1）

月　日　名前

● 次の数を数字で書きましょう。

① 二万三千五百十四

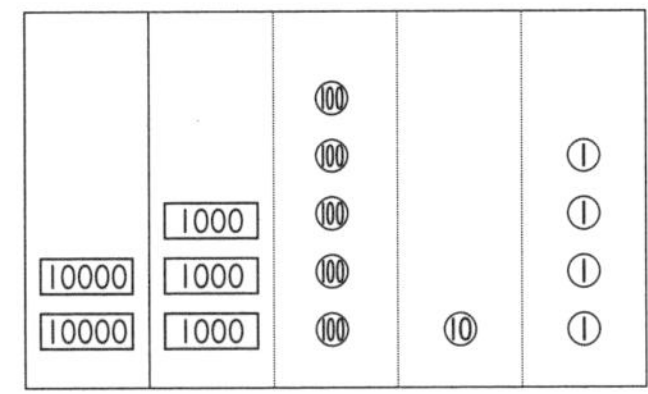

10000 が	1000 が	100 が	10 が	1 が
2 こ	3 こ	5 こ	1 こ	4 こ

一万の位	千の位	百の位	十の位	一の位
2	3	5	1	4

② 五万六千百八十

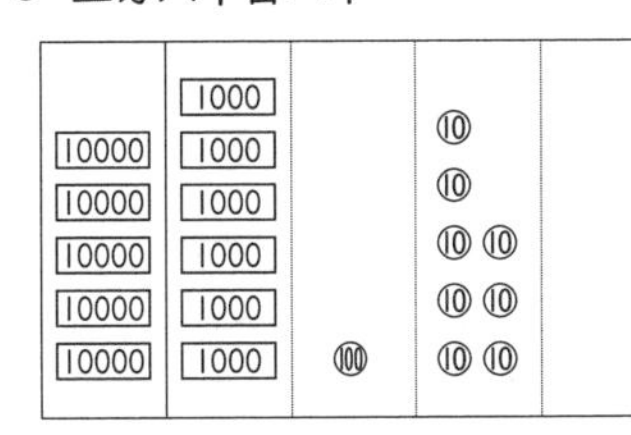

10000 が	1000 が	100 が	10 が	1 が
5 こ	6 こ	1 こ	8 こ	0 こ

一万の位	千の位	百の位	十の位	一の位
5	6	1	8	0

P.83

10000 より大きい数（2）

月　日　名前

● 次の数を数字で書きましょう。

① 三万四百

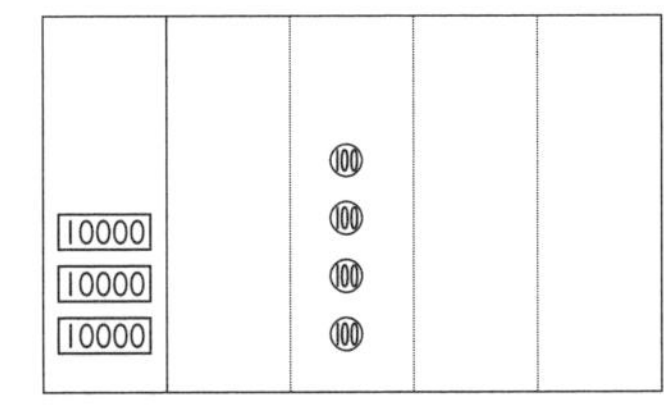

10000 が	1000 が	100 が	10 が	1 が
3 こ	0 こ	4 こ	0 こ	0 こ

一万の位	千の位	百の位	十の位	一の位
3	0	4	0	0

② 七万五十三

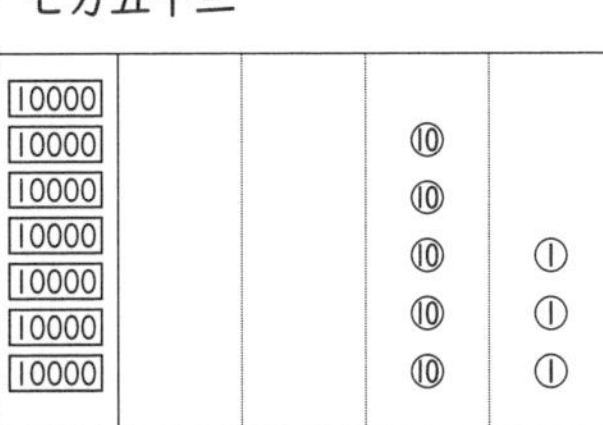

10000 が	1000 が	100 が	10 が	1 が
7 こ	0 こ	0 こ	5 こ	3 こ

一万の位	千の位	百の位	十の位	一の位
7	0	0	5	3

児童に実施させる前に，必ず指導される方が問題を解いてください。本書の解答は，あくまでも１つの例です。指導される方の作られた解答をもとに，本書の解答例を参考に児童の多様な考えに寄り添って○つけをお願いします。

P.84

10000 より大きい数 (3)

月	日	名前

● 数を読んで数字で書きましょう。

① 六万七千八百三十五

一万の位	千の位	百の位	十の位	一の位
6	7	8	3	5

② 二万九千

一万の位	千の位	百の位	十の位	一の位
2	9	0	0	0

③ 四万五百六

一万の位	千の位	百の位	十の位	一の位
4	0	5	0	6

● 数を読んで数字で書きましょう。

① 八万二千五十二

一万の位	千の位	百の位	十の位	一の位
8	2	0	5	2

② 五万三

一万の位	千の位	百の位	十の位	一の位
5	0	0	0	3

③ 三万千百十

一万の位	千の位	百の位	十の位	一の位
3	1	1	1	0

84

P.85

10000 より大きい数 (4)

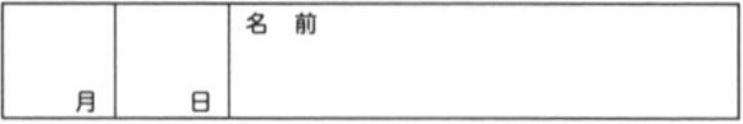

月	日	名前

● □にあてはまる数を書きましょう。

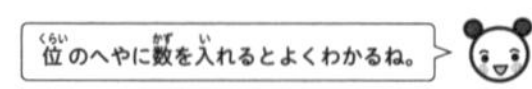

① 57920 は，一万を 5 こ，千を 7 こ，百を 9 こ，十を 2 こあわせた数です。

一万の位	千の位	百の位	十の位	一の位
5	7	9	2	0

② 30604 は，一万を 3 こ，百を 6 こ，一を 4 こあわせた数です。

一万の位	千の位	百の位	十の位	一の位
3	0	6	0	4

③ 一万を８こ，千を２こ，十を７こあわせた数は 82070 です。

一万の位	千の位	百の位	十の位	一の位
8	2	0	7	0

④ 一万を２こ，百を９こ，十を５こ，一を４こあわせた数は 20954 です。

一万の位	千の位	百の位	十の位	一の位
2	0	9	5	4

85

P.86

10000 より大きい数 (5)

月	日	名前

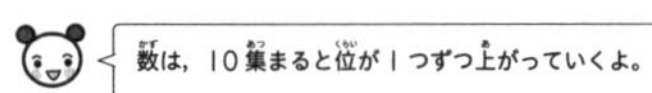

1が	10こで	十							1	0
10が	10こで	百						1	0	0
100が	10こで	千					1	0	0	0
1000が	10こで	一万				1	0	0	0	0
1万が	10こで	十万			1	0	0	0	0	0
10万が	10こで	百万		1	0	0	0	0	0	0
100万が	10こで	千万	1	0	0	0	0	0	0	0

● 数を読んで数字で書きましょう。

① 二百六十八万五千三百

千万の位	百万の位	十万の位	一万の位	千の位	百の位	十の位	一の位
	2	6	8	5	3	0	0

② 千三百五万八千

千万の位	百万の位	十万の位	一万の位	千の位	百の位	十の位	一の位
1	3	0	5	8	0	0	0

③ 七百十万九百四十

千万の位	百万の位	十万の位	一万の位	千の位	百の位	十の位	一の位
	7	1	0	0	9	4	0

86

P.87

10000 より大きい数 (6)

月	日	名前

● □にあてはまる数を書きましょう。

位のへやに数を入れるとよくわかるね。

① 3486000 は，百万を 3 こ，十万を 4 こ，一万を 8 こ，千を 6 こあわせた数です。

千万の位	百万の位	十万の位	一万の位	千の位	百の位	十の位	一の位
	3	4	8	6	0	0	0

② 750300 は，十万を 7 こ，一万を 5 こ，百を 3 こあわせた数です。

千万の位	百万の位	十万の位	一万の位	千の位	百の位	十の位	一の位
		7	5	0	3	0	0

③ 千万を６こ，百万を２こ，十万を９こあわせた数は 62900000 です。

千万の位	百万の位	十万の位	一万の位	千の位	百の位	十の位	一の位
6	2	9	0	0	0	0	0

④ 百万を４こ，十万を７こ，千を５こあわせた数は 4705000 です。

千万の位	百万の位	十万の位	一万の位	千の位	百の位	十の位	一の位
	4	7	0	5	0	0	0

87

P.88

10000 より大きい数 (7)

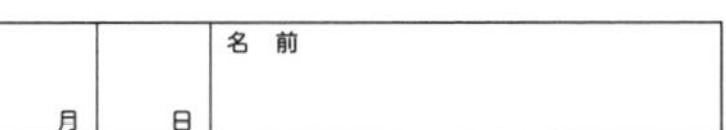

● 1000 を 30 こ集めた数はいくつですか。

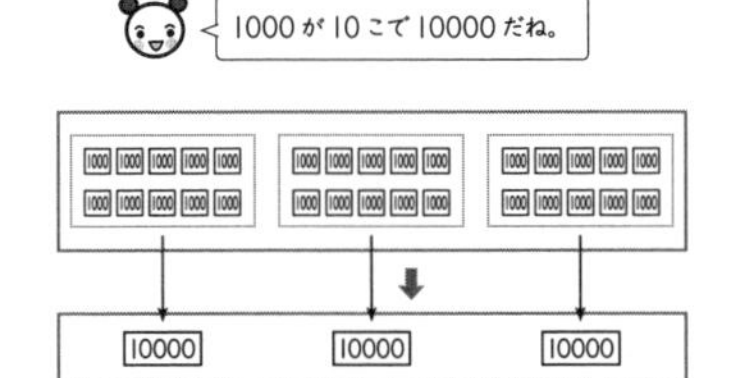

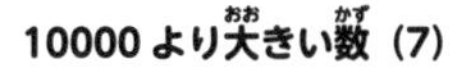

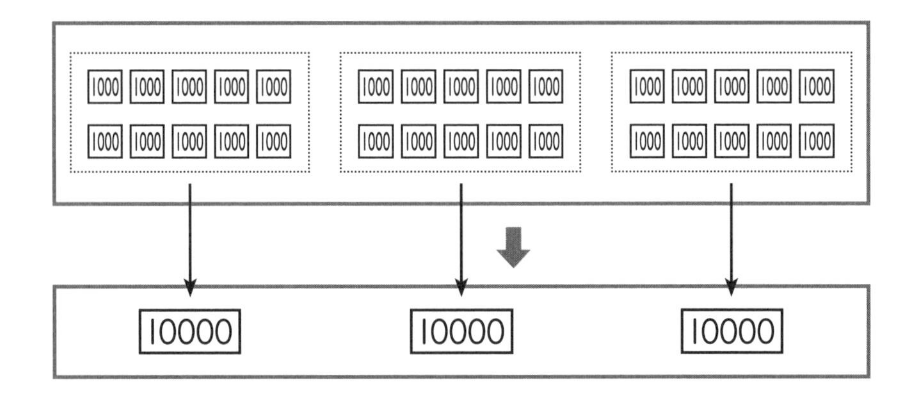

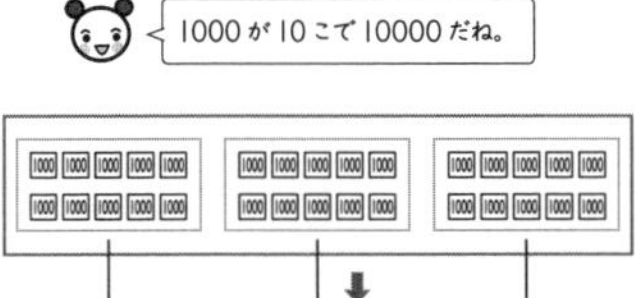

答え 30000

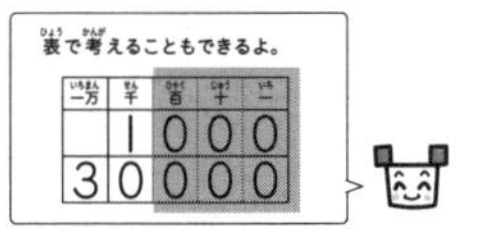

一万	千	百	十	一
	1	0	0	0
3	0	0	0	0

● □にあてはまる数を書きましょう。

① 1000 を 25 こ集めた数は 25000 です。

一万	千	百	十	一
	1	0	0	0
2	5	0	0	0

② 1000 を 43 こ集めた数は

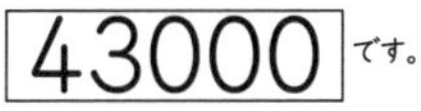

です。

一万	千	百	十	一
	1	0	0	0
4	3	0	0	0

88

P.89

10000 より大きい数 (8)

名前　月　日

● 18000 は，1000 を何こ集めた数ですか。

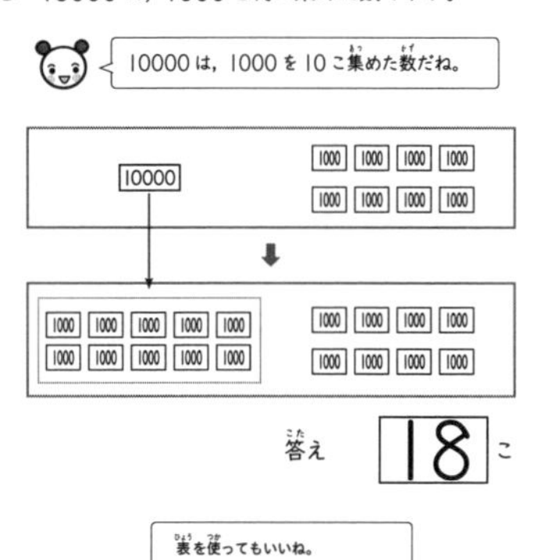

答え 18 こ

表を使ってもいいね。

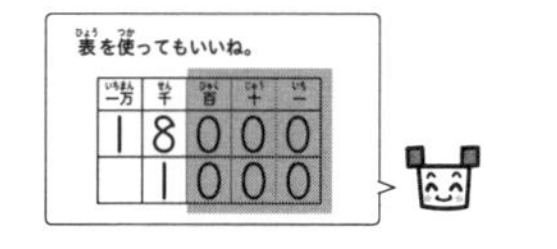

一万	千	百	十	一
1	8	0	0	0
	1	0	0	0

● □にあてはまる数を書きましょう。

① 37000 は，

1000 を

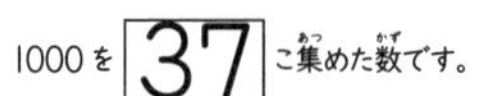

こ集めた数です。

一万	千	百	十	一
3	7	0	0	0
	1	0	0	0

② 54000 は，

1000 を

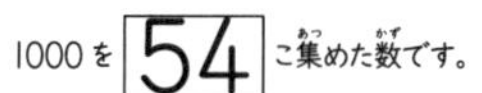

こ集めた数です。

一万	千	百	十	一
5	4	0	0	0
	1	0	0	0

89

P.90

10000 より大きい数 (9)

名前　月　日

● □にあてはまる数を書いて読みましょう。

① 57 万 - 58 万 - 59 万 - 60 万 - 61 万 - 62 万（1 万ふえる）

② 80 万 - 90 万 - 100 万 - 110 万 - 120 万 - 130 万（10 万ふえる）

③ 1200 万 - 1300 万 - 1400 万 - 1500 万 - 1600 万 - 1700 万（100 万ふえる）

④ 2000 万 - 3000 万 - 4000 万 - 5000 万 - 6000 万 - 7000 万（1000 万ふえる）

90

P.91

10000 より大きい数 (10)

名前　月　日

● □にあてはまる数を書きましょう。

数直線の 1 めもりはいくつかな。

① 200 万　210 万　220 万　230 万　240 万

201 万　225 万　238 万

② 3800 万　3900 万　4000 万　4100 万　4200 万

3810 万　3990 万　4150 万

③ 5000 万　6000 万　7000 万　8000 万　9000 万

5100 万　6700 万　9300 万

91

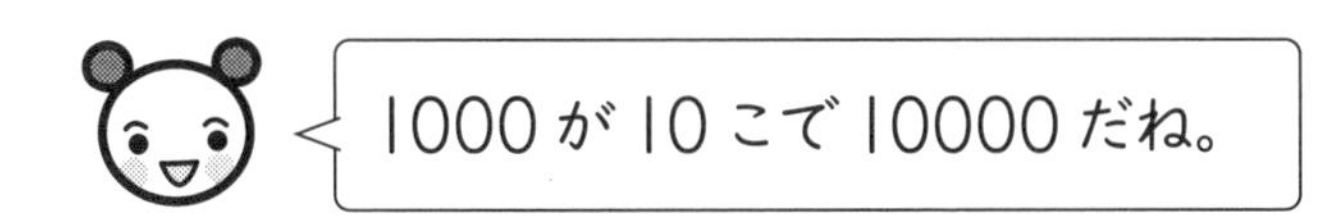

児童に実施させる前に，必ず指導される方が問題を解いてください。本書の解答は，あくまでも１つの例です。指導される方の作られた解答をもとに，本書の解答例を参考に児童の多様な考えに寄り添って○つけをお願いします。

P.92

10000 より大きい数（11）

月　日　名前

● □にあてはまる数を書きましょう。

①

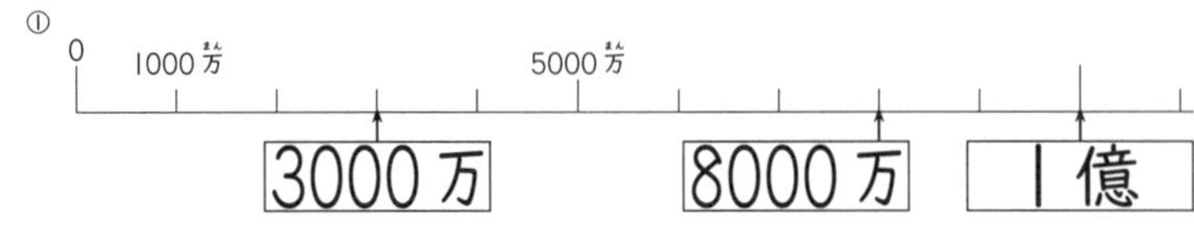

②

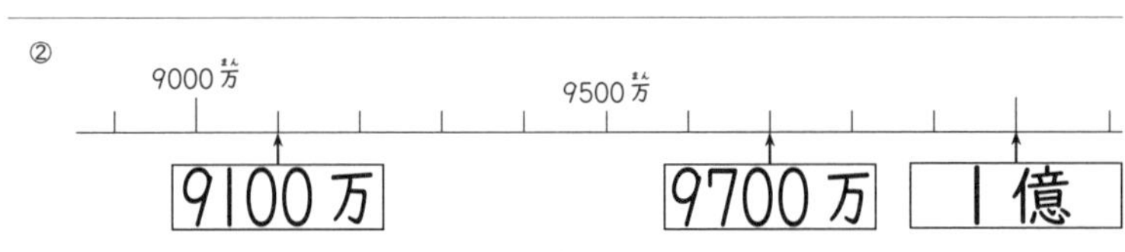

92

P.93

10000 より大きい数（12）

月　日　名前

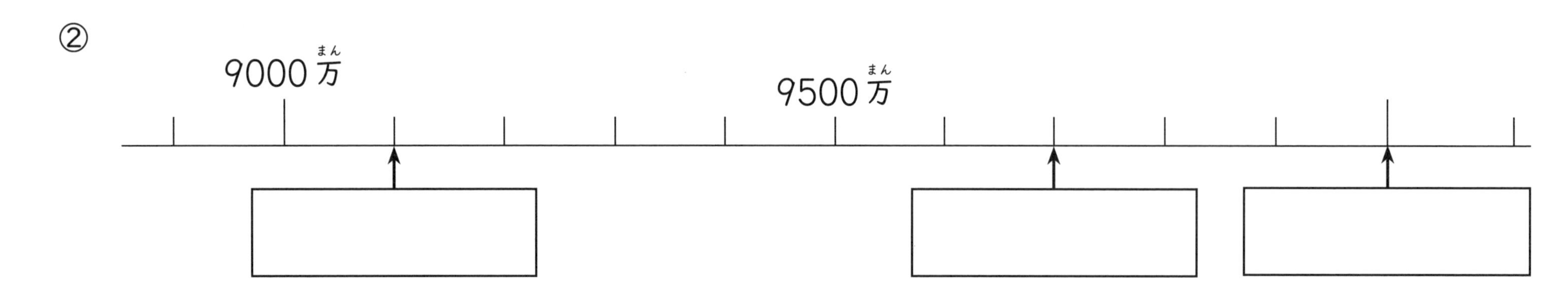

● 2つの数の大きさをくらべて，□に不等号（>，<）を書きましょう。

352780 [<] 357280

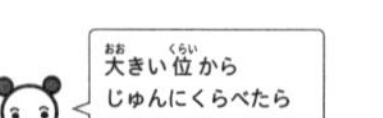

十万　一万　千　百　十　一
3 5 2 7 8 0
3 5 7 2 8 0
同じ
くらべる

● どちらが大きいですか。□に不等号（>，<）を書きましょう。

① 110980 [>] 103750

② 2476500 [>] 1999999

百万　十万　一万　千　百　十　一
2 4 7 6 5 0 0
1 9 9 9 9 9 9

③ 85万 [<] 202万

百万	十万	一万	千	百	十	一
	8	5	0	0	0	0
2	0	2	0	0	0	0

④ 9000万 [<] 1億

位のへやに数を入れてくらべてみよう。

93

P.94

10000 より大きい数（13）

月　日　名前

● 次の数はいくつになりますか。

① 460を10倍した数

460 × 10 = [4600]

② 460を100倍した数

460 × 100 = [46000]

③ 460を1000倍した数

460 × 1000 = [460000]

④ 460を10でわった数

460 ÷ 10 = [46]

10倍は，もとの数の右に１こ0をつけるよ。

十万　一万　千　百　十　一
4 6 0
10倍　4 6 0 0
100倍　4 6 0 0 0
1000倍　4 6 0 0 0 0
10倍
10倍
10倍

10でわると，一の位の0がとれるよ。

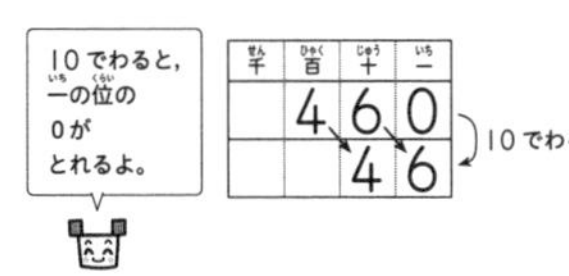

94

P.95

10000 より大きい数（14）

月　日　名前

● 計算をしましょう。

① 7000 + 5000 = [12000]

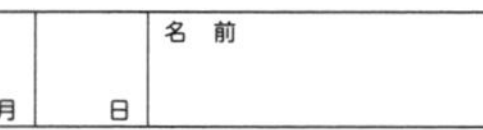

② 32000 + 8000 = [40000]

③ 90000 − 40000 = [50000]

④ 15000 − 6000 = [9000]

● 計算をしましょう。

① 4万 + 3万 = [7万]

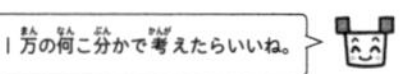

② 9万 + 15万 = [24万]

③ 10万 − 7万 = [3万]

④ 53万 − 19万 = [34万]

95

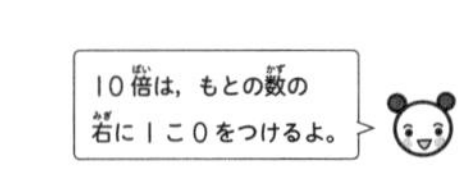

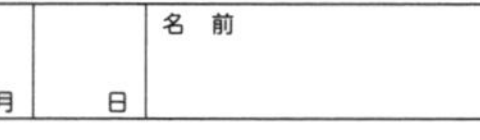

児童に実施させる前に，必ず指導される方が問題を解いてください。本書の解答は，あくまでも１つの例です。指導される方の作られた解答をもとに，本書の解答例を参考に児童の多様な考えに寄り添って○つけをお願いします。

解答

P.96

円と球（1）

月　日　名前

● □の中にあてはまることばを□からえらんで書きましょう。

｜つの点から長さが同じになるようにかいたまるい形を，円 といいます。

① 円の真ん中の点を円の 中心 といいます。

② 円の真ん中から円のまわりまでひいた直線を 半径 といいます。

③ ｜つの円では，半径はみんな 同じ 長さです。

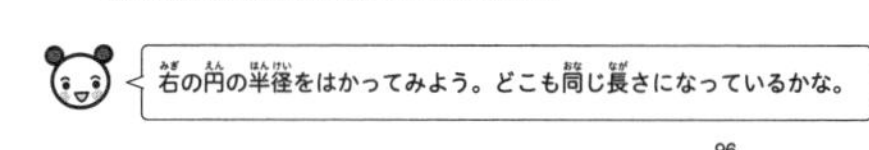

同じ ・ 半径 ・ 中心

半径　中心

右の円の半径をはかってみよう。どこも同じ長さになっているかな。

96

P.97

円と球（2）

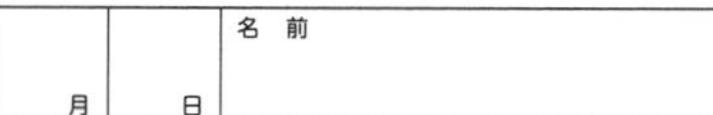

● □の中にあてはまることばを□からえらんで書きましょう。

① 円の中心を通り，まわりからまわりまでひいた直線を 直径 といいます。

② 直径の長さは，半径の長さの 2倍 です。

③ 直径どうしは，円の 中心 で交わります。

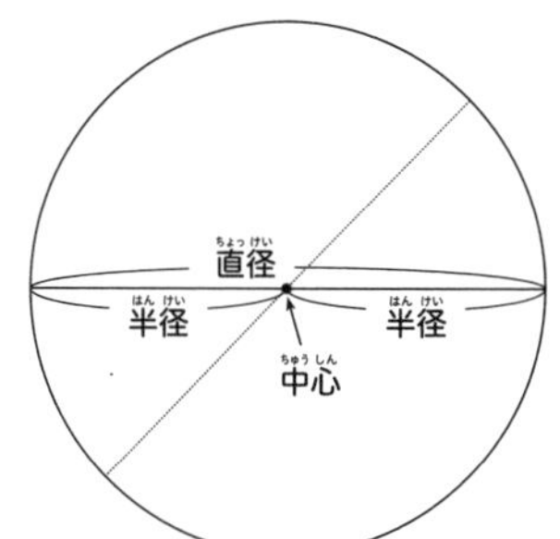

直径 ・ 2倍 ・ 中心 ・ 半径

円の半径と直径の長さをはかってたしかめてみよう。

97

P.98

円と球（3）

月　日　名前

● 下の円で，直径はア～エのどれですか。

長さをはかり，いちばん長い直線を見つけましょう。

ア
イ
ウ
エ
中心

イ

直径は，円の中心を通っているよ。

● 円の半径と直径の長さをものさしを使って調べましょう。

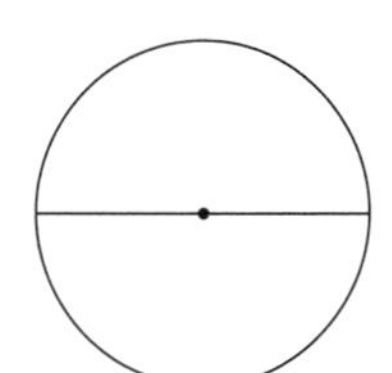

半径 3 cm

直径 6 cm

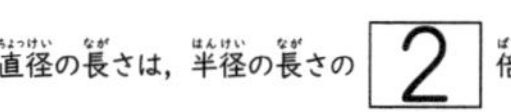

98

P.99

円と球（4）

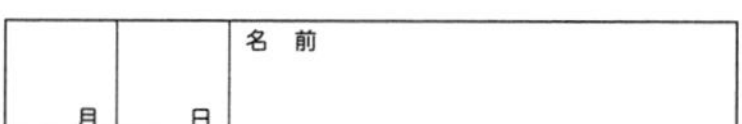

● コンパスを使って円をかきましょう。

① 半径 4cm の円

直径 10cm の円は，半径 5cm の円になるね。

4cm　中心

略

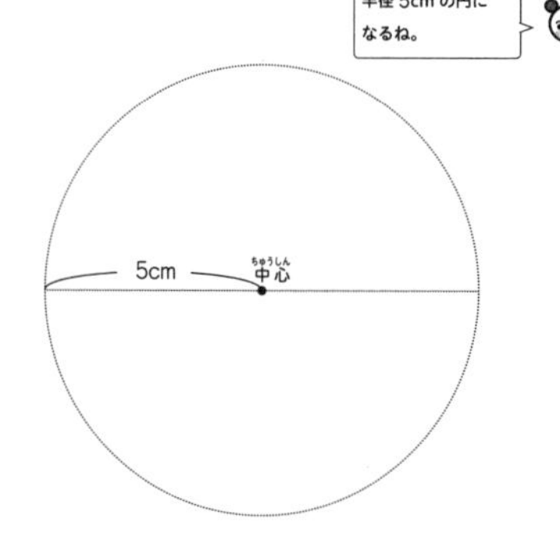

99

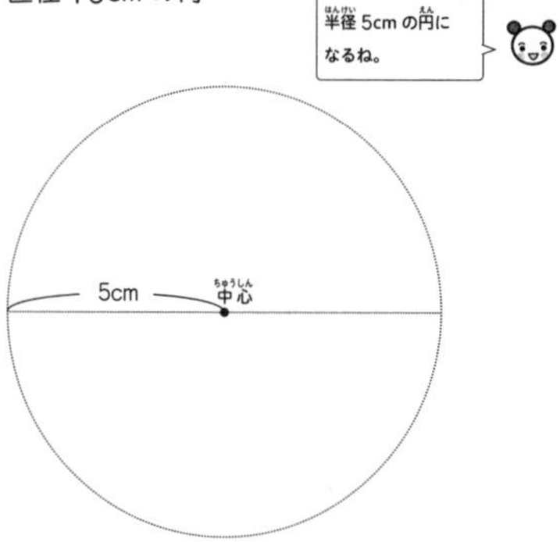

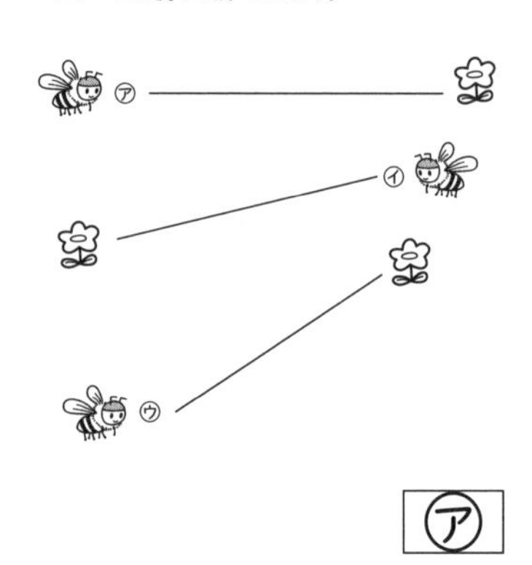

児童に実施させる前に，必ず指導される方が問題を解いてください。本書の解答は，あくまでも１つの例です。指導される方の作られた解答をもとに，本書の解答例を参考に児童の多様な考えに寄り添って○つけをお願いします。

P.100

円と球（5）

月	日	名 前

● ㋐～㋒の直線で，いちばん長いのはどれですか。コンパスを使って調べましょう。

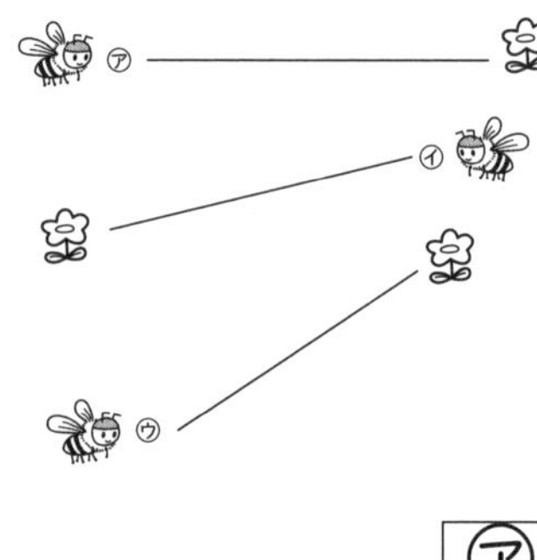

㋐

● コンパスを使って，上の図と同じもようをかきましょう。

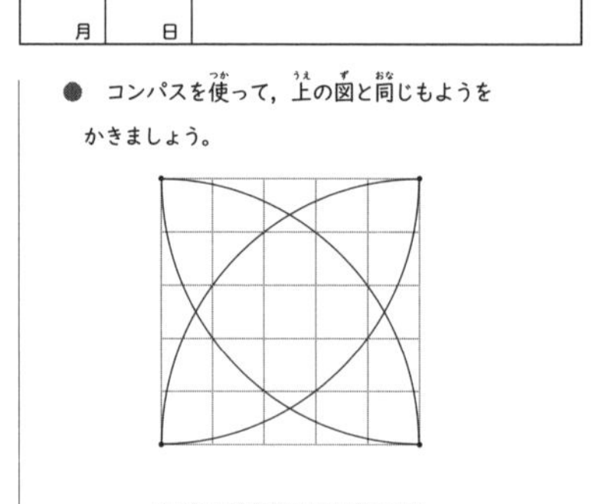

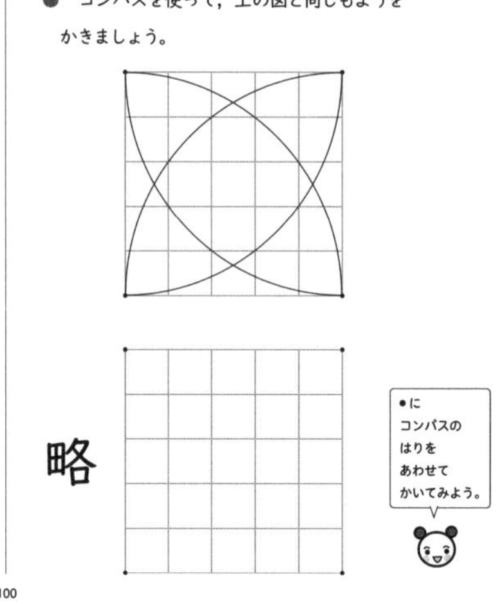

略

●に
コンパスの
はりを
あわせて
かいてみよう。

100

P.101

円と球（6）

月	日	名 前

どこから見ても円に見える形を球といいます。

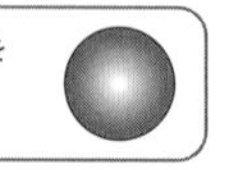

● 球について調べましょう。

① 下の図は，球を真ん中で半分に切ったところです。ア～ウにあてはまることばを書きましょう。

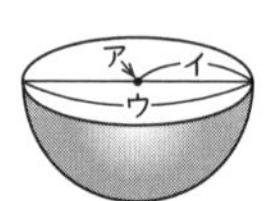

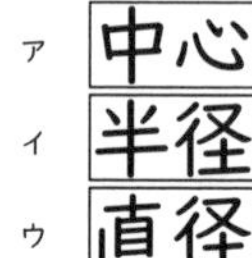

ア 中心
イ 半径
ウ 直径

② 球をカ，キ，クで切ります。切り口がいちばん大きくなるのはどれですか。

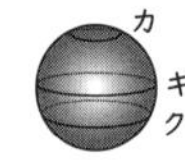

キ

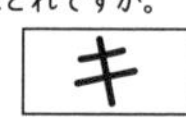

● 箱の中に同じ大きさのボールがぴったり３こ入っています。

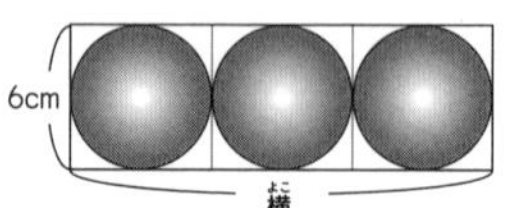

① ボールの直径は何 cm ですか。

6 cm

② 箱の横の長さは何 cm ですか。

18 cm

101

喜楽研の支援教育シリーズ
ゆっくり ていねいに 学べる
算数教科書支援ワーク　3-①

2023年3月1日　第1刷発行

イ ラ ス ト：山口 亜耶 他
表紙イラスト：鹿川 美佳
表紙デザイン：エガオデザイン
企 画・編 著：原田 善造・あおい えむ・今井 はじめ・さくら りこ
中田 こういち・なむら じゅん・ほしの ひかり・堀越 じゅん
みやま りょう（他4名）
編 集 担 当：桂　真紀

発 行 者：岸本 なおこ
発 行 所：喜楽研（わかる喜び学ぶ楽しさを創造する教育研究所：略称）
〒604-0827　京都府京都市中京区高倉通二条下ル瓦町 543-1
TEL　075-213-7701　FAX　075-213-7706
HP　https://www.kirakuken.co.jp
印　　刷：創栄図書印刷株式会社

ISBN:978-4-86277-401-9

Printed in Japan

喜楽研 WEB サイト
書籍の最新情報（正誤表含む）は
喜楽研 WEB サイトをご覧下さい。

学校現場では，本書ワークシートをコピー・印刷して児童に配布できます。
学習する児童の実態にあわせて，拡大してお使い下さい。